Cómo dejar el alcohol

Divulgación/Autoayuda

Anne M. Fletcher

Cómo dejar el alcohol

Nuevas soluciones para el problema de la bebida

PAIDÓS

Barcelona
Buenos Aires
México

Título original: *Sober for good*
Publicado en inglés, en 2001, por Houghton Mifflin Company, Boston
y Nueva York

Traducción de Alicia Sánchez Millet

Cubierta de Diego Feijóo

© 2001 by Anne M. Fletcher
© 2004 de la traducción, Alicia Sánchez Millet
© 2004 de todas las ediciones en castellano,
    Ediciones Paidós Ibérica, S.A.,
    Mariano Cubí, 92 - 08021 Barcelona
    http://www.paidos.com

ISBN: 84-493-1509-3
Depósito legal: B. 47.419/2003

Impreso en A&M Gràfic, S.L.
08130-Santa Perpètua de Mogoda (Barcelona)

Impreso en España - Printed in Spain

Para mis hermanas, Carol, Cindy y Lois
y para mi amigo Larry Lindner,
que es como un hermano para mí.

Sumario

Agradecimientos

Mi principal agradecimiento es para los cientos de «mentores» que han tenido problemas con el alcohol y me han confiado sus historias. Me hubiera gustado que *Cómo dejar el alcohol* reflejara los relatos de todas las personas que han respondido a mi llamada; nunca tendré suficientes palabras de agradecimiento para aquellos que tienen la voluntad de ayudar a los demás compartiendo sus historias personales. Los mentores que se mencionan en este libro pasaron mucho tiempo completando un largo cuestionario, y muchos de ellos dedicaron además un tiempo extra respondiendo a preguntas a través de entrevistas telefónicas y sesiones de correo electrónico. Concretamente, los mentores mencionados que abren cada capítulo han dedicado muchas horas a contarme sus historias y a responder a mis numerosas preguntas personales.

A continuación quiero dar las gracias a mi familia, Steve, Wes, Ty y Julia, por su paciencia y aceptación de las largas horas que he dedicado a este libro. Ninguna persona ajena a este trabajo puede saber cuánto contribuyen —y soportan— las familias cuando se está escribiendo un libro.

Estoy en deuda con muchos investigadores que han apoyado y revisado mi trabajo, pero primero quiero hacer un inciso para expresar mi inconmensurable aprecio al mundialmente conocido experto en la prevención de las recaídas e investigador sobre los efectos del alcohol, Alan Marlatt, director del Centro de Investigación de Conductas Adictivas de la Universidad de Washington. Al principio él me animó a escribir este libro y luego se convirtió en mi terapeuta, amigo y conciencia durante todo el tiempo que estuve escribiéndolo, desde la propuesta hasta la revisión de cada uno de los capítulos. No sólo es un investigador brillante, dedicado a ayudar a las personas a que vean los problemas del alcoholismo bajo otras perspectivas, sino que ha sido amable y generoso conmigo durante todo el proceso que ha supuesto *Cómo dejar el alcohol*. Su entusiasmo me ha ayudado a mantenerme firme durante los altibajos que he tenido al realizar este trabajo.

Muchos otros expertos de este campo me han animado en mi tarea, han respondido a mis preguntas, me han ofrecido consejos y han revisado algunas secciones de este libro. He tenido la suerte de contar con la ayuda de John Allen, director asociado de estudios sobre tratamientos del National Institute on Alcohol Abuse and Alcoholism (NIAAA). Mark Sobell, de la Universidad Nova Southeastern de Florida, fue especialmente generoso con su tiempo, siempre estuvo disponible para responder a mis preguntas y revisar algunas secciones del manuscrito. Asimismo, Marc Kern, director de Addiction Alternatives de Los Ángeles, se mostró de lo más receptivo a mis consultas y me ofreció regularmente sus valiosos comentarios. A. Thomas Horvath, presidente de la American Psychological Association's Division on Addictions desde 1999 hasta el año 2000, me prestó una valiosísima colaboración. Tuve también el honor de recibir periódicamente información del renombrado investigador William Miller, de la Universidad de Nuevo México, e igualmente conté con la inmensa fortuna de que el historiador Ernest Kurtz, autor de *Not-God*, revisara gran parte de mi material sobre Alcohólicos Anónimos.

Gracias también a los siguientes expertos, que han revisado algunas secciones de este libro según sus áreas de competencia: Barbara McCrady, de la Universidad de Rutgers; Timothy O'Farrell, de la Facultad de Medicina de Harvard; Tom McLellan, de la Universidad de Pensilvania; Jalie Tucker, de la Universidad de Auburn, de

Alabama; el doctor John Hughes, de la Universidad de Vermont; el doctor Raymond Anton, de la Universidad Médica de Carolina del Sur; Robert Meyers, de la Universidad de Nuevo México; y Thomas Badger, de la Facultad de Medicina de la Universidad de Arkansas.

También quiero mencionar al escritor y experto en temas de alcoholismo Stanton Peele, cuyos libros me han inspirado y ayudado personalmente; siempre ha estado dispuesto a responder a mis peticiones de información. Charles Bufe (propietario de See Sharp Press) también me ha ayudado mucho. Estos dos hombres se han dedicado incansablemente a difundir información pionera sobre los medios que existen para vencer la adicción al alcohol. Por último, pero no por ello menos importante, en la lista de profesionales a quien debo dar las gracias se encuentran Ann Bradley, del departamento de prensa del NIAAA; Reid Hester; Deborah Dawson; William Lands; el doctor Esteban Mezey; Anne Hatcher; Frederick Rotgers; y Rudolf Moos. Todos ellos han respondido a mis preguntas o me han ayudado en mi investigación.

Quiero dar especialmente las gracias a los grupos de ayuda mutua de rehabilitación que se han prestado a reclutar a los mentores de *Cómo dejar el alcohol* —concretamente a Women for Sobriety, SMART Recovery y Secular Organizations for Sobriety. Aprecio la buena voluntad de los citados, así como la de la General Service Office de Alcohólicos Anónimos, por responder a mis preguntas sobre sus filosofías y programas. Rational Recovery también me ayudó a localizar a algunos mentores para este libro y respondió a mis preguntas. También quiero mencionar a las personas que me han ayudado a encontrar colaboradores para esta obra; entre ellas se encuentra Jane Brody, del *New York Times*; Emily Fox Kales; el doctor George Deering; Wendy Richardson; Stanley Fields, del *Recovery Road Radio Show*; Betty Yarmon, con *Partyline*; y el doctor Michael McCarthy.

Estaré eternamente agradecida por su capacidad de respuesta y apoyo a Christine Tomasino, cuya relación conmigo va mucho más allá de la de ser mi agente literario. Ha dedicado incontables horas a ayudarme a desarrollar la propuesta de este libro, ha leído el manuscrito, me ha ofrecido consejo profesional y mantenemos una relación de amistad desde hace cuatro años, que es el tiempo que he tardado en escribir este libro. También estoy en deuda con mi sabia editora, Rux Martin, para quien no encuentro palabras cuando intento describir su profesionalidad al dar forma a este libro. Nunca deja de impresionarme su habilidad para saber extraer las cosas que hacen que un libro merezca ser leído. Gracias también al editor Barry Estabrook, que supo ver el potencial que contenían mis ideas y me ofreció útiles consejos. Ha sido un gran admirador de mis libros y su labor resultó decisiva para que *Cómo dejar el alcohol* llegara a Houghton Mifflin.

Detrás del telón también ha habido personas que me han ayudado con la investigación, la correspondencia y los trámites: Inez Thomas, Mary Stadick, Gail Zyla, Leigh Pomeroy, Kristin Woizeschke y Britt Anderson. Gracias a todas ellas por su valiosísima ayuda. También quiero expresar mi gratitud a las siguientes personas, que formaron parte de mi pasado: George Komaridis, Elaine Pitkin, William Vogel, Robert Wiedeman y Chris Bettinelli.

Por último, quiero manifestar mi aprecio por otras amistades y familiares —incluyendo a mis hermanas; a mis padres, Alan y Julia Fletcher; a mi suegra, Ruth Keesing; y a mis amigos Bess Tsasoe, Patty Christensen y Bev Brubaker—, por su apoyo y por escuchar las pruebas y tribulaciones semanales que ha supuesto llevar a cabo este increíble proyecto y aventura. Gracias también a mis amigos Kevin O'C. Green y Tom Frank. Mi más sincero agradecimiento a mi amigo Larry Lindner, director ejecutivo de *Tufts University Health & Nutrition Letter*, quien me apoyó durante más de diez años como asesor editorial, aunque lo más importante es que, como amigo y confidente, impulsó también mi evolución personal y profesional. Todas las personas que han participado en *Cómo dejar el alcohol*, así como todas aquellas que me han apoyado en esta empresa, pueden estar seguras de que han realizado una labor de ayuda dirigida a aquellos que necesitan encontrar una salida para sus problemas con el alcohol.

Nota de la autora

Cómo dejar el alcohol *no pretende sustituir la ayuda profesional encaminada a hacer frente al problema del alcoholismo*. Cualquier persona que piense que tiene un problema con la bebida debe consultar con un médico, algún profesional de la salud mental, y seguir un tratamiento médico para combatir el alcoholismo. Se recomienda que cualquiera que padezca trastornos psicológicos como depresión aguda o mucho estrés consulte con un psicólogo o psiquiatra. Debido a los graves riesgos que conlleva el síndrome de abstinencia, todo aquel que haya estado bebiendo considerablemente debe ponerse en manos de un médico o acudir a la unidad de desintoxicación de un hospital antes de abandonar el alcohol por completo.

Todas las personas que aparecen en *Cómo dejar el alcohol* —los «mentores»— han dado su permiso para compartir la información sobre su historial y la resolución de sus problemas con el alcohol. A menos que se indique lo contrario, se han cambiado sus nombres para mantener el anonimato. La información de este libro fue recopilada durante los años 1997-2000, por lo que dicha información y las circunstancias que la rodean, pueden haber cambiado. Cualquier referencia en el texto al «ahora» se refiere al momento en que el mentor nos proporcionó su historia.

No hay una *sola verdad. Todo es cierto.*

Ernest Hemingway,
Por quién doblan las campanas
(cita aportada por Leslie T.)

Prólogo

> Dos sendas divergían en un bosque,
> yo tomé la menos conocida,
> y eso supuso el gran cambio.
>
> ROBERT FROST

Anne Fletcher, al dar la oportunidad de hablar a las personas que han vencido el alcoholismo, ha concedido a *Cómo dejar el alcohol* una virtud de la que muchos estudios científicos carecen. En estos estudios la información sobre las personas se suele traducir en una forma numérica y se combina con información similar extraída de otros individuos. Aunque este procedimiento también tiene su mérito, deseca la vibrante experiencia humana que reside detrás de los números. Nos quedamos con una impresión general y con datos que se pueden manipular estadísticamente, pero a menudo no nos percatamos de las personas a las que dichas cifras representan.

En este libro, por el contrario, encontramos importantísimos retratos de las personas tal como son, que han resuelto con éxito sus problemas con el alcohol. Por lo tanto, los personajes de la investigación de Fletcher cobran vida para nosotros. Aquí tenemos personajes reales que han hecho cosas reales. En las descripciones se han utilizado las palabras de los protagonistas, en lugar de usar el lenguaje árido de la tercera persona, en el que normalmente se escriben estos informes de casos. Un ejemplo de ello es el caso de Muffy G., quien, a la pregunta de por qué se abstiene de beber, responde: «¡Porque cuando bebo, me quito la ropa y me pongo a bailar encima de las mesas y a mi marido no le gusta!».

No es probable que las publicaciones científicas ofrezcan a las personas que todavía están luchando para dejar de beber la voluntad para vencer sus problemas con el alcohol. El estudio de Fletcher proporciona de una forma muy personal una serie de posibles modelos de rol lo bastante diversos como para que sirvan a casi todas las personas. No creo que nadie deba subestimar el poder de un modelo de rol positivo.

Mis más de treinta y cinco años de experiencia en el campo de la investigación sobre el alcoholismo me confirman, sin lugar a dudas, la afirmación que se sostiene en este libro: a las personas con problemas con la bebida, incluso hoy en día, se les dice que sólo hay una forma de resolverlos, que consiste en seguir fielmente el programa de los doce pasos de Alcohólicos Anónimos (AA) y asistir sin falta, durante toda la vida, a sus reuniones. La verdad parcial que se oculta tras esta afirmación es que, para algunas personas, dicha receta proporciona *una* solución satisfactoria al problema, tal como la autora documenta extensamente en este libro.

Pero la verdad global es que, para otras, *no* constituye en absoluto una vía hacia el éxito. Para personas diferentes, se requieren caminos diferentes. Ni AA ni ninguna otra intervención formal o informal puede ser siempre útil para combatir los problemas con el alcohol o cualquier otro problema de complejidad similar. No hay nada que funcione igual de bien para todos.

Algunas personas se las arreglan mejor ellas solas, mientras que otras necesitan ayuda. A algunas les va mejor como pacientes externos, mientras que otras necesitan ser internadas. Para algunas el tratamiento profesional estándar resulta eficaz, mientras que a otras les funciona mejor el apoyo que se prestan en los grupos de ayuda mutua que existen hoy en día. Algunas prefieren fijarse una meta de beber con moderación, mientras que otras prefieren ser abstemias. Unas optan por enfocar su vida hacia un «poder superior», mientras que a otras les funciona mejor sin dar ese paso. Algunas sienten que necesitan el apoyo de un grupo a largo plazo, mientras que otras no.

Posiblemente, la razón de que haya semejante diversidad es que todas las personas somos diferentes y tenemos problemas diferentes. Esta incómoda verdad es cada vez más evidente, y está empezando a sustituir el tan aceptado dicho de que «todos los alcohólicos son iguales». En primer lugar, cada vez es más patente que no todas las personas que tienen problemas con la bebida son «alcohólicas», comoquiera que se entienda este término, y en segundo término, que excepto el ser humanas y hacer un mal uso del alcohol, las personas que padecen este problema no comparten ninguna otra cosa en común. Las múltiples vidas y problemas tan bien descritos en este libro son una razón de peso para adoptar esta visión.

Aunque el consejo popular de que «sobre gustos no hay nada escrito» se pueda aplicar también con relación a la resolución de los problemas con el alcohol, ¿cómo puede saber una persona qué vía es la mejor para ella? La comunidad científica ha reflexionado mucho sobre este tema y últimamente ha empezado a «coger el toro por los cuernos». No obstante, hasta la fecha se ha llegado a pocas conclusiones válidas. Actualmente, el *quid* de la cuestión es que los individuos han de buscar el camino o caminos que mejor se adapten a su personalidad y a sus problemas.

Para aquellos que hayan emprendido dicha búsqueda, el libro de Fletcher tiene un valor inapreciable. Da fuerza a aquellos que han iniciado algún tratamiento para vencer el alcoholismo. A la mayoría de las personas que buscan ayuda mediante algún tipo de programa en particular, no sólo en AA, se les da lo que los británicos llaman la opción de Hobson, es decir, que no tienen elección: ese programa o ninguno. Tal como me dijo el director de un programa: «Su elección es entrar en nuestro programa o morir». No se contempla la posibilidad de intentar aplicar a una persona otro tipo de tratamiento que pueda ser más apropiado para ella. ¡Qué antídoto ofrece este libro para esa limitada perspectiva! No sólo contiene amplias descripciones de muchas otras vías alternativas, sino también historias reales de las experiencias de diferentes personas que han optado por esas vías. La autora también indica al lector dónde puede hallar más información, incluido el gran tesoro que supone Internet, que con el tiempo no hará más que aumentar.

En resumen, si el lector o alguien cercano a él tiene un problema con el alcohol y se está preguntando a dónde puede recurrir, le recomiendo que lea este libro. Se sentirá agradecido por los años de trabajo que ha dedicado la autora a buscar a aquellos que han pasado por esa experiencia y que dicen «una vez y no más», y por su habilidad para presentar esas vivencias de una forma que resulte amena y ligera. En esta obra se ofrece una oportunidad a los múltiples caminos que existen para salir del atolladero del alcoholismo. Lo más importante es saber que *hay* otras opciones. Este libro dará a muchos el valor para optar por ellas.

FREDERICK B. GLASER, doctor en medicina,
miembro del Royal College of Physicians de Canadá y
profesor emérito de Psiquiatría de la Facultad de Medicina de
Brody de la Universidad de Carolina del Este.

Introducción

Al igual que todos los niños, cuando era pequeña me fascinaba todo lo prohibido. Mis padres eran rigurosamente abstemios, lo cual sólo sirvió para aumentar mi fascinación por el alcohol cuando llegué a la adolescencia. A pesar de que era una buena estudiante que procedía de una familia recta, me gustaba violar las reglas. No recuerdo cuándo tomé mi primera bebida alcohólica, pero sí me acuerdo de que bebía en exceso con mis amigos adolescentes, de que cruzábamos en coche las fronteras de otros Estados en los que el límite de edad para beber era inferior y comprábamos licor de malta para mezclarlo con cola y tomárnoslo. Al final, acabó gustándome el sabor de los licores fuertes y del vino.

Cuando ya era una joven adulta, mis padres relajaron un poco su postura y de vez en cuando se tomaban un vaso de vino. Pero yo ya estaba aprendiendo que el alcohol proporcionaba una huida perfecta para las presiones de una carrera cada vez más estresante, así como para las ansiedades personales. Los varios vasos de vino que me bebía los viernes y los sábados por la noche poco a poco se fueron convirtiendo en los martinis o manhattans de todas las noches. Cuando en los actos sociales otras personas dejaban de beber tras haberse tomado un par de copas, yo seguía buscando al camarero para que llenara la mía. La bebida me llevó a una profunda tristeza personal. Después de dar a luz a mi primer hijo, ansiaba en secreto el final de la lactancia para regresar a mis hábitos de bebida anteriores al embarazo. En resumen: desde los 20 hasta los 30, bebí demasiado.

Antes de ser madre sabía que mi relación con el alcohol era problemática. Busqué orientación psicológica —en parte, para averiguar si realmente tenía un problema de alcoholismo—, pero me dijeron que el alcohol no era la causa de mi tristeza. Otras personas en quienes confiaba también intentaron convencerme de que no tenía problemas con la bebida. Al fin y al cabo, en mi vida profesional ocupaba puestos de responsabilidad, rara vez bebía antes de las cinco de la tarde, tenía una buena relación con mi marido, hacía ejercicio cinco días a la semana y llevaba una alimentación saludable.

Pero una vez asumí la responsabilidad de tener un hijo, escuché a mi voz interior, que durante años me había estado advirtiendo de hasta dónde podían conducirme mis hábitos de consumo de bebidas alcohólicas. Entonces inicié una búsqueda de casi una década para resolver mis conflictos con el alcohol. Pasé por largos períodos de abstinencia, con algunos interludios en los que volvía a beber. Comprobé que, cuando bebía, mis estados de ánimo oscilaban de forma espectacular. A veces me olvidaba de las cosas que me había dicho mi hijo la noche anterior. Poco a poco, fui viendo lo que podía ganar al dejar de beber: me agradaba más a mí misma; no tenía que pensar si podría conducir después de haber tomado una o dos copas; estaba emocionalmente abierta para mi familia; dormía mejor y tenía más energía.

Con el tiempo, como tantas otras personas, acerca de las cuales estás a punto de leer algunas historias, me di cuenta de que lo que me gustaba del alcohol no compensaba el precio que tenía que pagar por ello. No me gustaba la importancia que había adquirido el alcohol en mi vida, lo incoherente que era la adicción a la bebida con el modelo que pretendía ser para mis hijos. Sencillamente me absorbía demasiado tiempo y energía, y vi que era mucho más feliz y productiva cuando no bebía.

En mi búsqueda probé algunas de las soluciones convencionales para los problemas con el alcohol. Aunque quedé impresionada al ver la ayuda que AA suponía para algunas personas y el apoyo del que había gozado, después de las reuniones regresaba a casa sintiéndome la rara del grupo. Mi actitud de asumir mi responsabilidad —junto con mi tendencia a desafiar el *statu quo* y querer hacer las cosas a mi manera— no encajaban con la filosofía del programa de los doce pasos. No estaba «negativa». Buscaba ayuda, pero no sabía a quién recurrir, de modo que me forjé mi propio camino en solitario para resolver mis problemas con el alcohol, con la ayuda de algunos terapeutas de mente abierta que no me exigían que me volviera abstemia o que asistiera a un grupo de ayuda, sino que respetaban mi capacidad para tomar la decisión de dejar de beber y me animaron a desarrollar mis propias estrategias.

Años después, me preguntaba si era la única persona que había sido capaz de dejar de beber sin seguir el camino convencional de AA. También me sentía frustrada por todo el tiempo y energía que había gastado en buscar soluciones y preocupada al darme cuenta de cuánto tardé en encontrar algo que se adaptara a mis necesidades. Comencé a oír hablar de vías alternativas para resolver los problemas de alcoholismo, y cada vez leía más casos de personas que habían superado sus problemas por sí mismas. Fue entonces cuando empecé a preguntarme si podía existir algún punto en común en sus historias. Quizá si identificaba esas similitudes, así como las diferencias entre ellas, podría ayudar a otras personas que tuvieran problemas con el alcohol.

También me llamaba la atención que las historias de rehabilitación que había oído eran de antiguos bebedores que estaban en la miseria, no de personas como yo, que habían intentado hacer algo antes de que su adicción empeorara. Tras haber experimentado yo misma la sensación de pérdida después de haber abandonado la sustancia que me aportaba tanto confort y placer, también quería saber cómo se las habían arreglado las personas con problemas serios —aquellas que aparentemente lo han perdido todo— para dar un giro a su vida.

Para hallar las respuestas decidí salir a la calle en busca de personas que hubieran tenido problemas con la bebida, grandes y pequeños. Con el mismo espíritu que en mis libros anteriores, que tratan de las personas que han perdido peso y se han mantenido delgadas, *Cómo dejar el alcohol* parte de mi fascinación por el cambio que experimentan las personas, cómo resuelven los problemas relacionados con estilos de vida difíciles o cuestiones de salud que a veces parecen no tener solución. Espero que estos verdaderos expertos puedan proporcionar inspiración a todas aquellas personas que todavía están en la lucha. Por experiencia propia sé que cuando estás intentando superar un problema, no hay nada que funcione mejor que las palabras de las personas que también lo han padecido.

1

Una nueva visión sobre cómo resuelven realmente las personas sus problemas con la bebida

Si tu mejor amigo acudiera a ti para pedirte consejo respecto a un problema con la bebida, ¿qué le dirías? Es muy probable que la respuesta automática de la mayor parte de las personas, tanto no profesionales como especialistas en este tipo de tratamientos, fuera «ve a Alcohólicos Anónimos (AA)». Pero ¿es realmente la mejor respuesta para esa persona o la *única* solución? Hemos oído muchas cosas sobre la recuperación, pero ¿son todas ciertas?

Para descubrir de qué forma las personas han superado sus dificultades, decidí recurrir a los mejores expertos: a los que realmente lo han conseguido, aquellas personas que han vencido sus problemas con el alcohol de distintas formas.* Quería determinar exactamente qué es lo que hicieron estos «mentores» —qué estrategias específicas utilizaron— para dejar de beber y no recaer. Mi petición de información recibió cientos de respuestas de personas que consumían distintas cantidades de alcohol, desde el mínimo que muchos deno-

---

* En lugar de usar la etiqueta de «alcohólico», utilizo frases aglutinantes como «bebedores problemáticos», «problemas con la bebida» y «problemas con el alcohol» para abarcar *todos* los problemas graves con la bebida. Tomé esta decisión en parte porque se considera que el término «alcohólico» está desfasado y, lo más importante, porque resulta peyorativo para muchas personas. Siguiendo la sugerencia de uno de los mentores, cuando utilizo las palabras «alcohólico» o «alcoholismo» lo hago entre comillas (a menos que esté citando a otro autor).

minaríamos el cupo de un bebedor social, hasta más de tres cuartos de litro de licor fuerte al día. (Los 222 mentores rellenaron un cuestionario de siete páginas sobre su pasado como bebedores, los momentos clave, cómo resolvieron sus problemas con el alcohol y el rumbo que tomaron sus vidas.)

¿Quiénes son los mentores?

Los mentores llegaron a mí a través de folletos publicitarios con el franqueo pagado distribuidos en lugares públicos de todo el país, anuncios en los periódicos y revistas especializadas, anuncios en Internet y de grupos procedentes también de distintas organizaciones de ayuda. Algunos mentores me conocían o habían oído hablar de mi trabajo a través de algún amigo.

Pertenecen a todas las clases sociales y profesiones: abogados, personal de servicio, antiguas bailarinas de *top-less*, profesores universitarios, médicos, maetros de escuela, amas de casa, ingenieros, jueces, camareros jubilados y en activo, enfermeras y periodistas. Son cristianos, ateos, gays y heterosexuales, personas con una franja de edad comprendida entre los 20 y los 80 años, que dejaron de beber entre la adolescencia y los 50 o 60 años. Entre ellos se incluyen cónyuges que dejaron de beber juntos, así como una madre y sus dos hijos adultos que también dejaron el hábito, aunque cada uno en un momento distinto. Una cuarta parte dirige grupos de ayuda, son profesionales de la salud mental o terapeutas especializados en dependencias de sustancias químicas, de modo que conocen la sobriedad desde todos los ángulos, como antiguos bebedores problemáticos y como asistentes experimentados de personas que todavía están en la lucha. La muestra cuenta también con un sabio reparto de género, casi se puede decir que la división es equitativa: un 54 % de los mentores son hombres y un 46 % mujeres.

Junto a las historias de bebedores empedernidos que fueron relegados a causa de su adicción, también he querido incluir las experiencias de las personas con un hábito moderado o leve, porque para ellas no existen muchas ayudas, a pesar de que parecen superar en número a los típicos «alcohólicos» que llevan camuflada la botella, en una proporción de tres a uno. Por lo tanto, las historias de los días de alcohol de los mentores varían desde sagas de bebedores muy eficaces que han sido capaces de educar a su familia y destacar profesionalmente a pesar de su alcoholismo hasta aquellos «borrachos» que han perdido su trabajo, la salud, a sus hijos y la propia dignidad. El grado de alcoholismo dc los mentores, en el peor de los casos, era de tres a cuatro bebidas diarias para algunos hasta el caso de un hombre que consumía diariamente casi dos litros de vodka.

En un extremo de la escala, Janet C. (que cree que sólo era «adicta psicológica» al alcohol, pero que igualmente se considera «alcohólica») solía tomar dos o tres martinis solos antes de cenar y uno o dos whiskys con soda después; sin duda, mucho más de lo que se puede considerar saludable, pero tampoco lo que la mayoría de las personas piensan cuando se imaginan a un típico «alcohólico». Aunque ella sentía que su hábito la alejaba de ser una buena madre para sus hijos adolescentes, era lo bastante responsable como para no «atreverse a conducir» por la noche para acompañar a sus hijos cuando salían de fiesta.

En el otro extremo, tenemos a un bebedor de casi dos litros de vodka al día, George M., que atribuye todo lo que viene a continuación a su adicción: «Mi esposa me abandonó; perdí mi carrera, mis pertenencias, mis dientes y mucha visión; me quedé sin amigos. Vivía en una habitación que mi madre tenía libre en su casa; solía manchar la cama, me habían arrestado por conducir bebido y por conductas agresivas y era un suicida». (Con la ayuda de AA, lleva cinco años sin beber.) Al igual que George, muchos otros mentores también consumieron drogas como la marihuana y la cocaína además del alcohol. Para todos ellos, salvo para cinco, su droga favorita fue el alcohol.

Casi todos los mentores llevan al menos cinco años sin beber;* la media de años de sobriedad para todo el grupo es de más de trece. Dos tercios de ellos hace al menos una década que han abandonado la adicción.

«Sobriedad» significa diferentes cosas para diferentes personas

Para la mayoría de los mentores, la sobriedad es sinónimo de ser abstemio. Para la inmensa mayoría, la abstinencia resulta ser la mejor política; nueve de cada diez son totalmente abstemios.

Otros toman una pequeña cantidad de alcohol en contadas ocasiones, por ejemplo cuando hacen un brindis en un banquete de boda. Casi uno de cada diez mentores son prácticamente abstemios, bebedores moderados o esporádicos, lo que pone a prueba la célebre creencia de que un sorbo te hará caer de nuevo en el «alcoholismo». Sin embargo, para los bebedores con problemas serios y para aquellos que están satisfechos de su abstinencia, *beber una pequeña dosis puede ser una proposición peligrosa*.

Aunque la mayoría de las personas consideren la sobriedad equivalente a ser abstemio total, el *Webster's Tenth Collegiate Dictionary* define «sobrio» no como un «abstemio», sino como «1. a) moderado en la comida y la bebida: ABSTEMIO; b) no adicto a bebidas embriagadoras; c) no borracho [...] 4. Destacado por la templanza, moderación o seriedad». Los mentores a los que llamo sobrios son aquellos que han resuelto sus problemas con el alcohol y que son capaces de controlarse, generalmente mediante la abstinencia, aunque beben con moderación en contadas ocasiones.

Busqué la ayuda de los mentores para responder a preguntas como éstas:

* He seleccionado el período de cinco años porque los estudios indican que no es muy probable que los bebedores problemáticos rehabilitados recaigan después de cinco años. No obstante, he incluido en la lista un reducido número de excepciones: los participantes del SMART Recovery, un programa relativamente nuevo.

—¿Qué te supone reconocer que eres un «alcohólico»?

—¿Puedes rehabilitarte —y seguir así— sin tener que asistir a un grupo de ayuda?

—Si dejas el alcohol gracias a un grupo de ayuda, ¿has de seguir asistiendo toda tu vida?

—¿Son necesarios los centros de rehabilitación como el Betty Ford Center y los programas para superar el alcoholismo de los hospitales?

—¿Adónde acudes si tienes algún conflicto con el alcohol pero realmente no crees que seas un «alcohólico»?

—¿Es cierto que sólo «tocar fondo» te motiva para enfrentarte a un problema con la bebida?

—Antes de emprender una acción, ¿crees que la mayoría de las personas «niegan» su problema con el alcohol?

—Te levantas un día por la mañana y dices: «¡Ya está, lo voy a dejar! Si es así, ¿qué es lo que te ha hecho llegar a esa decisión? ¿Empieza todo lo demás a colocarse en su lugar?

—¿Te supone una ayuda verte como alguien que está rehabilitándose eternamente o llegado un punto te ves como una persona totalmente rehabilitada o curada?

—¿Es cierto que basta con una pequeña dosis de alcohol para hacer que te vuelvas a enganchar o una copa de vez en cuando es algo que algunas personas se pueden permitir?

—¿Qué sucede si no tienes una fuerte fe religiosa o una creencia espiritual, como la creencia en un «poder superior»? ¿Crees que a pesar de eso puedes llegar a dejarlo?

—¿Acabas perdiendo tu deseo de tomar alcohol o lo conservas siempre?

Yo tenía mis propias opiniones respecto a estos asuntos, pues durante años me he enfrentado a mis conflictos con la bebida y los he superado. Pero realmente quería saber qué es lo que tenían que decir otras personas que también habían luchado contra su adicción al alcohol. Lo que aprendí de estos mentores es sorprendente, y gran parte de lo que cuentan va en contra de lo que se nos ha enseñado a creer respecto al «alcoholismo».

Cómo dejar el alcohol examina los puntos comunes que hay en todas las historias de las personas que han resuelto sus problemas con la bebida de formas distintas. Una gran parte de lo que comparten los mentores respecto a sus triunfos sobre el alcohol cuenta con el apoyo de los hallazgos de los expertos cuyas investigaciones no siempre llegan al gran público. He intercalado estos descubrimientos científicos con mis hallazgos sobre los mentores.

Tanto si un problema con la bebida es grave como esporádico, la sabiduría de los mentores de *Cómo dejar el alcohol* puede ser de utilidad. Estas personas ofrecen posibles soluciones a aquellas que simplemente se están preguntando si tienen algún problema con la bebida, así como para quienes están dispuestos a pasar a la acción. Ofrecen esperanza a cualquiera que se sienta decepcionado por la vía convencional que conduce hacia la rehabilitación y que está buscando otra distinta. Si se trata de un ser querido que tiene problemas con el alcohol, las palabras de los mentores también pueden suponer una revelación para ti. (El capítulo 7 está especialmente indicado para la familia y amigos de los bebedores problemáticos.)

Las historias de los mentores nos enseñan que las sendas hacia la sobriedad no siempre tienen por qué acabar en el cuento de hadas de la abstinencia. Por el contrario, nos demuestran que la rehabilitación adopta distintas formas y clases, da numerosos giros y vueltas con el paso del tiempo y puede estar marcada por interludios de bebida, todo ello dentro del contexto de un esfuerzo serio para evitar que la bebida interfiera a la hora de llevar una vida feliz y productiva.

La sobriedad es algo más que no beber

Las historias de los mentores revelan que llegar a la sobriedad implica mucho más que abandonar los problemas con la bebida; se trata de dar pasos activos para alcanzar una nueva forma de vida, donde no haya lugar para el alcohol.

■ Ward R. (veinticuatro años)* dice que su «última bebida» le ayudó a darse cuenta de que tenía dos opciones: «O bien podía desarrollar una forma de vida en la que no tuviera apetencia por el alcohol o decir "¡A hacer puñetas!" y beber hasta morir». Ward optó por ir a AA, pero de una forma poco convencional, y se creó una nueva forma de vida en la que el alcohol no tuviera cabida. Él nos explica: «Ahora estoy jubilado y mi vida está llena de viajes a otros países, conozco otras culturas, soy un miembro activo de la Asociación americana de personas retiradas, trabajo ayudando a otras personas de mi edad a combatir a los artistas de la estafa con el telemarketing, estoy planeando ser sustituto voluntario del sheriff, pertenezco a un club de tiro, trabajo con otros alcohólicos que se están rehabilitando, aprendo a navegar por Internet y estoy reformando la casa que he comprado. Sencillamente no tengo tiempo para sentarme en una taberna o en un bar».

■ Marisa S. (siete años, con la ayuda de Women for Sobriety) dice: «Sin alcohol puedo ser la persona que quiero. He vuelto a estudiar mi carrera y me ha ido muy bien, me apasiona la jardinería, sobre todo la ornamental, he empezado a viajar por placer. Puedo contestar al teléfono o a la puerta sin preocuparme por si me voy a delatar: "¿Estoy demasiado bebida?" o "¿Se dará cuenta la gente?"».

■ Paul V. (nueve años, gracias a AA) dice: «Desde que resolví mi problema con el alcohol, no hay ninguna faceta de mi vida que no haya cambiado. He cuadriplicado mis ingresos. Me he convertido en un ávido cazador, no tengo tantas fluctuaciones de carácter y mi relación con Dios está en paz. Mi percepción de las cosas es mucho mejor».

---

* Los años entre paréntesis situados al lado del nombre de la persona corresponden al tiempo que hace que ha dejado de beber.

■ Roxi V. (seis años, con la ayuda principalmente de Secular Organizations for Sobriety y también de AA) dice: «Soy feliz y cada día celebro mi sobriedad. Soy una mujer sana». Roxi dejó de beber a mitad de los cuarenta y desde entonces ha reanudado los estudios y ha obtenido su máster. Y lo mejor de todo es que afirma: «He crecido como persona, me agrado a mí misma y estoy en proceso de ser cada vez más *auténtica*».

Tal como dice Regina S., los mentores se han «construido una vida donde el alcohol no tiene cabida». Éstas son sus historias.

2

No existe una sola fórmula

Cómo alcanzaron los mentores la sobriedad
y permanecen sobrios

«AA me ha funcionado y me ha ido muy bien —me escribió George M.—. Pero no creo que sea el único medio para que un alcohólico deje de beber. Aunque ésa tampoco sea la visión oficial de AA. Personalmente, conozco personas que han tenido problemas con el alcohol y los han superado por otros medios. Dios nos bendiga a todos.»

Simon D. me envió un mensaje similar: «Aunque debo mi transformación a AA, no es la única respuesta. Y estoy dispuesto a rebatírselo a cualquiera que crea que así es». Cuando empecé a oír comentarios de este tipo —y a oírlos tanto de los miembros de AA como de los que no pertenecían a dicha asociación— supe que tenía que seguir esa pista.

¿Cómo alcanzaron los mentores la sobriedad? Voy a contar algunas formas, porque literalmente había docenas. Aunque muchos de los mentores pasaron por la vía tradicional de Alcohólicos Anónimos, con la guía de sus doce pasos, muchos otros hicieron las paces con su problema con la bebida de maneras poco tradicionales, incluyendo el dejar de beber sin ayuda, leer libros inspiradores y utilizar programas de rehabilitación menos conocidos con principios diferentes a los de AA. El mensaje de estos mentores es que existen muchas formas de dejar de beber y de no volver a recaer.

La historia de Herb N.

«Empecé a fumar hierba a los 12 años y creo que ahí comenzó todo —me dijo Herb N., de 42 años—. Luego seguí con el alcohol a eso de los 17 y se convirtió en mi droga favorita hasta que lo dejé en 1987.» Herb bebía casi a diario hasta los 31, cuando según cuenta: «Lo dejé por mí mismo, sin ayuda de nadie». A pesar de que nunca ha estado en una reunión de AA, ni ha seguido un tratamiento formal para su problema con la bebida, ni ha visitado a un terapeuta, no ha vuelto a beber o a utilizar drogas ilícitas desde hace trece años.

En su peor etapa, Herb estaba ingiriendo entre dieciocho y veinte copas al día. Pero en la fase final de sus días como bebedor, se vio obligado a reducir la dosis a la mitad debido a una inflamación hepática y a problemas gástricos, y no podía tomar más de diez copas sin vomitar. No cabe duda de que había intentado dejarlo —casi todos los meses durante los diez últimos años de su «carrera como bebedor»—. Prosigue diciendo: «Aguantaba un día, unos pocos días o incluso hasta un mes, pero entonces me rendía debido al agotamiento que padecía por tener que luchar contra el deseo de beber».

¿Qué fue lo que probó que le falló? «La mayoría de las veces intentaba disminuir la cantidad de alcohol, procurando controlar lo que bebía. No funcionó. También probé marchándome a otra zona, para desvincularme de algunas personas que creía que ejercían una mala influencia sobre mí, me esforzaba día y noche para alejar mi mente de la bebida y las drogas, no trabajaba, cambiaba de profesión. Una vez hasta estuve a punto de tirarme desde un puente, pero en el último momento me acobardé. Cada vez que intentaba dejarlo, siempre terminaba pensando en volver a beber o a drogarme.» (Mucho antes de que dejara de beber, Herb había superado su adicción a las drogas.)

Para complacer a su esposa, Herb se fue a una unidad de desintoxicación médica para que le ayudaran a superar su problema. Pero al cabo de poco tiempo estaba bebiendo de nuevo. Cree que evitaba buscar otros tipos de ayuda porque su médico de familia, al que fue a ver unas cuantas veces para que le «recetara algunas pastillas», no dejaba de repetirle que tenía que ir a AA o someterse a un tratamiento formal de desintoxicación. «No me gustaban los aspectos religiosos de AA, tal como mi médico me lo describía, pues yo soy ateo —cuenta Herb—. Los doce pasos iban encaminados a que creyera en un "poder superior" y a que admitiera que yo solo no podía luchar contra el poder del alcohol y las drogas. Pero yo sabía que no era así. Quería hallar una forma de vencer mi adicción, no de rendirme y de orar a un Dios en el que no creía para que me aliviara de mi sufrimiento. Todo esto hizo que me quedara completamente solo.»

Al final confiesa: «Había perdido la esperanza y sentía que iba a morir tirado en una cuneta. Intenté que mi esposa se marchara con los niños para no arrastrar a todos en mi caída, pero no quiso». Quizá la fe de su esposa en que al final acabaría dejando la bebida diera a Herb alguna esperanza. Ella le decía cosas que le impactaban y que posteriormente él utilizó para hacer frente a sus síndromes de abstinencia, como: «Te conozco, Herb, y sé que tú no eres así. Estoy convencida de que puedes dejarlo si lo intentas». Su anterior éxito con el tabaco le había dado algo de confianza en que también podría vencer su problema con el alcohol. «Puesto que tuve una buena época al dejar de fumar —explica—, una parte de mí sentía la remota esperanza de que podría dejar el alcohol.»

«No más historias con el subconsciente»

El momento decisivo llegó cuando Herb se dio cuenta de lo siguiente: «No quería que mis hijos me vieran morir y que cuando crecieran también se volviesen alcohólicos». También estaba hasta la coronilla de sus problemas de salud. Una mañana, cuando se levantó tras una noche en la que había bebido demasiado, tuvo una epifanía. «Cuando estaba sentado en el borde de la cama, me sacudió como una tonelada de ladrillos —recuerda—. *Tuve* que abandonar toda esperanza de volver a tomar una copa o consumir drogas. No quería más advertencias de mi subconsciente, ya sabes, si algún día la Luna y la Tierra se alineaban en un sábado, entonces tomaría una copita para celebrarlo, pero sólo entonces.»

Herb cree que la razón por la que había fracasado en sus anteriores intentos era la esperanza de que algún día podría controlar lo que bebía para poder seguir haciéndolo moderadamente. «Tras esa charla conmigo mismo, supe que había terminado. Entonces ocupé mi tiempo en crear una nueva vida, en lugar de esperar a la próxima recaída.»

«Cuando venían los deseos, me enseñé a mí mismo a gritar en silencio»

Esta última vez, cuando Herb ya consiguió apartarse definitivamente del alcohol y de las drogas, ¿qué hizo para luchar contra las ansias que antes no había conseguido dominar? Puesto que era una persona previsora y lógica, utilizó su cabeza. «Cuando sentía ansiedad era como si hubiera dos voces en mi mente: una fuerte y agresiva que ejercía presión para romper la abstinencia y la otra más pasiva que intentaba aferrarse a la abstinencia por todo lo que ésta podía aportar. Aprendí a gritar en silencio, a veces profanando a esa voz agresiva —la veía como a un enemigo y me había comprometido con la voz pasiva—. Cuando me di cuenta de que podía devolverle la pelota a ese enemigo, pude luchar contra las ganas de beber.»

Por sus anteriores intentos de dejarlo, Herb sabía que cuando los recuerdos de los dolores de su adicción eran agudos —por ejemplo, cuando recordaba cómo había hecho el ridículo cuando bebía—, tenía más éxito en su lucha contra las ansias de beber. Herb termina su relato diciendo que: «Me di cuenta de que quería liberarme del dolor para siempre».

«Ese día supe que mi adicción había terminado para siempre»

Durante la primera semana de sobriedad de Herb, mientras estaba en casa en la cama sufriendo el síndrome de abstinencia, su esposa y sus dos hijas pequeñas le animaron y le dijeron que creían en él. El primer día que regresó a su trabajo en una explotación forestal entró en una sala de reuniones vacía donde sus compañeros acababan de celebrar una fiesta; estaba vacía salvo por algo de cerveza que había sobrado. «Allí estaba yo, sólo ante un barril de cerveza gratis y con sólo diez o doce días de sobriedad. Para mi sorpresa, sólo experimenté una ligera incomodidad. Creo que la parte inconsciente de mí que quería beber tenía un pánico mortal a sugerirme que probara esa cerveza, así que hizo uno o dos pequeños intentos y se calló rápidamente. No me sentía como el rey de la rehabilitación ni nada por el estilo, pero ese día supe que mi adicción había desaparecido para siempre y que estaba relajado y tranquilo mentalmente.»

Herb se puso a estudiar todo lo que pudo sobre adicciones y lleva diez años ayudando a otros a dejar el alcohol. Aunque ha seguido muchos cursos de orientación psicológica, es principalmente autodidacta respecto al tema de la rehabilitación y se ha convertido en una especie de «manual de autoayuda para el *yonki*». Una vez rehabilitado, trabajó en una unidad de desintoxicación y vivió durante más de tres meses en los barrios bajos para comprender mejor a sus clientes. Durante un tiempo dio su propio curso para las personas que querían hacerlo por sí mismas, pero ahora trabaja como psicoterapeuta, principalmente para los drogadictos crónicos, en una clínica subvencionada por el gobierno de Canadá. Su trabajo con personas adictas a las drogas y al alcohol le ha conducido a decir: «Los doce pasos de AA son estupendos para algunas personas, que hallan consuelo y alivio en su entrega e impotencia. Pero mi mente no funciona así. Yo quería aprender a luchar contra mi adicción».

Intentar estar sobrio en un mundo de una sola pista

Herb N. es uno de esos mentores a los que les dijeron una y otra vez que si querían resolver sus problemas con el alcohol debían recurrir a AA. Alguno de ellos, como Billy R., empeoró. Antes de dejar de beber con las técnicas de Rational Recovery, Billy realizó varios intentos serios de dejar de beber, y siempre recayó. «Cada vez —asegura— me decían categóricamente que AA era la única vía de rehabilitación y que buscar otra era una pérdida de tiempo, porque AA era lo único que funcionaba. Al final todo se reducía a esto: volver a beber o regresar a AA. Opté por seguir bebiendo durante mucho tiempo.» Luego estuvo en la unidad de desintoxicación de un hospital por última vez; allí vio un anuncio de Rational Recovery en la pared. «Era la primera vez que se me informaba de que había otra alternativa a AA», explica. Ahora hace más de cinco años que no bebe.

Rosa L. declara: «AA les funciona a muchas personas y estoy agradecida de que exista para todas ellas. Pero también estoy muy enfadada con la comunidad de reinserciones y con los centros de rehabilitación por no dejar sitio para otros programas y por no informar a sus clientes de otras vías». Rosa dejó de beber hace diez años gracias a un grupo de ayuda de Women for Sobriety.

Tal como nos indican las experiencias de Billy y de Rosa, puede resultar difícil hallar cualquier tipo de ayuda en Estados Unidos que no se acoja a los famosos doce pasos, desde los grupos locales de AA que se reúnen en centros municipales y en iglesias, hasta los centros de rehabilitación de lujo para «dejar la botella», que también suelen incorporar los doce pasos, o los programas de tratamientos externos con terapeutas sobre la dependencia de sustancias químicas, que generalmente animan a sus pacientes a asistir a las reuniones de AA. De hecho, el estudio del National Treatment Center dirigido por la Universidad de Georgia demostró que *más del 90 % de los 450 programas representativos de tratamiento que existen para superar el alcoholismo estudiados se basaban en los doce pasos*. La cultura popular refuerza la noción de que AA es la única solución. No hace mucho, una columna de consejos para la salud de una revista concluía su test para evaluar los problemas con el alcohol con el consejo de «Si has respondido "sí" a cuatro o más preguntas, tienes problemas. No vayas andando, sino corriendo a Alcohólicos Anónimos». El mentor Rick N., que dejó de beber sin ayuda externa hace veintiún años, pero a quien los profesionales le habían augurado que «estaba destinado al fracaso» si no seguía los doce pasos, recuerda un programa de televisión sobre problemas con el alcohol presentado por Bill Moyers que sentía que transmitía el mismo mensaje unilateral: «La única respuesta al problema es un "despertar espiritual" y la asistencia de por vida a los grupos del programa de los doce pasos».

Los médicos no parecen ser mucho mejores al sugerir alternativas para AA, me dijo Lev W.: «Sabía que tenía un problema con el alcohol y me sentía impotente. Cuando acudí a un médico en busca de ayuda y le pregunté: "¿Qué es lo que funciona?", él me respondió: "El apoyo de los compañeros y la creencia en un poder superior". "¿Qué haces cuando te tropiezas con un solitario y ateo?", le volví a preguntar. A lo cual él me respondió: "Esperar hasta que deje de serlo"». Al final Lev dejó la bebida por sí solo, tras despertarse una mañana con una terrible resaca y desagradables recuerdos de la noche anterior y se dijo: «No puedo volver a hacer esto».

Sin embargo, el libro de AA *Alcohólicos Anónimos*, conocido también como el «Gran libro», sugiere un enfoque más flexible, y su consejo a los miembros que están intentando ayudar a otra persona con un problema relacionado con la bebida es el siguiente: «Si esa persona cree que puede conseguirlo de algún otro modo o prefiere algún otro camino espiritual, anímala a seguir los dictámenes de su conciencia. No tenemos ningún monopolio sobre Dios; tan sólo una visión que a nosotros nos ha funcionado».

Los peligros de la asistencia forzada

Los mentores me han contado algunas historias desagradables respecto a ciertas coacciones recibidas para asistir a AA —una práctica común de los jueces y de los programas de asistencia para los trabajadores en Estados Unidos—. Por ejemplo, Cheryl T. se lamenta: «Estoy obligada a ir AA si quiero conservar mi título de enfermera. No iría a las reuniones si no me lo impusieran; no me sirven de mucha ayuda o más bien de ninguna en mi programa personal de desintoxicación. SOS es un programa que se adapta mejor a mis posibilidades».

Lo más inquietante fue la historia de Ted B., un médico que hace ocho años se empezó a preocupar cuando se dio cuenta de que sus siete u ocho copas nocturnas excedían bastante en cantidad de lo que sus amigos o familiares solían beber. Recuerda: «Empecé a hablar con otras personas sobre diferentes formas de hacer frente a este problema y cuando estaba pensando en acudir a un terapeuta, mi esposa se lo dijo a un colega mío, que a su vez le comentó al gerente del hospital —que era un alcohólico en rehabilitación— que yo bebía mucho». El resultado fue que por temor a perder su licencia médica, Ted fue derivado a un programa de rehabilitación que requería una estancia de cuatro meses de duración, seguida de cinco años de asistencia regular a las reuniones de AA.

Tras el tratamiento, Ted estuvo sujeto a la humillación que suponen los análisis de orina por sorpresa para ver si estaba tomando drogas y fue controlado por dos colegas que tenían que escribir informes mensuales sobre su progreso. Aunque las lecturas que no fueran sobre el programa de los doce pasos estaban prohibidas en el centro de desintoxicación, Ted leyó sobre Rational Recovery y SMART Recovery, y cuando le dieron el alta descubrió que esos programas le atraían mucho más. Aunque dijo a sus monitores que se sentía peor después de asistir a las reuniones de AA, se le obligó a asistir a las mismas.

Ted ve ahora que su consumo de alcohol estaba vinculado con una larga depresión, que para su consternación no desapareció tras un año de abstinencia. Sin embargo, superó la depresión casi de inmediato cuando suspendió una medicación que tomaba desde hacía quince años para controlar la presión sanguínea (en la familia de los fármacos estos medicamentos son conocidos como «betabloqueantes»). Pronto fue evidente que su alicaído estado mental —que se sabe que puede ser un efecto secundario para algunas personas— era provocado por el fármaco. Ahora, después de siete años de su dura prueba, Ted disfruta tomándose una o dos copas unas cinco veces a la semana. Además, añade: «No he vuelto a tener la necesidad de beber en exceso desde que dejé los betabloqueantes».

Hay quienes creen que el hecho de hacer pasar a las personas por los programas de los doce pasos se contradice con los propios preceptos de AA, ya que el programa está diseñado para que resulte atractivo a las personas que lo siguen. Vincent A. afirma: «Cuando era presidente de las reuniones de AA, siempre tenía dudas al firmar los papeles de las personas que venían por orden judicial. Sentía que era una violación de las tradiciones de AA». (Según *Resisting 12-Step Coercion*, del experto en alcoholismo y abogado Stanton Peele y Charles Bufe, en el año 2000 cuatro tribunales supremos de Estados Unidos habían decretado que la asistencia obligatoria a los programas de los doce pasos violaba la Primera Enmienda de los derechos, porque los programas se consideran actividades religiosas a las que el Estado no puede obligar a asistir legalmente. En general, los tribunales de justicia han decidido que basta con ofrecer una alternativa no religiosa a dichos programas.)

El mencionado mentor Herb N. se siente afortunado de utilizar el modelo que prefiere. «No es que esté en contra del modelo de los doce pasos, pero no me gusta para mí. Yo lo hice todo y también me llevaré todos los méritos por mi éxito o la responsabilidad por mi fracaso», nos dice.

Las múltiples formas en que los mentores han superado sus problemas con la bebida

Herb N. no es el único. En el análisis final de los 222 mentores que se presentan en este libro, 125, que equivalen al 56 %, resolvieron sus problemas con la bebida de un modo poco convencional. Yo les llamo los mentores atípicos. Otros 97, los tradicionales, lo hicieron a través de la vía de AA. Dos tercios de los mentores que llevan disfrutando de una década o más de sobriedad están divididos equitativamente entre tradicionales y atípicos, lo que sugiere que la sobriedad a largo plazo se puede conseguir de muchas formas distintas. (Para un resumen sobre los métodos de los mentores, véase la página 48.)

Existen grandes diferencias en la manera en que los mentores atípicos han superado sus problemas con la bebida. Herb forma parte de un subgrupo de treinta y nueve personas que yo denomino los «solitarios» —personas que han mantenido su sobriedad solos, sin recurrir a una ayuda formal como la de un grupo de rehabilitación—. Estos solitarios son veinticinco mentores que, como Herb, lo han dejado sin ayuda alguna. Diecisiete de ellos cuentan con al menos diez años de sobriedad y, salvo dos, ninguno ha recaído. Otros solitarios de *Cómo dejar el alcohol* llegaron a sus propios métodos después de probar durante años otros programas, tras leer un libro de autoayuda o ir a un centro de desintoxicación para el alcoholismo como Hazelden, y decidieron que podían conseguirlo por sí mismos.

Estas personas han desafiado la noción predominante de que los bebedores problemáticos no lo pueden conseguir solos. Por el contrario, docenas de estudios confirman que muchas personas dejan de beber sin ayuda. Un análisis de dos encuestas que incluyen a más de 12.000 adultos elegidos al azar, publicado por el *American Journal of Public Health* en el año 1996, revelaba que tres cuartas partes de las personas que habían superado sus problemas con el alcohol lo hicieron ellas solas. La mentora Ann N., que también es terapeuta en el ámbito del consumo de sustancias, da en el blanco cuando dice

Antes de dejarlo

Antes de dejar el alcohol o reducir su consumo sin ayuda —o mediante cualquier vía diseñada para ese fin— cualquier persona que haya abusado del alcohol debería estar preparada para el síndrome de abstinencia. Aunque los síndromes de abstinencia sólo los padecen una de cada diez personas, se recomienda sin lugar a dudas consultar a un médico, porque la abstinencia puede ser físicamente peligrosa.

Los síndromes de abstinencia suelen empezar entre cuatro y doce horas después de haber dejado de beber o haber reducido la dosis, llegan a un pico de intensidad al segundo día y desaparecen a los cuatro o cinco días. Los síntomas suelen incluir temblores en las manos, sudores, aceleración del ritmo cardíaco y agitación. Otros síntomas posibles son las náuseas, vómitos, insomnio, hipertensión, fiebre y problemas psicológicos como la depresión, ansiedad, ira y una mayor irritabilidad.

Aunque normalmente un médico puede ayudar a superar el síndrome fuera del hospital, ingresar para un programa de desintoxicación formal en un hospital o en un centro de rehabilitación privado puede resultar necesario para algunas personas que tengan problemas graves con la bebida.

que el «60 % de los alcohólicos dejan la bebida sin ayuda alguna». Algunos estudios sugieren que *el número de personas que resuelven sus problemas con el alcohol por su cuenta puede igualar o superar a las que los resuelven tras recibir ayuda formal.*

Sin embargo, las personas que trabajan con los tratamientos tradicionales han descuidado o visto con escepticismo la posibilidad de recuperarse sin ayuda, quizá porque ésta desafía la idea de que los problemas con el alcohol sólo se pueden resolver con un tratamiento intensivo y la asistencia a un grupo de ayuda durante mucho tiempo. Tal como dice la mentora Jean A. con relación a su pronta recuperación: «El mensaje que estaba captando era que yo (y *todos*

45

los alcohólicos) no era lo bastante fuerte o buena como para llegar a la sobriedad por mí misma y poder mantenerla, que necesitaba a AA durante el resto de mi vida».

Quizá te preguntes: ¿esas personas que lo dejaron solas eran realmente «alcohólicas»? Las investigaciones nos dan a entender que aquellos que han dejado de beber por sí solos no suelen tener problemas de alcohol graves. Pero entre las personas con problemas con la bebida, las más numerosas en nuestra sociedad y las que es menos probable que busquen ayuda convencional son aquellas que presentan problemas menos serios. Saber què uno mismo puede hacer algo debería resultar alentador, si a una persona no le seduce la idea de ir a un grupo de ayuda o someterse a un tratamiento.

Sin embargo, los mentores nos demuestran que incluso las personas con problemas graves con la bebida pueden dejarlo sin ayuda. De los veinticinco mentores que lo dejaron solos, once reconocieron que bebían una cantidad equivalente o superior a medio litro de licor fuerte al día —y seis de ellos consumían tres cuartos de litro o más—. (Eso supone unas diecisiete copas o más al día.)

Otros cuarenta y seis mentores atípicos llegaron a la sobriedad con la ayuda de grupos que no eran de AA, que son bastante desconocidos. Entre ellos se encuentran Secular Organizations for Sobriety/Save Our Selves (SOS), SMART Recovery y Women for Sobriety (WFS). Entre los mentores atípicos se incluyen los que al principio recurrieron a AA, pero dejaron el programa porque algo no les gustaba o porque no seguían los principios de AA; ahora se mantienen sobrios sin ayuda.

Unos cuantos mentores atípicos resolvieron sus problemas con el alcohol mediante tratamiento psicológico, a través de la religión (no relacionada con AA) o con la ayuda de Moderation Management, un grupo que ayuda a las personas con problemas con la bebida no muy graves a beber de forma moderada. Otros cuatro mentores utilizaron las estrategias que enseña Rational Recovery, que actualmente anuncia su línea educativa como «Self Recovery Through Planned Abstinence» (Autorrehabilitación a través de la abstinencia planificada).

(RR solía tener grupos de ayuda mutua por todo el país, en los cuales participaban algunos de los mentores. Pero RR ha cambiado su enfoque y ahora la rehabilitación se trabaja individualmente.)

Entre los últimos mentores atípicos tenemos a veinticinco personas que siguieron múltiples vías, es decir, utilizaron una serie de estrategias para superar sus problemas con la bebida. Por ejemplo, encontramos el caso de Jessica C., que empleó una combinación de varios métodos: tratamiento de rehabilitación ingresada en un centro, asistencia a AA y a WFS, terapia de orientación psicológica y lecturas sobre la deshabituación del alcohol. «Al estar dispuesta a probar todo lo que me podía ayudar, descubrí la vía que más se adaptaba a mí. De todo lo que hice aprendí algo. Con el tiempo llegué a desarrollar mi programa de rehabilitación personal.»

Igualmente, Ralph C. utiliza un enfoque combinado. Se rehabilitó hace seis años con la ayuda de un programa (basado en los doce pasos) del hospital Veterans Administration; posteriormente asistió a las reuniones semanales, a las que todavía va. Tras un breve período de tiempo, también acudió a las reuniones de SOS, que le gustaban porque su filosofía era más afín a sus ideas. Además de estos grupos de ayuda, Ralph cuenta: «He leído mucho sobre la deshabituación del alcohol; mi "programa" está formado por ideas sacadas de todo lo que he leído y de mis reuniones semanales».

Las historias de los métodos de deshabituación de los mentores no sólo ilustran la diversidad y la creatividad, sino también que la *sobriedad no es estática*. En otras palabras, muchos mentores todavía emplean métodos para no beber que pueden ser muy diferentes de los que pusieron en práctica en un principio para dejar su adicción. Por ejemplo, cuatro de los mentores que dejaron de beber sin ayuda ahora han decidido ir a AA. Uno de ellos, Rebecca M., dice: «Puede que vaya a AA una o dos veces a la semana si me siento muy agobiada. Pero si estoy tranquila, a lo mejor voy una vez al año».

Por el contrario, Vincent A., que en un principio se benefició de AA porque le ofrecía una amistad que le apoyaba cuando dejó de beber hace veinticuatro años, dejó de asistir a las reuniones debido a

Resumen de los métodos de deshabituación utilizados por los mentores

Dada la ecléctica naturaleza de los métodos de deshabituación empleados por los mentores, es difícil clasificarlos según un solo método. A la mayoría de los que han cambiado de método o visión los he clasificado por lo último que estaban haciendo.

Método de deshabituación	Número de mentores
Deshabituaciones tradicionales (doce pasos)	97
Deshabituaciones atípicas	125
Sobrios sin ayuda	25
Secular Organizations for Sobriety (SOS)	18
SMART Recovery	13
Women for Sobriety	15
Fueron a AA, pero lo dejaron	12
Caminos varios	25
Centros de rehabilitación y luego solos	5
Ayuda psicológica	3
Religión	4
Moderation Management	1
Técnicas de Rational Recovery	4

que se sentía hipócrita acudiendo a las mismas y diciendo que los doce pasos cambiaron su vida. Ahora asiste a las reuniones de SMART Recovery un par de veces al mes. «AA puede ser estupendo cuando funciona, pero no a todo el mundo le va bien. Existen otras alternativas que son igualmente eficaces y la gente tiene derecho a conocerlas», nos dice.

Un programa: diferentes resultados

Cuando leía sobre cada uno de los mentores, me chocó ver los grandes contrastes observados con relación a sus experiencias con AA.

Para algunos como Sally O., AA ha sido una fuente de fuerza y esperanza. «Cuando asistí a mi primera reunión de AA, escuché a tres ex alcohólicos que compartieron conmigo su experiencia, fuerza y esperanza. *Nunca quise marcharme*», escribió. «Ya han pasado cuarenta y un años y no he tomado una copa desde esa primera noche en 1957. La única razón por la que acudí a AA fue para dejar de beber; poco imaginaba los milagros que ocurrirían en mi vida. El compañerismo y el apoyo de AA se llevó mi compulsión y obsesión por el alcohol.»

Pero para otros como Marisa S. (siete años), que dejó de beber con la ayuda de WFS, SMART Recovery, psicoterapia personal individualizada y la lectura de muchos libros sobre deshabituación, el efecto que le produjo AA no fue en absoluto positivo. «AA siempre se me presentaba como la única salida, pero a mí no me fue bien con ellos. Intenté de todo corazón encajar allí, pero no hacía más que hundirme en la desesperación y volver a recaer. El momento decisivo para mí fue cuando decidí que no tenía por qué seguir ese camino; dejé de hacer lo que todo el mundo me decía que hiciese y empecé a confiar en mi propio criterio (lo cual repetidas veces me habían dicho que no hiciera), y a hacer lo que para mí tenía sentido. Necesitaba confiar y creer en mí misma, aprender a asumir la responsabilidad de mi vida y realizar elecciones saludables. Creo que nuestro sistema de tratamiento comete una terrible injusticia cuando reconoce y legitima sólo a AA.»

¿Cómo es posible que algunas personas encuentren a AA tan útil y a otras no les sirva de ayuda? Louise L., que dejó de beber hace diez años con la ayuda de SOS, tiene una buena respuesta: «La gente piensa que para todo alcohólico existe un plan maestro. Eso no funciona para los diabéticos, así que ¿por qué habría de funcionar para los alcohólicos? Me di cuenta de que no hay un manual de reglas para ser abstemio. Tuve que hallar lo que era adecuado para mí».

En 1990, el Institute of Medicine (una división de la National Academy of Sciences) reunió a un prestigioso grupo de expertos que publicaron un informe tras haber realizado una revisión crítica de las investigaciones y de la experiencia en Estados Unidos y en otros países respecto a las diferentes visiones existentes para tratar los problemas con el alcohol. Una de las principales conclusiones del grupo —que se plasmaba en el título de su volumen de seiscientas páginas *Broadening the Base of Treatment for Alcohol Problems* (Ampliar la base del tratamiento para los problemas con el alcohol)— era que los tratamientos utilizados para superar los problemas con la bebida se habían de diversificar. Concretamente, el informe afirmaba que se necesitaban más opciones para las personas con problemas con la bebida de carácter leve y moderado. A pesar del hecho de que este informe se publicó hace más de una década, la principal tendencia en Estados Unidos sigue siendo tratar a todas las personas que tienen problemas con el alcohol como si fueran iguales.

Los mentores aclaran que, a pesar de que AA no funciona para muchos, lo que en realidad no sirve es intentar meter a todas las personas que padecen este problema en el mismo molde, es decir, enviarlas en la misma dirección para resolverlo. Herb N. siente que si hubiera tenido acceso a algún otro programa de deshabituación, «me hubiera ahorrado muchos años de lucha».

Todo es cuestión de elección

Lo que parece funcionar es dar opciones a la gente para superar sus problemas con la bebida. Los expertos creen que lo más probable es que cambiemos ante la posibilidad de otras alternativas. Para Sarah N. hallar una alternativa a AA fue algo esencial, pues había estado en muchos programas de los doce pasos antes de dejar definitivamente la bebida hace ya siete años. Al final, encontró un programa que la derivó a Women for Sobriety, que según ella: «Me puso en la vía de la rehabilitación».

Yo misma me sorprendí al comprobar cuántos mentores desconocían otras alternativas a AA. Los comentarios de más de la mitad de ellos indicaban que nunca habían oído hablar de Rational Recovery, Women for Sobriety, SMART Recovery, Secular Organizations for Sobriety o Moderation Management. Annie B. (trece años) dice: «Cuando lo dejé, no conocía otras opciones». Así que hizo lo que hacía la mayoría de las personas: ir a AA. Después de unas diez reuniones, decidió que aquello no era para ella, dejó de ir y siguió sola su camino durante un año aproximadamente, hasta que alguien le habló de WFS, que tras dos reuniones se convirtió en su refugio.

Tal como indican los mentores, existen alternativas a AA, pero a menudo son difíciles de encontrar. Hay unos 50.000 grupos de AA en Estados Unidos. En toda la nación el número aproximado de grupos de ayuda no convencionales, incluyendo a SOS, SMART Recovery y WFS, no supera los mil. En las dos grandes ciudades universitarias donde estuve un tiempo escribiendo este libro pude localizar sólo un grupo de ayuda alternativo a AA, y ni se anunciaba demasiado ni era conocido por los centros de referencias locales. (El apéndice «Guía de opciones para la rehabilitación» explica cómo localizar los distintos grupos, cómo hallarlos vía Internet y obtener sus libros.)

Las opciones alternativas están restringidas en parte por los centros de asistencia sanitaria, que tienden a limitar la gama de profesionales y programas de deshabituación por los que el suscriptor puede recibir una ayuda económica. Por ejemplo, puede que encuentres a un terapeuta que no fomente la asistencia a AA y que te ayude a superar tu problema con el alcohol utilizando otras técnicas, pero es muy probable que tu seguro de asistencia médica no te cubra esos servicios.

¿Es AA la mejor solución?

«EL CAMINO DE AA PARA LA REHABILITACIÓN TODAVÍA PARECE SER EL MEJOR», reza un titular en una historia de la revista *Time* sobre las causas de las adicciones. Pero los investigadores opinan de otro modo. El informe de 1990 del Institute of Medicine concluía diciendo: «Alcohólicos Anónimos, una de las vías más utilizadas para la rehabilitación en Estados Unidos, sigue siendo uno de los que se evalúan menos estrictamente». No han cambiado muchas cosas desde la publicación de este informe hace más de una década.

Sólo se han llevado a cabo tres estudios controlados donde bebedores problemáticos eran asignados al azar para realizar distintos tratamientos entre los que se encontraba el de AA, que no demostró ser más eficaz que los otros estudiados. Sin embargo, hay que destacar que en los tres estudios había personas a las que se había obligado a asistir a las reuniones de AA, y ello no refleja necesariamente lo que sucede cuando las personas acuden allí por propia voluntad. (Cuando escribí este libro todavía no se habían publicado en los diarios de investigación estos estudios bien diseñados que comparaban la eficacia de grupos alternativos como WFS, SMART Recovery y SOS entre ellos y con relación a AA.)

Otros estudios indican que las personas que acuden a AA siguen yendo a sus reuniones y permanecen en contacto con dicha asociación mediante su participación activa en los grupos de ayuda y un tutor de AA que les ofrece el apoyo necesario para mantenerse sobrias. Un estudio de más de 8.000 individuos que se habían sometido a programas de rehabilitación reveló que las personas que asistían a AA, tras un año de tratamiento tenían aproximadamente un 50 % más de probabilidades de ser abstemios que los que no acudían a dicha asociación. Pero no se sabe si los participantes de los grupos de AA seguían sin beber por el programa en sí o debido a alguna cualidad propia que era la que les había inducido a recurrir a AA en primer lugar. Quizá las personas que siguen con AA sean las que prefieren la ayuda del grupo, y entonces cualquier grupo de ayuda puede servir.

El mentor Vincent A., que había sido un miembro activo de SMART Recovery y de AA, me dijo que en ambos grupos había observado lo siguiente: «Las personas que asisten con regularidad dejan de beber y no recaen. AA me ha salvado la vida. Pero sería interesante averiguar exactamente qué es lo que en realidad quiere decir la gente cuando concede el mérito de su recuperación a AA —a los doce pasos, a la comunidad de AA o al consejo práctico—. Lo que a mí me ayudó fue el apoyo y los consejos prácticos, más que los doce pasos».

Sea cual fuere el caso, lo cierto es que es difícil rebatir las múltiples historias de éxitos de AA, como señaló el historiador Ernest Kurtz, autor de *Not-God: A History of Alcoholics Anonymous*. Una vez afirmó: «No existe ninguna "prueba" de la eficacia de Alcohólicos Anónimos, a pesar de los relatos de cientos de miles de miembros de esa organización que aseguran que AA les ha salvado la vida y ha hecho posible que sus vidas cobraran sentido». Sin embargo, el gran número de personas que dejan de beber con la ayuda de AA puede ser un reflejo del hecho de que es la organización más grande, antigua, fácil de encontrar, más conocida y, por consiguiente, más utilizada que cualquier otro método de rehabilitación. El hecho sigue siendo que no hay pruebas de que AA sea mejor que otro método para conseguir dejar de beber.

La triste verdad es que en realidad hay pocas personas que busquen una solución a sus problemas con el alcohol. De hecho, se calcula que casi 14 millones de norteamericanos (más del 7 % de los adultos) tienen problemas graves con el alcohol y que sólo uno de cada diez recibe algún tipo de tratamiento. Por lo tanto, es más seguro suponer que la gran mayoría de las personas que abusan del alcohol jamás ha puesto un pie en ninguna reunión de algún grupo de ayuda. De entre todas las personas que buscan ayuda, muchas de ellas no acaban de adaptarse al grupo y lo abandonan. Hace algunos años, una encuesta no oficial sobre la afiliación a AA —la cual no tiene por qué reflejar el estado actual de las cosas— indicaba que casi la mitad de las personas que acudían a AA por primera vez permanecían en el programa menos de tres meses; a los doce meses, el número de bajas parecía superar el 90 %.

De modo que ¿cuál es la solución? El mentor y profesional de la reinserción, Rick N. (veintiún años) dice: «Probablemente existen tantos caminos para vencer los problemas con el alcohol como personas que quieren rehabilitarse. Cuantas más opciones se puedan ofrecer, a más gente se podrá ayudar».

Tal como nos aconseja Herb N.: «Mantén una mentalidad abierta e intenta hallar tanta información como te sea posible sobre la deshabituación. Hay *muchas* vías para la reinserción, a pesar de lo que oigas por ahí».

3

No depende de la cantidad

Cómo se enfrentaron los mentores a sus problemas
con el alcohol

¿Cómo supieron los mentores que estaban bebiendo demasiado?
¿Cuándo se dieron cuenta de que de «pasar un buen rato» habían pasado a tener un problema? ¿Fue cuando de un paquete de seis latas de
cerveza cada noche pasaron a tomarse uno de doce? ¿Cuando pasaron de media botella de vino en el transcurso de una noche a beberse
una botella entera? ¿Cuando de medio litro de ginebra cada sábado y
domingo pasaron a tres cuartos de litro diarios? Aunque la cantidad
de alcohol y la regularidad en su ingestión proporcionan sin duda claves importantes para darse cuenta de que algo va mal, las historias de
los mentores nos indican que su reconocimiento se produjo principalmente al tomar conciencia de lo que el alcohol estaba haciendo
con ellos y cómo afectaba a las personas que tenían a su alrededor.

Siempre oímos las típicas historias de que las personas que tienen
problemas con el alcohol son las primeras en no darse cuenta de los
mismos —fase de negación—, y se dice que no se pueden empezar a
deshabituar hasta que admiten que son «alcohólicas» y padecen una
«enfermedad» incurable. Aunque muchos mentores utilizan estos términos, otros fueron capaces de hacer frente a sus problemas con el alcohol sin llegar a verse como «alcohólicos enfermos». *Sin embargo,
llegado a un punto, independientemente de las etiquetas que utilizaran y de cuánto bebieran, prácticamente todos vieron la relación entre el alcohol y los problemas que tenían en sus vidas cotidianas.*

La historia de Liz B.

Cuando Liz B. contactó conmigo por primera vez para ofrecerme su colaboración en este libro escribió lo siguiente: «No estoy segura de lo grave que era mi problema, porque nunca me hicieron un diagnóstico oficial. Pero sí sé que era un problema para mí y para mis relaciones». No podía recordar exactamente en qué momento se dio cuenta de su problemática con el alcohol, pero observó: «Durante mucho tiempo antes de dejarlo, en el fondo de mi corazón sabía que tenía un problema. Hasta la fecha, mi esposo todavía discute conmigo sobre si era alcohólica o no, pero yo nunca quise ponerme la etiqueta debido al estigma que ello suponía».

No importa cómo defina Liz B. su pasado de bebedora. Hace quince años una acumulación de acontecimientos le hizo darse cuenta de que el alcohol estaba trastornando su vida lo suficiente como para decidir dejar de beber, del mismo modo que había dejado de fumar dos años antes: pasó el «mono» y lo hizo sola. Ahora, a los 55 anuncia: «Estoy orgullosa de lo que he conseguido. Tengo buena salud y me gusta tener el control sobre mí misma sin tenerme que avergonzar por lo que he dicho o hecho. Me gusta la admiración que me profesan mi familia y mis amigos por haber superado la adicción. Ser capaz de dejarlo también me ayudó a convertirme en el modelo que quería ser para mis dos hijos».

Antes de dejarlo, Liz solía beber cuatro o cinco vasos de vino diarios repartidos a lo largo del día, muy lejos del estereotipo de la cantidad consumida por un «alcohólico». Bebió de este modo, ni más ni menos, casi todos los días desde los 30 hasta los 40 años. Liz se había educado en una familia llena de problemas con el alcohol y empezó a ver que la bebida le estaba causando conflictos similares en su vida. (Sus padres eran los dos grandes bebedores; su padre concretamente se volvía agresivo verbal y físicamente cuando bebía, era impredecible y explotaba sin más.) Liz eligió hacer algo antes de perder lo que más quería, es decir, a su matrimonio y su familia.

Al igual que muchos jóvenes, Liz empezó a beber en las fiestas a las que asistía en su etapa universitaria, donde solía emborracharse. «Cuando bebía, pensaba que era divertida y lista, y disfrutaba en ese estado, cuando en realidad estaba haciendo el idiota», nos cuenta. Liz luchaba contra su tartamudez, que empeoraba cuando bebía, aunque seguía hablando de todos modos.

«Nunca había relacionado las fiestas con los problemas»

Después de graduarse y de conseguir un trabajo bastante refinado que la obligaba a viajar bastante, Liz redujo su consumo de alcohol durante unos cuantos años. Sin embargo, los signos de advertencia se iban acumulando. Una vez en un viaje de negocios tuvo un desafortunado encuentro, que en aquel momento no se dio cuenta de que había sido una llamada de alerta. «Conocí a un muchacho adorable en un bar de *cowboys*. Estuvimos bailando y luego me preguntó si quería acompañarle a su apartamento y pasé la noche con él.» En su siguiente cita, ni siquiera estaba segura de ser capaz de reconocerle, porque esa noche había estado bebiendo. En algún momento entre las dos citas, Liz se quedó embarazada y acabó abortando, justo antes de la época en que se legalizó el aborto. Ella observa: «Creo que nunca relacioné las fiestas con estos problemas».

Al final, Liz conoció a su marido y está encantada de poder decir que lleva veintinueve años casada con él, pero no sin las tensiones debidas al alcohol. «Él siempre ha odiado mi adicción, siempre aparecía en un momento u otro en nuestros temas de conversación. Yo lo veía como una forma de control por su parte; no quería que me controlase», explica. Liz y sus amigas, como jóvenes madres amas de casa, «bebían vino por la tarde, al igual que otras toman café». Tras esas fiestas vespertinas diarias, solía tomarse uno o dos vasos más de vino; luego se sentía cansada e irritable.

Liz recuerda algunas cenas en las que era un lujo beber vino caro. «Era el sabor, no el efecto, lo que me atraía —dice ella—. Pero seguía bebiendo hasta que me tambaleaba, me dolía la cabeza, balbuceaba y me sentía cansada. Mi marido estaba muy molesto con mi conducta.» También recuerda que buscaba bronca con su marido, era rencorosa y reaccionaba de forma desproporcionada ante pequeños incidentes; gradualmente empezó a relacionar todo eso con la bebida.

«Cuando mi hijo me ponía la cinta, podía oír cómo balbuceaba las palabras»

«No sé si el hecho de que otras personas me dijeran que tenía un problema con la bebida tuvo demasiado efecto —dice Liz—. Tuve que ver el problema por mí misma.» Lo que por fin le abrió los ojos fue un incidente con su hijo de 8 años que tuvo lugar dos años antes de que dejara de beber. Él había grabado una entrevista con su madre para un trabajo de la escuela. «Cuando me puso la cinta —recuerda— pude oír la pésima pronunciación de mis palabras, y eso realmente me preocupó.» Le trajo a la memoria dolorosos recuerdos de la conducta de su padre cuando estaba borracho y tanto su padre como su madre hablaban balbuceando, y su aliento olía a alcohol cuando la besaban antes de irse a la cama. «No quería que mis hijos tuvieran que pasar por eso con su madre», explica.

Sin embargo, no lo dejó enseguida. «Recuerdo haber hablado demasiado una noche en la que no hacía más que atacar verbalmente a mi marido. Podía ser una borracha terrible. Sabía que esta conducta se debía al alcohol, pero iba tomando conciencia gradualmente. Mi conducta era imprevisible. No tenía control sobre mí misma debido a la bebida, igual que mi padre.

»Era evidente que había una serie de cosas que se tenían que producir a un mismo tiempo», reflexiona Liz. La gota que colmó el vaso fue cuando ella y su esposo organizaron una fiesta con motivo de la celebración del 4 de julio, donde se sirvió mucha bebida. «Mi actitud era agresiva e hiperactiva. Mi esposo y yo nos peleamos cuando terminó la fiesta; él estaba enfadado conmigo por mi conducta. Entonces me dio una especie de ultimátum.» Cuando le pregunté de qué ultimátum se trataba, me dijo que fue más un sentimiento que una amenaza directa. «Parecía más enfadado que otras veces. Quizá por primera vez tuve miedo de que sucediera algo realmente drástico, como que me dejara o algo parecido. Era tan tedioso volver a tener una discusión por la bebida... Probablemente entonces me di cuenta de que el alcohol acaba destruyendo a una familia, si no rompiéndola legalmente, sí distanciándola. Mi marido no me respetaba y yo no me respetaba a mí misma. No valía la pena todo el trastorno que me estaba ocasionando. Me pregunté: "¿Vale más beber que mi familia?". Por supuesto que no. Me di cuenta de que tenía mucho que perder: a mi esposo, a mis hijos, el respeto de los demás. Al final decidí que me quería más a mí misma que al alcohol.» Al día siguiente, tomó la decisión de que había bebido por última vez.

Cuando todo se junta

Antes de poder hacer algo para resolver un problema has de admitir que existe. Siempre llega un momento en el que los mentores se han enfrentado a su problemática relación con el alcohol, aunque no tanto por medir la *cantidad* que consumían, como *por relacionar la bebida con los problemas que tenían en sus vidas.*

Es evidente que Liz se había dado cuenta de que el alcohol era un denominador común en muchos de sus problemas:

—ponerse en ridículo;
—tartamudeo, que empeoraba al beber;
—promiscuidad y practicar sexo sin protección;
—discutir continuamente con su marido sobre su adicción a la bebida;
—buscar peleas;

—ser incapaz de no guardar rencor;

—reaccionar desproporcionadamente ante pequeños incidentes;

—padecer consecuencias físicas desagradables debidas a la bebida, como mareos, dolor de cabeza, fatiga;

—ver su propia conducta como la de su padre borracho: impredecible, volátil, habla ininteligible.

De modo que, aunque Liz nunca se reconoció como una «alcohólica», al final relacionó el alcohol con sus continuos problemas. Otros mentores hicieron lo mismo.

■ Marguerite E. (nueve años) me dijo: «Un día mi vida dejó de funcionar. A causa de una serie de desafortunados incidentes, siempre debidos a la bebida, me di cuenta de que el alcohol era el denominador común de todos ellos y me detuve a reflexionar sobre eso».

■ Paul V. (nueve años) comentó que en la época en que más bebía su círculo de amistades estaba menguando y que se distanciaba de su familia. También le dolían los riñones, fue arrestado por conducir borracho, obtenía malas notas y no lograba mantener una relación estable. El momento de despertar de Paul llegó cuando empezó a reconocer que el alcohol podía ser la causa de todo ello.

■ Antes de que Jackie D. (diez años) viera la luz, dice: «Había atribuido todos mis problemas en la vida a otras cosas: traumas, a que el mundo es injusto, al dinero. De pronto vi clarísimamente que si eliminaba el alcohol, podría hacer frente a todo lo demás».

Llegado a este punto y siguiendo el ejemplo de los mentores, haz una pausa y escribe una lista de tus problemas actuales. Luego pregúntate: «¿Tiene el alcohol algo que ver con ellos? ¿Es la bebida el denominador común de mis problemas? ¿Podría resolverlos mejor si no ingiriera alcohol?».

¿Cuánto alcohol *es* demasiado?

¿Cuándo sabes que estás bebiendo demasiado? No hay una prueba definitiva, y mentores como Liz B., que normalmente bebían cuatro o cinco vasos de vino al día, nos demuestran cómo las personas que no beben grandes cantidades pueden tener un problema importante.

Aunque muchos expertos estarían de acuerdo en que el factor decisivo para saber si tienes un problema real con la bebida no es tanto la cantidad y la frecuencia como los efectos, la cantidad de alcohol que consumes sin duda puede ser un signo de advertencia. Es evidente que si bebes con regularidad al menos tres cuartos de litro de licor fuerte al día —como hacían más de noventa mentores de *Cómo dejar el alcohol* en sus peores etapas— es que estás bebiendo demasiado. Es muy improbable que alguien que beba de ese modo no sea adicto psicológicamente. Pero la mayoría de las personas que tienen problemas relacionados con el alcohol ni siquiera se acercan a esa cantidad.

La cantidad de alcohol que una persona puede beber sin notar que altera su vida depende de sí misma. En general, las personas grandes y musculosas pueden beber más alcohol sin notar las consecuencias que las personas con una complexión más pequeña. A las mujeres nos afecta más que a los hombres, debido a las diferencias en la complexión y porque tendemos a metabolizar el alcohol más despacio. Por supuesto, incluso los bebedores habituales que no tienen un problema grave con el alcohol pueden ingerir más cantidad de esta sustancia que sus homólogos no bebedores, porque han desarrollado una tolerancia a beber grandes cantidades.

Se ha difundido mucho la idea de que beber en unos niveles entre leves y moderados se asocia a un menor riesgo de padecer patologías cardíacas; pero hay que tener en cuenta que beber moderadamente significa tomar no más de dos copas al día para los hombres y sólo una para las mujeres. (Véase el cuadro de la página 64 «¿Qué entendemos por "una copa"?».) Normalmente, la ingestión de más de cuatro bebidas para los hombres y tres para las mujeres puede

Una llamada de alerta: preguntas de los mentores

¿Bebes hasta emborracharte?

¿Ves el alcohol como una forma de huir de la vida y de sus problemas?

¿Has observado si bebes más que los demás?

¿Bebes siempre más de lo que te habías propuesto?

¿Sientes que te falta algo cuando te enfrentas a un día sin tomar una copa?

¿Eres incapaz de beber sólo una copa?

¿Te causa el alcohol algún dolor y a pesar de ello sigues bebiendo?

¿Has pensado alguna vez que quizá serías más agradable si no bebieras?

¿Te enfadas contigo mismo sabiendo que el alcohol no deja ver quién eres tú realmente?

¿Te deprime beber?

¿Estás cansado de lamentar tus acciones?

¿Has dejado de tomar alguna vez una medicación porque es incompatible con el alcohol?

¿Sientes un gran vacío en tu espíritu que intentas llenar?

¿Tienes a veces problemas físicos debidos a la bebida como insomnio, sudores nocturnos, dolor de estómago o nauseas?

¿Piensas alguna vez «No sé beber sin emborracharme»?

¿Te da valor el alcohol para decir cosas que de otro modo no dirías?

¿Tienes amigos bebedores y no bebedores? ¿Intentas separarlos?

ofuscar el pensamiento y aumentar el riesgo de problemas asociados al alcohol, como los accidentes y heridas. Según las directrices del gobierno de Estados Unidos, los hombres corren el riesgo de tener problemas asociados con el alcohol si beben más de cuatro copas seguidas (o más de catorce a la semana), y las mujeres si toman más de tres seguidas (o siete a la semana).

Simplificando, si una persona bebe, es mayor el número de problemas físicos y de conducta que puede padecer. Cuanto más bebes,

¿Dependes del alcohol para relajarte, que se te pase el frío, enfrentarte a los problemas, estar contento?

¿Es el alcohol el que te ayuda a tomar decisiones en lugar de la razón?

¿Sientes a veces que el alcohol te aleja de vivir el presente?

¿Bebes incluso cuando tienes resaca por haberte pasado bebiendo?

¿Utilizas el alcohol para eludir la responsabilidad y los sentimientos incómodos?

¿Es el deseo de consumir alcohol el eje de tu vida?

¿Interfieren tus ansias de beber con tus actividades cotidianas: trabajo, cuidar de tus hijos, comer bien?

¿Te lleva el alcohol a hacer cosas que no harías estando sobrio, como conducir imprudentemente, gastar demasiado en los clubes nocturnos o eludir tus responsabilidades?

¿Bebes porque crees que lo necesitas?

¿Has sufrido una decadencia en tu sistema de valores a raíz de tu adicción a la bebida?

Si no puedes conseguir alcohol, ¿haces lo imposible por obtenerlo?

¿Has sentido alguna vez como si tuvieras un gran romance con el alcohol?

Si has contestado que sí a alguna de estas preguntas, puede que sea una señal —no una respuesta definitiva— de que el alcohol te está causando problemas e interfiriendo en tu calidad de vida.

mayor es el riesgo de padecer cirrosis hepática, hipertensión, apoplejía y cáncer de mama, de hígado, de laringe, de boca y de esófago. Muchos expertos están de acuerdo en que puede ser útil anotar el consumo de alcohol diario y la cantidad y el tiempo transcurrido entre cada bebida. Esto puede ayudarte a valorar si estás bebiendo demasiado.

¿Qué entendemos por «una copa»?

Cada una de las siguientes bebidas contiene aproximadamente la misma cantidad de alcohol que las otras, y por lo tanto constituye «una copa»:

1 cóctel con 4,5 cl de licor de 40 grados (un quinto equivale a 3/4 de litro o diecisiete copas).
1 cerveza normal (1/3 de litro).
Un vaso de vino de 4,5 cl (una botella de 3/4 de litro contiene cinco vasos).
Una bebida fría en vaso largo de 3,3 cl (vino/licor de malta o con base de licor).
Un vaso de 4 cl de jerez u oporto.
23,6 cl de licor de malta.

Las etiquetas no son importantes

Es comprensible que Liz B., con sus cuatro o cinco vasos de vino al día, no se viera como una «alcohólica». Pero ¿cómo podía alguien como Jeanne F., que en su peor etapa llegó a beber hasta veinticuatro cervezas al día, no reconocerse como tal? En lugar de etiquetarse con la palabra que empieza por «A», Jeanne describe su anterior problema con la bebida del siguiente modo: «En ocasiones bebía hasta perder el conocimiento. A veces tomaba sólo unas copas. No necesitaba tomar alcohol todos los días». Podríamos caer en la tentación de decir que las personas como Jeanne se están engañando a sí mismas. ¿Por qué no llamar a las cosas por su nombre, dejar de usar eufemismos y reconocer el hecho de que se es un «alcohólico»?

Aunque se nos ha inducido a creer que admitir que eres un «alcohólico» para ti y para los demás es un requisito previo para la deshabituación, muchos mentores no se ponen esta etiqueta. ¿Cómo describen, pues, sus problemas con la bebida? A continuación tenemos unas cuantas respuestas:

■ «No saber parar cuando había empezado.» Liz B.

■ «Solía tener problemas en mi vida cuando bebía mucho.» Murray K. (seis años, dejó de beber con ayuda de los principios de RR y SMART Recovery).

■ «Me di cuenta de que era irresponsable cuando bebía y me dije: "No volveré a beber".» Bobby P. (seis años, lo dejó sin ayuda).

■ «No me consideraba un alcohólico, aunque bebía mucho; ahora pienso que durante ese período sí lo era. En estos momentos no me considero alcohólico.» Ned G. (quince años, lo dejó sin ayuda).

■ «Era una "bebedora empedernida", bebía todos los días, sobre todo cuando tenía problemas.» Marie E. (doce años, se rehabilitó gracias a la espiritualidad).

■ «Tenía una necesidad psicológica que era difícil de satisfacer. Cuando empezaba a beber no podía parar.» Pete S. (nueve años, lo dejó sin ayuda).

■ «Era un bebedor problemático crónico.» Ben H. (once años, lo dejó sin ayuda).

Lo que resulta fascinante respecto a estas descripciones personales de los problemas con la bebida es que algunas de ellas guardan una estrecha semejanza o son idénticas a las que utilizan *otros* mentores para la palabra «alcoholismo». Aunque ninguno de estos mentores se considerara «alcohólico», varios de ellos «fallaron» alguna vez en las pruebas que sirven para determinar si tienes un problema serio con la bebida (véanse las páginas 62-63) debido a la grave naturaleza de sus problemas. Marie E., por ejemplo, solía beber al menos seis cervezas o casi un litro de vino al día, y cuando intentaba dejarlo le entraban temblores.

Los estudios indican que etiquetarte como «alcohólico» no significa que eso te ayudará a resolver tu problema con la bebida. El mentor Tom W. dice que a veces le comenta a la gente: «Solía beber mucho y lo dejé», sin utilizar la palabra «alcohólico». «Cuando hago eso —añade— creo que me escuchan más.» Jonathan E. confirma la impresión de Tom; reconoció su problema por primera vez tras escuchar la charla de un psicólogo sobre «personas con problemas con el alcohol» en una reunión del Rotary Club.

Puesto que la palabra «alcohólico» está cargada de significados, asusta a muchas personas y evitan utilizarla. Liz B. afirma que una de las razones por las que nunca se ha planteado asistir a un grupo de ayuda fue que no se consideraba una «alcohólica». Durante el período de uno o dos años en que Janet C. sabía que tenía un problema con el alcohol, aunque no hizo nada al respecto, dice que recuerda que cuando un primo suyo que se estaba rehabilitando hablaba de AA ella pensaba: «¡No quiero decir que soy alcohólica y tener que ir a todas esas reuniones!». Según el doctor Mark Sobell y la doctora Linda Sobell, un respetado equipo de investigación sobre el alcohol de la Universidad Nova Southeastern de Florida, «una de las razones más recurrentes por las que las personas que abusan del alcohol no inician o retrasan el inicio de un tratamiento es por el estigma de que te etiqueten como "alcohólico"».

Aunque la famosa presentación de AA —«Hola, soy Sue y soy una alcohólica»— para algunos pueda resultar denigrante, para otras personas supone una ayuda. (A pesar de que la mayoría de las personas sigue esta práctica en las reuniones de AA, etiquetarse como «alcohólico» ya no es obligatorio para participar en la asociación.) La mentora Krista O. observa que su experiencia con AA la ayudó a ver que el «alcoholismo azota a todo tipo de personas, incluidas las que son de mi clase: bien educadas, con estudios, con una infancia feliz y que no tienen razón para ser alcohólicas». Heath F. añade: «En mi caso, como les ha sucedido a muchas otras personas que están en AA, no vi la relación entre sentirme mal y abusar del alcohol hasta que admití el "problema"». En otras palabras, para algunas personas, utilizar la descripción de «alcohólico» puede ayudarles a ver que muchos de los problemas de su vida se deben al alcohol.

Uno de los inconvenientes de la palabra «alcoholismo» es que se utiliza para describir todo tipo de problemas con la bebida, desde los pequeños hasta los más graves. Los profesionales de la medicina o de la salud mental a menudo intentan evaluar el alcance de un problema de alcoholismo al diferenciar entre el abuso del alcohol y la dependencia del mismo. Esta distinción se establece mediante una guía profesional muy utilizada conocida como *DSM-IV (Manual de diagnóstico y estadística de los trastornos mentales)*, donde no se aplica el término «alcoholismo» desde hace muchos años. En general, *abusar* del alcohol se considera que es beber de forma arriesgada o perjudicial sin adicción física. La *dependencia* del alcohol —el término profesional que se utiliza hoy en día en lugar de alcoholismo— implica problemas más graves, que suelen incluir una mayor tolerancia al alcohol y síndromes de abstinencia cuando se deja de beber.

Sin embargo, las definiciones del *DSM-IV* y las distinciones entre abuso y dependencia son confusas y la mayoría de las personas termina usando «alcohólico» para definir a todos aquellos que tienen problemas con la bebida. De nuevo, cabe recordar que algunos de esos problemas son relativamente leves, mientras que otros son graves y muchos están entre esos dos extremos. Aunque no hay un consenso respecto al significado de la palabra «alcohólico», la mayoría de las personas profanas, muchos profesionales de la salud, algunos miembros de AA y gran parte de los mentores la utilizan. De hecho, el 85 % respondió afirmativamente a la pregunta: «¿Te consideras o te has considerado un alcohólico?». Sin embargo, los mentores que han solucionado sus problemas con la bebida de forma atípica no la utilizan tanto como los que siguen los programas tradicionales de los doce pasos. Éste es especialmente el caso de los solitarios como Liz B., personas que dejaron de beber y que no han recaído sin contar con ayuda profesional. Sólo seis de cada diez se autodenominan «alcohólicos».

No importa cómo te consideres o cuál sea tu relación con el alcohol, mientras reconozcas que la bebida interfiere en tu camino.

No todas las personas con problemas con la bebida son iguales

Tal como lo expone el mentor Oliver G.: «Existen distintos niveles de aflicción». Tom W. añade: «No todas las personas tienen el mismo problema, existen grados en los problemas con el alcohol».

Por lo tanto, algunos problemas con el alcohol son más fáciles de resolver que otros. En el extremo más grave de la gama he oído las siguientes historias:

■ Clay R., que había pasado nada menos que por «quince rehabilitaciones, desintoxicaciones e ingresos en el hospital» y por fin dejó de beber hace ocho años cuando acudió al centro de rehabilitación del Ejército de Salvación, tras darse cuenta de que iba a acabar mendigando en la calle si seguía bebiendo.

■ Sally O., cuyo hijo de cuatro años murió trágicamente al ser atropellado por un camión mientras ella estaba en «una fiesta», y que el primer día que asistió a una reunión de AA, con una temperatura ambiente de 32°, se puso un albornoz sucio, zapatillas y abrigo de invierno. (Ahora hace cuarenta años que dejó de beber.)

■ Theron J., que «vivió en la calle» durante casi una década, estuvo en la cárcel cuatro veces, tuvo cincuenta y tres trabajos en diez años, e iba al volante en un accidente de tráfico en el que a su mejor amigo se le declaró muerto en la escena del accidente, pero que al final vivió. (Theron lleva dieciséis años sin beber y es abogado.)

Estos tres mentores llegaron a beber un mínimo de casi un litro al día de licor fuerte.

De nuevo, estos casos extremos no representan a la mayoría de las personas con problemas con el alcohol. Tal como indica el doctor Marc Schuckit, director del Alcohol Research Center del Veterans Administration Medical Center de San Diego, en su libro *Educating Yourself About Alcohol and Drugs*, la mayoría de las personas con graves problemas con la bebida tiene trabajo, familia y vive en algún sitio; es muy «probable que asistan a la iglesia de su comunidad, que sean respetadas en su entorno y también muy productivas». Es decir, los bebedores más problemáticos son como Liz B. o los siguientes mentores, que no bebían grandes cantidades, pero que aun así tenían muchos problemas.

■ Harriet B., que rara vez bebía más de dos o tres martinis, recuerda haber conducido hasta su casa una noche, sin acordarse de parte del trayecto; era «maleducada, grosera y nada cívica» con las personas después de haber bebido y «no se ocupaba mucho de las crisis» de sus hijas.

■ Ned G., que en su fase aguda bebía entre tres y cinco «vasos de chupito llenos» de whisky (además de tomar cerveza o vino de vez en cuando) cada tarde entre las 17.00 y las 22.00 horas. No tenía «síntomas evidentes, ni resacas por la mañana» y decía que la bebida nunca afectó a su trabajo. Sin embargo, se dio cuenta de que el alcohol estaba interfiriendo realmente en su vida cuando, después de decidir hacer un viaje a China, se echó atrás, al enterarse de que allí no estaba permitido el alcohol. «Entonces supe que tenía un verdadero problema, porque realmente tenía muchas ganas de ir.»

Signos de alarma

El investigador sobre el alcohol Mark Sobell hace hincapié en los siguientes síntomas como signos de advertencia de que existen problemas graves con la bebida.

Lapsus: son episodios de amnesia que tienen lugar cuando se bebe. Los lapsus suelen reflejar un elevado consumo de alcohol dentro de un período breve, que a su vez sugiere una alta tolerancia al mismo. Experimentar lapsus no es lo mismo que desmayarse a causa del alcohol o no recordar con claridad los acontecimientos; estas últimas experiencias no son ni mucho menos benignas, pero no se deben necesariamente al tipo de problema que ocasiona los lapsus. Lo verdaderamente temible de los lapsus es que cuando tienes uno, en realidad estás consciente y puedes hacer algo que te ponga en un aprieto, que sea peligroso o ilegal, aunque luego no lo recuerdes, pero del que te podrían responsabilizar.

Síndrome de abstinencia: ocurre cuando eres físicamente dependiente del alcohol. Es decir, que tu cuerpo se ha adaptado a consumir una cantidad regular de alcohol. Si dejas de beber, tu cuerpo sufre un reajuste, denominado síndrome de abstinencia. El primer síntoma del síndrome, para la mayoría, suelen ser los temblores —pequeños tics incontrolables que se manifiestan más notablemente en los dedos y en general se presentan al despertar por la mañana, cuando ha descendido el nivel de alcohol en sangre—. Otros síntomas son los sudores, la taquicardia y la agitación. Los síntomas más peligrosos son los que les pueden ocurrir a aquellas personas con una grave dependencia del alcohol cuando no reciben atención médica adecuada, como son los ataques, alucinaciones y *delirium tremens (DT)*, que conllevan un estado de confusión psicótico.

Los síntomas del síndrome de abstinencia se pueden evitar utilizando la medicación prescrita adecuadamente (es decir, en la unidad de desintoxicación de un hospital) o bebiendo más alcohol.

La necesidad de beber por la mañana (o de beber para evitar los síntomas del síndrome en cualquier momento del día) es, sin duda, una señal de alerta roja de que se tienen problemas muy graves. (No se ha de confundir el beber por la mañana con tomarse un *Bloody Mary* en el almuerzo, beber antes del mediodía en vacaciones, o beber al cabo de unas horas de haberse levantado porque te apetece tomar algo, que aunque no deja de ser un hábito poco saludable, no es lo mismo que beber para evitar los síntomas del síndrome de abstinencia.)

Análisis sanguíneos que denotan un trastorno de la función hepática: los resultados pueden indicar una disfunción del hígado debida a un abuso del alcohol. (Los análisis también pueden salir alterados debido a otras causas.) Por ejemplo, la presencia de GGT (enzima gamma glutamil transferasa) suele indicar un exceso de alcohol. Pero unos resultados normales en el análisis de la función hepática tampoco denotan que estés a salvo: los análisis de algunas personas que tienen el hígado dañado no revelan nada. Si tu médico te dice que los análisis no han salido bien, no saltes del asiento convencido de que tienes cirrosis, una grave enfermedad causada por beber en exceso. El diagnóstico de la cirrosis requiere una biopsia.

Las directrices del gobierno de Estados Unidos sugieren que las respuestas afirmativas a una o más de estas preguntas pueden indicar una dependencia del alcohol:

- ¿Hay momentos en que no puedes parar de beber una vez has empezado?
- ¿Necesitas beber más que antes para emborracharte?
- ¿Sientes una necesidad urgente de beber?
- ¿Cambias tus planes para poder tomar una copa?
- ¿Bebes alguna vez por la mañana para aliviar los temblores?

Del "The Physicians' Guide to Helping Patients with Alcohol Problems", National Institutes of Health, publicación nº 95-3769.

■ Rose S., que en su etapa más aguda bebía tres o cuatro vasos grandes de vino o varios gin tonic, «suficiente para emborracharse». En ocasiones bebía a diario, pero normalmente lo hacía sólo dos o tres veces a la semana. Una de las principales consecuencias de su adicción era la ira, que solía descargar en su marido. También la arrestaron una vez por conducir bebida.

Algunos problemas con el alcohol son intermitentes, mientras que otros son crónicos. Algunos son agudos, por ejemplo, después de una crisis emocional. Al contrario de lo que se suele pensar respecto a que los problemas con el alcohol son progresivos, a veces están estancados, como en el caso de Liz B., cuyo límite de bebida fue la misma cantidad durante diez años. Otras veces los problemas con el alcohol incluso habían aminorado antes de resolverse por completo, como le sucedió a Rose S., que dice: «A diferencia del patrón clásico, yo bebía cada vez menos después de un período agudo. Cuando dejé de beber, sólo era una bebedora social, esporádica y prácticamente sin problemas». Sin embargo, Rose dejó el alcohol para siempre después de una cena social en la que se enfureció irracionalmente con un amigo. «Me di cuenta de lo que había hecho a causa del alcohol y la ira y supe que tenía que dejarlo por completo o que corría el riesgo de que me sucediera algo horrible», explica.

La idea de que los problemas graves con la bebida *no* siempre empeoran o siguen un curso previsible está respaldada por los resultados obtenidos en dos grandes estudios que todavía están en marcha dirigidos por el doctor George Vaillant, de la Facultad de Medicina de la Universidad de Harvard, que ha seguido la trayectoria de cientos de hombres con problemas de bebida en el transcurso de su vida adulta. El doctor Vaillant ha descubierto que algunos han bebido toda la vida sin que su problema haya empeorado, y que otros volvieron a beber con moderación y sin problemas. Los investigadores sobre el alcohol Linda y Mark Sobell añaden: «El patrón más común se puede describir como el de aquellas personas que alternan entre períodos problemáticos de gravedad variable separados por otros de abstinencia o momentos en los que pueden beber sin problemas».

No hay forma de saber si un problema con el alcohol empeorará con el tiempo y tendrá graves consecuencias. No existe una clara línea divisoria que marque cuándo un problema de bebida se ha agravado o se ha convertido en lo que normalmente llamamos «alcoholismo». Sin embargo, algunos síntomas no deben tomarse a la ligera, e indican sin duda que un problema con el alcohol probablemente justifique una consulta profesional (véanse las páginas 70-71).

¿Enfermedad o no? ¿Realmente importa?

¿Necesitaron los mentores entender la causa de sus problemas con la bebida para enfrentarse a ellos? ¿Les sirvió de algo ver su enfermiza relación con el alcohol como una «enfermedad»? El modelo de la enfermedad contempla el «alcoholismo» como un estado patológico similar a la hipertensión y la diabetes, que se deben a la combinación de un componente biológico heredado con influencias medioambientales. Las personas que se identifican con esta idea tienden a ver el «alcoholismo» como un desorden progresivo y que se puede detener (mediante la abstinencia), pero no curar. El mentor Matt D. expresa algunas de estas creencias populares: «El alcoholismo es una enfermedad, dolencia o condición que combina factores genéticos, medioambientales, de personalidad y biológicos que hacen que una persona sea alérgica al alcohol y no pueda metabolizarlo con normalidad. El ansia psicológica y fisiológica por el alcohol, así como la negación de los problemas asociados con el abuso de dicha sustancia, también parecen formar parte de la conducta típica».

Aunque el concepto de enfermedad del «alcoholismo» haya dominado en los tratamientos de deshabituación durante muchos años, cuando se les preguntó a los mentores si compartían esta idea sólo un 60 % se identificaba con la misma. Otros veían su problema como una mala costumbre. A algunos, simplemente no les importa. Ralph C., que resolvió un problema muy grave con la bebida hace más de seis años, corta la discusión cuando dice: «Sencillamente me siento mucho mejor sobrio que borracho, y la causa no es importante».

Algunos mentores no son partidarios de la teoría de la enfermedad porque creen que se puede utilizar para absolver a la gente de su responsabilidad por su conducta, como explica Liz B.: «No tengo paciencia con las personas a las que se supone que se ha de compadecer porque padecen una enfermedad. En nuestras manos está el hacer algo. No se puede estar siempre culpando a otras cosas de tus problemas». Cheryl T. corrobora: «Creo que muchas personas malgastan demasiados años obsesionadas por el diagnóstico del alcoholismo. Parece ser que todo el mundo quiere una etiqueta que le permita jugar a la víctima y eludir la responsabilidad».

¿El hecho de que los problemas con el alcohol puedan ser hereditarios no apoya acaso la idea de la enfermedad? Al fin y al cabo, ocho de cada diez mentores respondieron afirmativamente a la pregunta: «¿Tienes o has tenido algún familiar directo o indirecto con problemas con la bebida?». Más de sesenta respondieron que su madre, su padre o ambos habían tenido ese problema. Algunas investigaciones indican que la herencia puede influir en el posterior desarrollo de problemas con el alcohol. Según el periódico estatal *Alcohol Health & Research World*, una serie de estudios relacionados con la adopción indican que los hijos de «alcohólicos» que son educados en hogares de abstemios siguen padeciendo un elevado riesgo de «alcoholismo». Otros estudios han demostrado que el gemelo idéntico de un «alcohólico» tiene muchas más probabilidades de convertirse también en «alcohólico» que el gemelo no idéntico.

Pero tener padres bebedores no demuestra que exista un vínculo genético; los hábitos de bebida se pueden adoptar simplemente mediante la observación o identificación con los padres. Por ejemplo, es probable que los niños que ven que uno de sus progenitores se refugia del estrés o de la depresión en la botella imiten su conducta. Es evidente que si se tiene una historia familiar con problemas de alcoholismo, no resulta descabellado tratar de estar en guardia respecto a lo que uno bebe, como en el caso de Liz B., pero eso tampoco significa que estés predestinado a ser «alcohólico».

Es bastante evidente que la idea de la enfermedad ha ayudado a suavizar el estigma del «alcoholismo», al sugerir que no es más inmoral que la diabetes o el cáncer. El mentor Paul V. (nueve años), que cree en la teoría de la enfermedad, dice: «Fue como si hubiera hallado un rayo de esperanza cuando me di cuenta de que podía ser una buena persona con un grave problema, en vez de simplemente una mala persona». El hecho de haberle quitado la connotación moral también puede motivar a algunas personas a que busquen tratamiento para su problema con la bebida. (Los mentores tradicionales eran mucho más propensos a ver el «alcoholismo» como una enfermedad que los que resolvieron sus problemas con la bebida por medios no tradicionales.)

Tal como concluye el histórico informe de 1990 del Institute of Medicine, probablemente nunca se identificará una sola causa para los problemas con el alcohol; es muy posible que existan varias causas en diferentes personas, y que se las pueda ayudar de todos modos aunque se desconozcan las mismas. La mentora y terapeuta Rose S. lo resume de una forma muy bella: «El alcoholismo es *como* una enfermedad, y sin duda es un mal hábito, pero es una condición que, al igual que muchas cosas humanas, es el resultado de una serie de elecciones conscientes, así como de compulsiones. Pero yo creo que uno puede *cambiar*».

El mito de la negación

Contrariamente al concepto popular de que las personas con problemas de bebida se «niegan» a sí mismas, la mayoría de los mentores han sido conscientes durante mucho tiempo de que tenían graves problemas con el alcohol, antes de que por fin se deshabituaran.

De hecho, nueve de cada diez respondieron afirmativamente a la pregunta: «¿Supiste durante un largo período de tiempo que tenías un grave problema con el alcohol pero que no podías o preferías no hacer nada?». La media fue de poco más de seis años entre aquellos que se concedieron un período de tiempo.

Al igual que Liz B., que se sintió alarmada por su balbuceo al hablar cuando su hijo le puso la grabación de su entrevista varios años antes de dejarlo, la mayoría de los mentores fueron estableciendo *gradualmente* la conexión entre el alcohol y sus problemas. Les costó algún tiempo hacer algo al respecto.

Sarah N. admite: «Desde los 20 hasta los 32 años supe que tenía problemas con el alcohol, pero no hice nada. Sabía exactamente lo que estaba pasando —¡no había ninguna negación!— y tampoco me importaba. De hecho, la autodestrucción formaba parte de su atractivo». Asimismo, desde que cumplió los 40 hasta los 47, Ralph C. dice: «Admitía —sólo a mí mismo— que probablemente era un alcohólico, pero no tenía deseos de dejar de serlo. No podía imaginarme un día sin beber».

Algunos mentores tenían el problema contrario: sabían que sus problemas con la bebida eran graves, pero les costaba convencer a los demás de ello. Cuando Rosa L. se lo dijo a su esposo, su respuesta fue: «¡Bah, no es verdad que bebas tanto!». Seis meses después, cuando intentó convencerle de nuevo, le respondió que era verano y que era normal que bebiera al menos un *pack* de seis cervezas al día. Heather F. añade: «No podría decirte cuántas veces manifesté en voz alta mi preocupación: a mi médico, a mi psicólogo, incluso a mi marido. Pero como parecía una persona cabal, nadie consideraba que tuviera un problema grave».

Algunos mentores sí pasaron por una etapa de negación de su problema a los demás y a sí mismos. Incluso después de admitir que tenían un problema con la bebida, algunos no pudieron ver o no les importó el alcance de las consecuencias negativas de su hábito. A veces, como sucedió en el caso de Ralph C., la negación asumió la forma de rechazo a hablar a los demás de su problema con la bebida, aunque éstos ya lo supieran. Muchos mentores atravesaron períodos en los que intentaron autoconvencerse de que podían beber con moderación, para al final tener que reconocer que lo único que estaban haciendo era posponer su inevitable necesidad de dejar el alcohol por completo. Becky E. dice que entre los 22 y los 34 años bebió mucho: «Durante la mayor parte de ese tiempo, una parte de mí se preocupaba pensando que *puede* que tuviera un problema grave, pero seguía intentando controlarme y beber como una persona "normal"».

Aunque uno sea capaz de reconocerse a sí mismo que tiene un problema serio con la bebida, como hicieron la mayoría de los mentores mucho antes de dejar su adicción, eso no significa necesariamente que tú estés dispuesto a hacer algo al respecto. Puedes encontrarte muy bien en ese punto en que a pesar de reconocer las desagradables consecuencias, el placer que obtienes de la cerveza, del vino o del licor supera el lado oscuro de ese hábito. Sin embargo, ser consciente del vínculo que existe entre la cantidad de alcohol que ingieres y los problemas que tienes en tu vida puede significar que *empiezas* a estar preparado.

4

No tienes por qué «tocar fondo»

Cómo llegaron los mentores al momento decisivo

Durante años el alcohol ganó la partida, a pesar de que los mentores eran conscientes de sus conflictos con el mismo. Incluso hoy en día, muchos de ellos admitirán que en algún momento anhelan lo que cualquier bebedor avezado conoce como los placeres de la botella. Cuando pregunto «¿Qué es lo que echas de menos de cuando bebías mucho?», responden con frases como: «La precipitación. El enardecimiento. El mundo secreto. El descaro de conocer gente, de estar en actos sociales. La sensación de pasar de todo cuando las cosas se ponían feas. La ilusión de la elegancia, beber vino en una cena, tomar una copa de cava en la cubierta de un crucero. La bebida daba energía a las situaciones y proporcionaba un entusiasmo que era adictivo en sí mismo».

«Entonces, ¿qué fue lo que provocó el cambio, qué fue lo que te hizo pasar a la acción respecto a la bebida?» Para muchos mentores, fue un proceso de evaluación, de sopesar los placeres del alcohol y sus efectos negativos hasta llegar a la conclusión de que no valía la pena. Otro factor decisivo para muchos de ellos fue definir para qué necesitaban estar sobrios: observaron de qué modo interfería el alcohol en lo que realmente les importaba en la vida y lo que la bebida podía hacerles perder. Puede que estés pensando: «No es *necesario* perderlo todo para dejarlo, ¡no tienes por qué tocar fondo!». *Por el contrario, muchos mentores han llegado a un momento decisivo sin que sus vidas se hayan destrozado por completo o hayan perdido todo lo que le era importante para ellos.*

La historia de Jackie D.

Como todos los demás mentores, Jackie D. sacó algún provecho de la bebida. «Yo era una persona muy organizada y responsable y el alcohol me permitía relajarme o hacer locuras.» Pero al final, la gratificación nocturna de tomarte una botella de vino o seis u ocho copas de licor quedaba velada por los efectos negativos de haber bebido. A pesar de haber experimentado numerosos problemas relacionados con el alcohol, Jackie nunca tocó fondo en el sentido clásico de perderlo todo. «Mi "fondo" sencillamente fue reconocer que mi vida no era lo que yo pretendía y que el alcohol era la causa de que no fuera así. Fue cuestión de preguntarme "¿Cómo puedo seguir cerrando los ojos a esta realidad?". Fue un milagro que pudiera darme cuenta tan pronto.»

En resumen, Jackie reconoció que la bebida se interponía en el camino de las dos cosas que más quería en la vida: una relación sentimental y éxito en su carrera. De modo que a los 32 decidió dejar de beber para siempre. Ahora hace diez años de eso —con la ayuda de un terapeuta profesional, un grupo «liberal» de AA y el apoyo de su esposo— y puede presumir de que «El alcohol ya no forma parte de mi vida y me gusta que así sea».

Jackie describe cómo era ella antes con la expresión: «Borracha de clase alta, pero en el fondo vulgar», y luego añade: «Tuve éxito en los estudios y en el trabajo y justificaba mi afición a la bebida por la aparente soltura que me daba». En séptimo curso se emborrachó por primera vez cuando ella y una amiga cogieron bebidas del mueble bar de sus padres y se las llevaron a una escuela de danza donde «se pusieron ciegas». Desde entonces, nos cuenta: «Solía robarlo. Me gradué con matrícula de honor. Mi doble vida empezó muy pronto». En la universidad, beber mucho, según sus propias palabras, era ya un hábito «bien arraigado». «Siempre bebía más que los demás; cuando ellos paraban, yo seguía bebiendo. Pero a pesar de todo sacaba buenas notas y parecía brillante y segura de mí misma.»

Se graduó en diseño textil, se aseguró una buena posición en la industria del sector y fue ascendiendo en su carrera profesional. Su doble vida proseguía. «Nunca bebía en el trabajo, pero sí lo hacía cada noche hasta quedarme grogui. Me iba a la cama con hombres a los que no conocía y con los cuales no me habría acostado si hubiera estado sobria. Me empezó a fallar la memoria y tenía que apuntármelo todo. Tenía estados de ánimo muy apagados y depresivos e ideas autodestructivas. Alejé a los amigos que no querían hacer frente a mi adicción. Empecé a eludir los actos sociales donde no se servía alcohol. Me sentía muy sola y aislada.»

«Beber fue una gran mentira»

Tras un breve matrimonio, Jackie estuvo seis meses buscando pareja, lo cual le ayudó a ver que tener una relación significativa en su vida era muy importante para ella y que el alcohol era un obstáculo para conseguirlo. «Al ser una persona analítica, pasé varios meses escribiendo un anuncio para encontrar pareja, intentando expresar lo que podía aportar en una relación (lo bueno y lo malo) y qué cualidades necesitaba en un hombre para que complementaran o contrastaran con las mías.» En este proceso se preguntó: «¿Cuál es el valor más importante para mí?». Y la respuesta fue «la sinceridad». «Yo era dolorosamente sincera en otras áreas de mi vida y admitía que beber era una gran mentira.» Se dio cuenta de que o encontraba a un hombre que bebiera como ella o a uno que no soportara su hábito. En todo este proceso, Jackie empezó a prepararse para el hecho de que quizá tendría que dejar el alcohol, pero seguía bebiendo.

Su anuncio provocó al menos una docena de respuestas y al cabo de tres meses encontró al hombre que tenía los «rasgos básicos» que ella estaba buscando: «Ético, comprometido, leal, generoso, abierto, gentil, sensible, sano, autosuficiente, inteligente, humorista, juguetón, sensual, sorprendente». Otros tres meses más tarde, él le planteó su problema con la bebida. Jackie explica: «Glenn dijo que podía ver algo en mí que le gustaba mucho, pero que no soportaba que bebiera. Eso era justo lo que no quería oír. Sabía que tenía razón, pero me daba miedo dejarlo». Al final tuvo que decidir entre el amor y el alcohol, enfrentarse al hecho de que no podía continuar bebiendo y tener un compañero sentimental con cualidades que ella admiraba.

«El alcohol había cruzado la barrera»

Durante las dos semanas siguientes, Jackie casi saboteó su nueva relación emborrachándose y acostándose con un compañero de trabajo, su anterior jefe. «Siempre había tenido la regla de no mezclar los negocios con la bebida, pero el alcohol había cruzado la barrera en mi carrera.» Esta violación de su propia regla —que describe como «el empujón final que le hizo ver lo harta que estaba de no poder confiar en sí misma»—, unida al reconocimiento de que podía arruinar su recién iniciada relación, impulsó a Jackie a dar el primer paso para solucionar su problema.

Decidió acudir a un asistente social con experiencia en problemas con el alcohol que le había recomendado una amiga. Antes de que pudiera asistir a la primera visita, tenía que prescribírselo un médico, y éste le enseñó la siguiente cita, que también la ayudó a reconocer la influencia que tenía el alcohol en su vida. Rezaba así:

Hasta que uno no se compromete, existen dudas, la posibilidad de volverse atrás, ineficacia constante. En todo acto de iniciativa, hay una verdad elemental, que de desconocerse acaba con innumerables ideas y planes espléndidos: cuando uno finalmente se compromete, la providencia también lo hace. Cualquier cosa que puedas hacer o soñar, comiénzala ya. El atrevimiento tiene genio, poder y magia. Empieza ahora.*

«No estaba haciendo lo que quería en la vida»

Cuando le pregunté a Jackie por qué estas palabras tenían tanta fuerza me respondió: «Me hicieron ser consciente de que no había seguido los sueños de mi vida. Nunca me había comprometido a ser lo que quería ser. Mientras bebía una botella de vino cada noche o media de Jack Daniel's, no podía ser sincera conmigo misma. No estaba haciendo lo que quería en mi vida: tener una relación estable, poner en práctica mi deseo de crear algo artístico y ser una escritora autónoma, ser capaz de ser yo misma, de relajarme de verdad y de mejorar mi relación con mi padre. El alcohol se interponía en todas estas cosas».

Cuando Jackie al final acudió a un terapeuta, éste no le insistió para que dejara de beber, sino que le dijo que probablemente obtendrían mejores resultados si lo hacía. Le ofreció una serie de opciones para hacer frente a su problema con el alcohol, incluidos AA, Rational Recovery o SOS; pero principalmente le brindó la oportunidad de continuar el autoanálisis que ella misma había empezado por su cuenta. Dos semanas después de haber iniciado la terapia, Jackie se decidió a dejar de beber y cambiar su vida.

Llegado a este punto, Jackie optó por conceder una oportunidad a AA y empezó a visitar diferentes grupos hasta que encontró uno que realmente le gustaba. Como agnóstica, cree que ha tenido suerte, porque su segunda reunión estaba especialmente pensada para agnósticos y ateos, y de los cuatro grupos de AA que había en la gran ciudad donde vivía, sólo uno era de este tipo. «¡He encontra-

* Esta cita se atribuye normalmente al escritor y científico alemán Goethe, pero parece ser una amalgama de revelaciones de distintos autores.

do, por casualidad, el grupo no religioso de AA que necesitaba! Los asistentes eran racionalistas, físicos, motoristas, místicos, humanistas y cualquiera que se sintiera alienado o condenado al ostracismo por el AA tradicional. Admitía ideas paganas, científicas, budistas o cualquier cosa que a sus participantes les funcionara. El único requisito era querer dejar de beber.»

Aunque éste se convirtió en su grupo de ayuda, también encontró otros grupos que le gustaron, incluido uno de mujeres y otro que conoció en un hospital, y continuó yendo a las reuniones de AA al menos varias veces a la semana durante tres años. (Ahora lleva cinco años rehabilitada y Jackie no siente la necesidad de asistir regularmente a las reuniones de AA, pero no dudaría en volver si sintiera de nuevo el deseo de beber.)

En el aspecto profesional, Jackie fue abriéndose camino poco a poco al margen del mundo empresarial y adquiriendo la suficiente confianza en sí misma como para realizar su trabajo artístico. Aunque tardó unos cinco o seis años en ganarse la vida como escritora independiente, que era otro de sus sueños, ha conseguido esta meta, ha escrito libros y tiene su propia columna en un periódico. También ha cultivado una maravillosa relación con su padre. (Su madre murió hace muchos años.)

A Jackie le resulta sorprendente que Glenn, con quien al final se casó, hubiera permanecido a su lado durante todo ese proceso. «Realmente el primer año fue un desastre, pero creo que a medida que mi yo real emergía, él fue descubriendo mi verdadera personalidad, que sólo estaba velada por el alcohol.» (Ahora llevan casados más de ocho años.) «El alcohol ya no forma parte de mi estilo de vida, no puedo imaginar volver a ello. Tengo demasiado que perder. ¡Mi vida es formidable! Cuando bebía, el alcohol nublaba mis ideas. Ahora puedo elegir todo lo que hago. La elección, para mí, es lo opuesto a estar estancado. La elección es libertad.»

Tocar fondo

Jackie D. representa a los muchos mentores que sienten que sus vidas no tuvieron que llegar a desmoronarse por completo para que se produjera ese momento decisivo en el que decidieron dejar de beber. De hecho, cuatro de cada diez mentores respondieron que no o se mostraron ambiguos cuando les pregunté: «¿Crees que "tocar fondo" (llegar a un estado de crisis total) era necesario para que te decidieras a resolver tu problema con el alcohol?».

A menudo nos pretenden hacer creer que un bebedor problemático seguirá bebiendo hasta que las consecuencias sean catastróficas. El mentor Booker T. expresa esa visión convencional: «La mayoría de nosotros casi llegamos a autodestruirnos antes de dejarlo». No es extraño oír decir a la gente de alguien que aún no se ha decidido a dejarlo: «Todavía no ha tocado fondo».

Entre los mentores que se recuperaron a través de los programas de los doce pasos existía una mayor tendencia a sentir que debían tocar fondo para decidirse a dejarlo, lo cual reflejaría lo que se suele decir en las reuniones de AA. Sin embargo, Ernest Kurtz, en su libro *Not-God* señala que en los primeros tiempos de AA «tocar fondo» no significaba necesariamente perderlo todo. Más bien se referían con ello a «sentirse realmente "derrotado" y sin esperanza». Aunque en las publicaciones actuales de AA se afirma que «pocas personas intentarán seguir sinceramente el programa de AA a menos que hayan tocado fondo», también se sugiere que *no* es preciso que te hundas tanto.

Tal como la mentora Rose S. señala, creer que la vida se ha de deteriorar totalmente antes de llegar a un punto en el que estás dispuesto a dejarlo, puede interponerse en tu camino y actuar como una profecía que se cumple a sí misma. «La idea de que uno ha de tocar fondo hace que algunos alcohólicos se sigan hundiendo.»

La mentora Cheryl T. nos ofrece una visión más útil de lo que supone llegar a un momento decisivo: «El llamado "fondo" no es igual para todos. Tocar fondo se podría definir mejor como un estado en el que uno se da cuenta de que el alcohol está interfiriendo en su búsqueda de la felicidad. Para algunos, "tocar fondo" es estar tirado en la calle, sin hogar. Para otros, el alcoholismo es como si subieras en un ascensor: puedes decidir cuándo quieres bajarte». Puedes seguir unos pasos —como hizo Jackie— para «bajar del ascensor» antes de que tu problema con la bebida alcance mayores proporciones.

El momento decisivo

¿Qué fue exactamente lo que hizo inclinar la balanza para que los mentores se decidieran a pasar a la acción, lo que en la mayoría de los casos supuso dejar para siempre el alcohol? Para hallar la respuesta planteé la siguiente pregunta: «¿Cuál fue el momento decisivo tras el que tuviste éxito? Es decir, ¿cuáles fueron los acontecimientos y circunstancias que te motivaron a hacer algo al respecto de una vez por todas?».

La gente dio muchas respuestas a esta pregunta, pues en general había tenido lugar más de un acontecimiento. Sus respuestas fueron variadas y muy personales; tenían relación con todo, desde experiencias religiosas e intentos de suicidio hasta leer un libro. Tras examinar los múltiples momentos decisivos de los mentores descubrí que los cinco principales tenían relación con lo siguiente:

1. *Un sentimiento general de sentirse vencido en la batalla*. Las respuestas más frecuentes a la pregunta sobre el momento decisivo hacían referencia al hecho de encontrarse enfermo y cansado de luchar contra el alcohol. Las personas ya habían llegado a su límite y se daban cuenta de que no valía la pena continuar. Betty B. me dijo: «No podía aguantar vivir ni un solo día más de ese modo». Roxi V. habla sobre sus últimos días como bebedora, cuando recibió una citación por conducir bebida: «Sabía que era una persona valiosa, pero el alcohol me estaba causando *todos* mis problemas. Es-

taba harta de que hubiera algo que controlara mi vida». Bruce E. se despertó una mañana y decidió que ya no quería seguir viviendo de ese modo; comparó la experiencia a la de «un boxeador profesional al que le hubieran dado tal paliza que no se pudiera levantar del taburete y salir a pelear en el siguiente *round* y que acaba tirando la toalla».

2. *Preocupaciones respecto a la familia y los hijos.* Phil Q. todavía no estaba muy convencido de querer dejar de beber cuando un juez le ordenó ingresar en un centro de rehabilitación; durante nuestra entrevista me comentó que los sentimientos hacia su hijo de 9 años desempeñaron un papel muy importante en su decisión de no volver a beber tras haber completado el tratamiento. Para Anthony G. lo decisivo fue «el deseo de una vida mejor y mi amor por mi hijo. Me di cuenta de lo que la bebida estaba haciéndole a mi familia y lo que le haría al hijo que tanto amaba».

3. *Incidentes bochornosos o peligrosos.* Becky E. se hizo la promesa de dejar de beber después de «un lapsus, una caída, un mueble roto y de no recordar absolutamente nada de lo sucedido. Mi aterrada compañera de piso fue quien me encontró y no podía entender lo que me pasaba. Me asusté y me avergoncé de que mi mejor amiga me encontrara en esta situación». El momento decisivo para Marguerite E. fue cuando se acostó con alguien durante un lapsus alcohólico. «Me desperté en mi coche sin pantalones y con el marido de mi mejor amiga a mi lado, también sin pantalones. En ese momento me di cuenta de que mi vida no iba por buen camino».

4. *Los problemas médicos o de salud relacionados con la bebida.* «Observar problemas de salud en los alcohólicos empedernidos» fue lo que ayudó a Cal T. cuando a uno de sus amigos le diagnosticaron una pancreatitis alcohólica. Cal dice: «Yo me vi siguiendo el mismo camino». El momento decisivo para Kathryn N. tuvo lugar en un avión: después de haber estado despierta toda la noche bebiendo y haciendo las maletas, pensó que iba a tener un ataque al corazón. Ahora cree que probablemente tuvo una taquicardia (latido rápido del corazón) provocada por el miedo. Pero es-

te incidente le dio valor para confesarle a su marido que era una «alcohólica».

5. *Rupturas o problemas graves con los demás.* Para Maddie M. el detonante fue cuando su compañera con la que llevaba siete años le dijo que estaba enamorada de otra y que la dejaba: «Supe con toda certeza y claridad que si seguía bebiendo, lo haría hasta la muerte». Zoe A. me dijo: «Mi matrimonio fracasaba a los dos años de habernos casado. Cuando fui a un terapeuta con mi marido, todas las respuestas que recibí me indicaban "¡Ponte en tratamiento ya! ¡Tienes un grave problema!"».

¿Dónde encajaría el momento decisivo de la mentora Jackie D. en todo esto? Quizás en la última categoría, puesto que hubiera tenido problemas serios con su pareja si no lo hubiera dejado. Quizá su detonante fue la vergüenza por emborracharse y acostarse con un compañero de trabajo, cuando su vida secreta como bebedora irrumpió en su vida profesional. Quizá simplemente estaba agotada por su doble estilo de vida y se sentía mal por tomar alcohol. Entonces, una vez más, puede que fuera la significativa cita la que hizo que Jackie se enfrentara al hecho de que el alcohol estaba interfiriendo en lo que realmente quería conseguir en la vida. Por tanto, es muy posible que fuera toda una serie de acontecimientos la que incitara a Jackie a emprender una acción.

Los estudios sobre el proceso seguido para resolver los problemas con la bebida confirman que la predisposición al cambio rara vez se produce de repente, aunque a veces parece ser impulsada por un incidente, la gota que colma el vaso. Veamos el caso de Nancy B., que tomó la última copa tras ir a una fiesta en la se encontró con «un amigo que también había sido bebedor». Éste le dijo que lo había dejado porque el alcohol había causado muchos problemas en la vida de sus familiares —la muerte de sus padres, las desastrosas vidas de sus dos hermanos y su divorcio— y «sencillamente no tenía sentido seguir bebiendo». Nancy describe ese momento de la siguiente forma: «Dejé mi vaso de vino y no volví a probar una gota». Podría parecer que fue ese incidente el que la impulsó a dejarlo, cuando en realidad, según ella misma cuenta, hacía varios años que odiaba a su marido, a su trabajo, a sí misma y a su vida debido a su adicción. También observa que su decisión de dejar el alcohol estaba muy relacionada con el ingreso de su hijo en un programa de rehabilitación para drogadictos muy enganchados. Las reglas del programa eran que no debía haber alcohol en casa y que no se bebiera ocho horas antes de ver a uno de los jóvenes que estaban ingresados, lo cual obligó a Nancy a reducir su dosis de tres cuartos de litro de bourbon. Cuando dejó su último vaso de vino, muchas cosas cobraron sentido.

Proceso de evaluación

Una forma de evitar tocar fondo —o de regresar si ya lo has hecho— es seguir la guía de los mentores, evaluando los pros y los contras de la bebida y luego decidir si realmente vale la pena.

De un modo u otro, todos los mentores me han contado que atravesaron una fase de evaluación, de sopesar los aspectos positivos de la bebida y las consecuencias negativas. Jackie D. realizó varias evaluaciones antes de dejar de beber: cuando escribió su anuncio personal para hallar pareja y vio cómo el alcohol la había conducido a elegir el tipo de hombre incorrecto; cuando se acostó con un colega y se dio cuenta de lo harta que estaba de su vida secreta; cuando el médico le dio la cita que la ayudó a reconocer que el alcohol la había alejado de tomar decisiones que fueran coherentes con sus metas.

Un último acontecimiento, también crucial, le sirvió para reflexionar. Justo antes de dejar de beber, se convirtió en uno de los tres jefes de la compañía que tuvo como misión reprobar la actitud de un supervisor al que habían encontrado borracho en el trabajo. Cuando se le ofreció la oportunidad de iniciar un tratamiento de deshabituación, el supervisor abandonó su empleo. Jackie se preguntó: «¿Haría yo lo mismo si estuviera en su lugar? ¿Es la bebida más importante que mi vida? Mi respuesta fue un "no" rotundo. ¡Esta historia puede ilustrar mi propia visión de lo que podría haber sido para mí tocar fondo! Lo tenía muy cerca, un peculiar caso de mi doble vida que cerraba un círculo y me daba en la cara con un pedacito de realidad».

A continuación veremos cómo los mentores llegaron a la conclusión de que las consecuencias negativas de la bebida ensombrecían el placer que ésta les proporcionaba:

■ «Lo que añoro de beber es ser capaz de perder mis escrúpulos», dice Harriet B. (nueve años). «Era divertido ser abierta, traviesa y echarle la culpa a la "mona". Normalmente era una persona discreta, y me introduje en la vida social de las fiestas. Además era viuda y divorciada y no conocía a un hombre que no bebiera, al menos en sociedad.» Cuando reflexionaba sobre los «pros» de la bebida, se preguntó: «Parece que tengo buena salud, pero ¿seguiré teniéndola? ¿Hasta qué punto me puedo sentir mejor si lo dejo? ¿Me encontraré mejor físicamente? ¿Estaré menos resentida contra la vida? ¿Aumentará mi autoestima? ¿Seré feliz? ¿Seré mejor persona si no bebo?». Al final, los costes de la bebida hicieron decantar la balanza hacia la abstinencia, cuando se dio cuenta de que al beber era grosera con la gente, olvidaba las cosas que no debía y no prestaba atención a los problemas de sus hijos.

■ «Cuando bebía, era más abierto; de otro modo era tímido y reservado», dice Billy H. (catorce años). «Era una inyección de moral para ir a audiciones de canto, entrevistas de trabajo y conocer a gente nueva.» El momento decisivo para él llegó cuando «en un momento de ofuscación» decidió irse de viaje por todo el país con una completa desconocida, que se obsesionó con él y le seguía a todas partes a su regreso. «¡Me daba bastante miedo! —exclamó—. No estaba disfrutando del alcohol, no me gustaba lo que me había hecho o los problemas que me estaba ocasionando en la vida. Me gusta tener el control, y cuando bebía lo perdía».

■ «Lo que más añoro es sentarme a la barra de un bar todavía con luz natural y ver atardecer bebiendo cerveza mientras hablo con mis amigos», recuerda nostálgico Jack B. (quince años). «Añoro contemplar el cielo nocturno después de haber bebido, ver las estrellas con la visión del alcohólico y sentirme asquerosamente bien con la vida y el mundo. Por estúpido que pueda sonar, añoro regresar a casa tambaleándome después de que la taberna haya cerrado y oír el crujido de la nieve bajo mis pies o sentir el cálido aire de la noche en mi rostro.» Pero el precio que tenía que pagar era muy alto. En el mejor de los casos, Jack no comía ni dormía adecuadamente. Se asustó cuando tuvo varios lapsus durante los cuales estuvo veinticuatro horas sin recordar nada. (Una vez se cayó del taburete de un bar y se aplastó la cara y las gafas contra el suelo, pero no se acuerda.) Al final, nos dice: «El miedo fue la motivación». Tras ser abstemio durante un tiempo, ahora Jack es un bebedor moderado.

Una serie de estudios sobre las personas que han dejado de beber o son ahora bebedoras moderadas indica que el proceso de evaluación es primordial para la rehabilitación. El *Journal of Substance Abuse* describe un estudio en el que a las personas que habían resuelto sus problemas con el alcohol se les dio una lista de diez posibles razones por las que dejaron de beber o redujeron su consumo. No importaba si lo habían dejado del todo, si habían conseguido moderarse por sí mismas o habían necesitado la ayuda de un tratamiento formal o de AA: la razón más común fue que «habían sopesado los pros y los contras de la bebida y de la sobriedad».

Heather F., que atravesó una serie de recaídas antes de dejarlo para siempre, hizo justamente eso la última noche que bebió mientras daba vueltas en la cama. «No dejaba de pensar cuánto me gustaba el bourbon, el vino y la ginebra. Mis bebidas me daban mucho más placer que ninguna otra cosa en esos momentos de mi vida, sobre todo cuando estaba deprimida. Pero cuando pensaba en mi familia, en cómo había olvidado cosas importantes para mi pequeño cuando bebía, en que no podía llevar a mis hijos a sus actividades extraescolares porque me había tomado unas copas, en que ése no era el modelo que quería ser para ellos...» También reflexionaba sobre el efecto que tenía el alcohol en su sueño —se despertaba con sudores nocturnos y no podía volver a dormir— y el efecto depresivo que le producía el alcohol por la mañana, cuando ya no quedaban más bebidas. Dos días más tarde decidió que su regalo de Navidad para su familia sería dejar de beber.

Tal como aconseja Becky E., «Haz una lista de los beneficios de la bebida y examínalos con toda la sinceridad del mundo. Luego haz otra con los efectos negativos y examínalos de la misma manera». Las desventajas no tienen por qué superar a los beneficios, sino ser más fuertes.

Trascender la ambigüedad

Dorothy C. capta el conflicto entre querer dejarlo y seguir bebiendo cuando describe su etapa de diez años, durante la cual tuvo un grave problema, pero que era incapaz de cambiar. «Era como tener dos personalidades: quería estar sobria, pero elegía beber. Sentía que no era una buena madre, pero quería serlo. Dejé a mis dos hijos, a los que amaba profundamente, porque el alcohol era más importante».

Herb N. (citado en el capítulo 2) describe de forma muy bella cómo resolvió su dilema: «Quería dejar de sufrir y era consciente de que eso significaba dejar de tomar alcohol y drogas. Sin embargo, inconscientemente quería beber y drogarme para siempre. Las personas no estamos acostumbradas a ir en contra de nuestros deseos más viscerales, y eso es lo que hace que dejarlo resulte tan difícil. De modo que tuve que aprender a coordinar mi mente consciente con la inconsciente para que las dos lucharan por las mismas metas».

Todo se reduce a esto: *para hacer algo respecto al hábito de beber, los mentores tuvieron que ver que la brevedad del placer que les proporcionaba el alcohol no compensaba los problemas duraderos que provocaba.* Tal como afirma el mentor Randall N.: «Cuanto más bebía, el alivio temporal que me proporcionaba la bebida era cada vez menor en proporción con el aumento del dolor y los efectos perjudiciales que me provocaba». Harriet B. lo resume así: «La breve "dicha" del alcohol no merece la pérdida de la verdadera libertad».

Definir la razón por la que quieres estar sobrio

«Hemos de hallar algo —dice Lois S.— que deseemos más que una bebida. Muchas veces nuestra vida cotidiana está bien y no hallamos un móvil.»

Algunos mentores decidieron que tenían que estar sobrios para prevenir o evitar algo que no querían que les sucediese o que no querían perder. Judy K., tras haber reconocido hacía tiempo que tenía un serio problema con la bebida, decidió dejar de beber cuando alguien le hizo ver lo que podía sucederle si no lo hacía. Tuvo un lapsus que la asustó y que fue el que la condujo a su primera reunión en AA, donde conoció uno a uno a todos los miembros veteranos. El clic se produjo cuando una mujer le preguntó: «¿Pegas a tus hijos?». (Sus dos hijos tenían entonces 10 y 11 años.) Sorprendida, Judy respondió: «¡No! ¡Nunca haría eso!», a lo cual la otra mujer replicó: «Si sigues bebiendo, te garantizo que lo harás». ¿Cuál fue la reacción de Judy? «Creo que en ese momento tuve que decidir qué o a quién amaba más. El alcohol perdió.»

Al igual que Judy y Jackie D., muchos otros mentores se dieron cuenta de que su amor y preocupación por la familia y sus seres queridos les dieron una razón para estar sobrios. Así es como algunas de estas personas describen sus momentos decisivos:

■ Milton S. (cinco años, rehabilitación gracias a la religión): «Un día, cuando estaba bebido y me estaba fumando un cigarrillo, la ceniza caliente se me cayó y aterrizó sobre el zapato de mi hijo quemándole el pie. Como es natural, él se lo contó a su madre, que

93

le dijo: "Dile a papá que deje de fumar". Así lo hizo: "¡Papá, deja de fumar!". De pronto, algo me impactó: "¿Qué he hecho? Perdóname, hijo mío". En ese momento reconocí que tenía un problema y le prometí a mi hijo que nunca volvería a fumar ni a beber». Y desde entonces no ha vuelto a hacerlo. Ahora, si Milton siente deseos de beber, repite en silencio el nombre de su hijo.

■ Herbert Z. (seis años, a través de SOS): «Cuando mi esposa me insinuó que comprara el vino por cajas en vez de por botellas —lo cual interpreté como una indicación de que siguiera adelante y me suicidara— sentí que estaba al borde de "morir" como esposo y padre. Entonces mi hijo de 9 años me preguntó a la cara: "Papá, eres un borracho, ¿verdad?". Eso me impactó y en una semana ya estaba buscando ayuda».

■ Babz L. (once años, a través de AA): «Estaba planeando regresar a casa después de haberme graduado para estar con mi hijo de 5 años y no quería que tuviera una madre borracha». Ahora Babz dice: «Me encanta estar con mis tres hijos y criarlos como quería hacerlo».

■ Harriet B. (nueve años, lo dejó ella sola con la ayuda de algunos libros): «No quería que mis nietos pequeños crecieran pensando que tenían una abuela borracha». Cuando dejó de beber, una de las cosas que la ayudaron a permanecer sobria fue gastarse el «presupuesto para borracheras» en ropa nueva y regalos para sus nietos.

No tienen por qué ser sólo los hijos y las relaciones los que te motiven a estar sobrio. El sueño de jubilarse pronto fue lo que motivó a Cal T. y a Clare J., un matrimonio de mentores. Al poco tiempo de haber dejado de beber, empezaron a hacer grandes caminatas y a hablar de lo que realmente querían en la vida. «Cada noche andábamos y visualizábamos que seríamos económicamente independientes y empezamos a construirnos nuestro camino de ese modo.

Calculamos cuánto nos gastábamos en beber y ahorramos ese dinero. Mantuvimos nuestra primera casa en lugar de comprar otra mejor. Esta meta es lo que hizo que cambiáramos nuestra vida como bebedores», explica. Cuando cumplieron los cincuenta y pocos, se jubilaron, eran económicamente independientes y hacían lo que les gustaba en la vida.

Tal como indica el famoso investigador sobre el alcohol de la Universidad de Nuevo México, William Miller, la pregunta esencial es ésta: ¿qué te importa más que la bebida? Él mismo reconoce que en algunos casos la respuesta es «nada». Pero con el proceso de evaluación las personas suelen descubrir que hay algo más importante para ellas que el alcohol.

Dorothy C. lo había perdido casi todo antes de que jurara dejar la bebida. Describe sus días de bebedora de este modo: «¡Problemas, querida, podría escribir un libro! Hubo peleas, perdí a mis hijos, gastaba el dinero sin medida, me metieron en un coche celular, prendí fuego a la cama, me tomaba píldoras con la esperanza de que una sobredosis acabara conmigo y me decepcionaba cuando no lo conseguía». Pero incluso Dorothy tenía una razón para querer estar sobria: quería recuperar a sus hijos. Su deseo se hizo realidad cuando cumplió con el ultimátum de su esposo: «Deja de beber y podrás regresar a casa con tus hijos. Deseaba con toda mi alma estar con ellos y me di cuenta de la terrible pérdida que había sufrido cuando les dejé por la bebida». Ahora hace décadas que está sobria.

Imaginar la vida desde el otro lado

¿Qué implica hacer que la luz de la sobriedad resplandezca todavía más? Para empezar puedes imaginar cómo puede ser la vida en el otro lado. Jackie D. explica cómo vivió este proceso: «Los aspectos negativos de beber eran evidentes, pero no tenía tan claras las ventajas de estar sobria. Tuve que creer que no beber sería mejor, aunque no podía decir exactamente por qué. Creo que por primera vez en mi vida tuve que realizar un acto de fe, en lugar de razonar con la lógica».

A continuación hay cinco preguntas para ayudarte a imaginar la vida desde el otro lado:

—*¿Sería mejor mi vida si estuviera sobrio?* Phil Q. dice que cuando dejó de beber ganó mucho: «Estoy más tranquilo. Soy más racional. Tomo mejor las decisiones. Ya no estoy encadenado a ese hábito. Perdí un montón de fobias. La vida me va infinitamente mejor desde que estoy sobrio».

—*¿Es compatible mi forma de beber con mis valores?* Calvin A. dice: «El momento decisivo llegó cuando mis valores ya no eran coherentes con mi conducta. Durante años pude decir que lo hacía por divertirme cuando salía por la noche, pero mi desconsideración hacia mi mujer y mi familia, hacia mi trabajo, así como otras conductas —demasiado personales y privadas como para mencionarlas— me provocaron tal angustia que sentí que o cambiaba o me volvía loco».

—*¿Qué puedo perder si sigo bebiendo?* Homero D., que dejó de beber a los sesenta y cinco años, dice que además de querer conservar su salud, tenía miedo de perder su carnet de conducir, y ésa fue la verdadera motivación. Jackie A. añade: «Piensa en la posibilidad de perder realmente la confianza de aquellos que tienes a tu lado. ¿Estás dispuesto a perder tu trabajo, a que tu carrera pague las consecuencias?».

—*¿Qué es lo que quiero en la vida que el alcohol me impide conseguir?* Jackie D. nos aconseja plantearnos esta pregunta: «Fíjate estas cosas como metas duraderas». Arnold C. añade: «Cuando estés tentado de beber pregúntate: "¿Facilitará esto el logro de mis metas o bien lo dificultará? ¿Es esto un autoengaño o una autoderrota?"».

—*¿Qué puedo recobrar si dejo de beber?* Heather F. sabía lo que era la vida en «el otro lado», gracias a algunos períodos largos de sobriedad. Cuando por fin lo dejó definitivamente, «Volví

Darse ánimos a uno mismo: consejos de los mentores

«Reflexiona largo y tendido sobre todas las cosas a las que renuncias por beber. Luego haz una lista de las cosas que haces cuando bebes y que no harías si estuvieras sobrio.» Robert H. (seis años).

«Habla de tu deseo de dejar de beber con tus mejores amigos, familiares o con un profesional; hablar de ello hace que sea real y posible». Susan L. (diez años).

«Date cuenta de que no eres tan inteligente, *sexy*, irresistible, ingenioso o divertido como crees que eres cuando estás bebido. Eres mucho mejor de lo que piensas cuando estás sobrio.» Phil Q. (catorce años).

«¿Crees que Dios, Buda o tu propio cerebro quieren que mandes al traste a tu maravilloso yo por culpa del alcohol?» John V. (trece años).

«Haz de voluntario en una unidad de desintoxicación; mira vídeos sobre lo mala que es la borrachera; lee libros sobre el tema.» Bryce G. (cinco años).

«Busca a otras personas que vivan vidas llenas de éxito sin beber.» Melinda J. (ocho años).

«Examina tu vida espiritual. ¿Qué preguntas quedan por resolver? ¿Qué es lo que de verdad anhelas?» Zoe A. (diez años).

«Date cuenta de que en la vida hay un montón de cosas y que la bebida no es más que una minúscula parte de ella.» Billy R. (cinco años).

a dormir profundamente por las noches, lo cual no conseguía cuando tomaba alcohol. Es maravilloso levantarse con una mente despejada, sin dolor ni ofuscación. Las cosas saben mejor, como mi gran cucurucho de helado que me tomo por las noches, mi sabroso café que no sabía ni la mitad de bien a la "mañana siguiente". Estoy encantada de poder llevar en coche a mis hijos, a cualquier hora del día. ¡Los orgasmos son mejores cuando el alcohol no los mitiga! La vida parece más fácil. Y lo mejor de todo es que ya no existe el remordimiento de la "mañana siguiente": ¿por qué bebía más? No volveré a hacerlo [...] ¿Qué he dicho? ¿Se ha dado cuenta alguien?».

Irónicamente, puede suceder que las cosas que más temes perder sean precisamente los beneficios que obtienes cuando te rehabilitas. Veamos el caso de Sara F., que cuando se le preguntó qué era lo que añoraba de la bebida dijo: «Creo que la pérdida del control. Estar siempre controlándote es muy duro. Pero esto también es lo que más valoro de mí en estos momentos: controlar las acciones de mi vida». Luego tenemos a Becky E., que encuentra a faltar la capacidad de relajarse y de socializar que le daba la bebida. «Pero éstas eran las cosas que me metían en líos.» Lo que le gusta de no beber es que «cuando me relaciono con la gente, es de una forma real, no encubierta por el alcohol».

Hazlo por ti mismo

Aunque el futuro marido de Jackie D. le dio un ultimátum, ella hace hincapié en que su recuperación fue voluntaria. «Lo hice por mí», nos dice. De hecho, unos cuantos mentores me transmitieron el claro mensaje de que, en último término, *eres tú quien ha de querer hacer algo para resolver el problema del alcohol, no ha de ser porque otra persona te esté instigando a hacerlo*. Cuando les pregunté si creían que la resolución de su problema con el alcohol fue voluntaria, nueve de cada diez respondieron que sí. Violet F. respondió que, para ella, dejar de beber fue un acto totalmente voluntario, y añadió que: «Dejé de beber por mí, y he seguido sin beber por mí. Esto no es algo que otra persona pueda hacer en tu lugar».

Algunos mentores me explicaron cómo habían fracasado los anteriores intentos de otras personas de animarles a dejarlo. Por ejemplo, antes de que Calvin A. resolviera su problema con la bebida mediante el ingreso en un centro de rehabilitación y recurriendo a otras personas que no bebían en grupos de AA y de SOS, su intento de dejar la bebida no había sido sincero, y lo había hecho para acallar a su esposa. Elena G. dice: «Los años de riñas con mi marido y mi hijo no sirvieron de nada hasta que fui yo quien me decidí a hacer algo. Sólo yo misma podía detenerme».

Jackie A., que se sintió coaccionada a dejarlo, es una de las excepciones. Forma parte de una minoría de mentores cuya determinación llegó a raíz de un mandato o una intervención judicial, por su profesión o por un ultimátum de otra persona. Jackie A. dejó de beber después de que sus siete hijos recurrieran a una intervención judicial. Sin embargo, ella también siente que su rehabilitación fue voluntaria: «Cambié mi forma de pensar de "Puedo controlar lo que bebo" a "Puedo decidir dejar de beber"». Tal vez la intervención llegara justo en el momento en que estaba dispuesta a cambiar.

Todo lo expuesto no quiere decir que las preocupaciones de los seres queridos no influyan en nuestra decisión de hacer algo respecto al problema. *Pero al final eres tú quien ha de quererlo realmente.*

Cuando los demás interfieren

Aunque algunos mentores fueron forzados a tomar su decisión de cambiar gracias a unos seres queridos bienintencionados, otros se encontraron con que éstos interfirieron en su camino para pasar a la acción. Jackie D. lo pasó muy mal al comunicarle a su familia

99

su decisión de no beber más: «La mayoría bebía regularmente y en el fondo sabían que mi decisión les hacía plantearse su propia conducta. Me dijeron cosas como: "Venga ya, tú no eres una alcohólica, no es más que una mala costumbre. Pero si realmente crees que te has de poner ese apelativo e ir a AA, haz lo que quieras". Era un poco como echar por tierra mi intención, pero pronto aprendí que era una reacción común de negación».

Algunas personas incluso van más lejos, hasta el punto de intentar sabotear los esfuerzos de otra que quiere dejar de beber. Cuando Sally C. dejó de beber por primera vez, se encontró con que la parte más dura fue tratar con personas que le decían que tenía que beber un poco para relajarse. Algunas se burlaban de ella por ser una «abstemia» y llegaron incluso a poner alcohol en sus refrescos sin decírselo.

Cuando Sharon P. acababa de dejarlo, su compañera de habitación agitó una botella de cerveza y se la tiró por encima, salpicándole la cara y toda la ropa. Aunque los miembros de su grupo social hicieron todo lo posible para «tentarla y engañarla», Sharon utilizó estos actos de sabotaje para reforzar su resolución. Ella afirma que «su negatividad me inspiraba a estar sobria. ¡Ni que decir tiene que ninguna de esas personas son ya mis amigas!».

Hacer una pausa

Si has estado bebiendo mucho durante largo tiempo, puede que te resulte difícil aceptar que se puede vivir sin tener una copa en la mano. Para permitirte volver a experimentar la vida sin alcohol y sus beneficios algunos mentores sugieren hacer una pausa y dejar de beber durante un tiempo. Annie A. dice: «Plantéate una meta, por ejemplo dejar de beber durante seis meses, sólo para probarte que puedes hacerlo, y estate realmente atento a cómo te sientes durante ese tiempo». Russ N. sugiere que una pausa de dos a cuatro semanas también puede bastar, siempre que «reflexiones sobre tu vida y pienses en el futuro». Clay R. aconseja: «Intenta mantener *algún* período de abstinencia y compara *sinceramente* cómo te sientes —salud, orgullo personal— antes y después».

Vincent A., que bebía desde la mañana hasta la noche, dice que experimentar tres meses de abstinencia y luego intentar beber de nuevo fue el detonante para conseguir sus ya veinticuatro años de sobriedad. Sus tres meses sin beber fueron inducidos por una reunión de AA. «Hasta entonces, nunca me había planteado dejarlo por completo. ¡Puf!» Cuando llegó Nochevieja, decidió tomar unas copas, que le condujeron a otros dos meses de beber. «Antes de haber experimentado mis dos meses de abstinencia, mi conducta me parecía normal. Pero esta vez tenía una visión más objetiva. Pude ver que cuando bebía estaba fuera de control, y el contraste con los meses de abstinencia fue tan fuerte que regresé a las reuniones de AA.»

Tom W. nos cuenta su experiencia después de tomarse dos o tres semanas de descanso sin beber: «Me di cuenta de que no quería volver a beber. Vi con más claridad las razones por las que no quería volver a empezar». Un hecho que le llevó a esto fue su repugnancia hacia sí mismo un día que estaba de pie al lado de la carretera orinando con un termo lleno de whisky en la mano, lo cual no guardaba ninguna coherencia con sus valores. «Intentaba seguir a mi esposa en una línea de entendimiento cristiano, pero mi amor por la botella me estaba conduciendo adonde no quería ir. De modo que lo dejé durante un breve período y al hacerlo me di cuenta de que quería dejarlo para siempre.» Tras lograrlo sin ayuda, Tom ha permanecido sobrio durante doce años.

No te rindas nunca

¿Qué pasa si ya lo has intentado y has fracasado siempre que has querido dejarlo o beber menos? Cuando pedí consejo a los mentores a este respecto, George M. respondió:

a) nunca,

b) nunca,

c) nunca te rindas.

De hecho, «No te rindas» fue uno de los consejos más frecuentes de los mentores a las personas que querían dejar de beber. Tal como lo expone Jane R., «Nunca dejes de intentarlo. Si una cosa no funciona, prueba otra». Una tercera parte de los mentores me dijeron que habían intentado resolver sus problemas con la bebida al menos tres veces antes de dejarlo definitivamente. (Uno de cada cinco lo intentó cinco veces o más.) Helen H. intentó dejarlo «un millón de veces por mi cuenta y unas tres o cuatro veces con la ayuda de un grupo». Cuando encontró Women for Sobriety, el programa que por fin consiguió ayudarla, se comprometió a ir a las reuniones a pesar de que durante los tres primeros meses continuaba bebiendo entre una reunión y la siguiente. Emerson A. dice que lo había intentado muchas veces antes de conseguirlo. «Durante once años asistí y dejé de asistir a las reuniones de AA y a la consulta de mi terapeuta. Los dos primeros años intenté beber con "moderación". Los últimos nueve años fui periódicamente abstemio durante dos, tres o incluso ocho meses; luego volvía a reincidir durante varias semanas. Al final estaba harto y cansado de estar harto.» Ahora hace veintiséis años que no bebe, pero todavía va a las reuniones de AA una vez a la semana.

Los expertos hacen hincapié en que la mayoría de las personas intenta dejar de beber varias veces antes de tener éxito. Probarlo merece la pena. Verner S. Westerberg, del Centro para el Alcoholismo, Abuso de Sustancias y Adicciones de la Universidad de México, afirma: «Intentarlo es lo que importa, iniciar un tratamiento, acudir a AA, cualquier cosa que sea positiva y que te conduzca a algo que no tenga nada que ver con el alcohol».

Sin embargo, me sorprendió descubrir que cuatro de cada diez mentores dijeron que *la primera vez* que lo intentaron en serio lograron resolver sus problemas con la bebida. Quizá la palabra clave sea «serio». Tal como dice Jackie D.: «Hice varios intentos no demasiado serios, que duraron una o dos semanas».

En lugar de quedarse con los fracasos del pasado, es más productivo aprender de ellos, tratar los intentos de rehabilitación como una extensa librería de experiencias que darán forma al futuro. Entonces, cuando sientas que estás preparado para volver a intentarlo, utiliza los conceptos que te funcionaron en el pasado y no repitas lo que no te ayudó.

Hacer algo mientras tanto

Aunque dos tercios de los mentores dejaron el alcohol cuando por fin se lo propusieron, muchos atravesaron períodos en los que volvieron a la bebida y la dejaron o intentaron beber con moderación. Marisa S. afirma: «Intenté beber menos, pero esto me resultaba difícil, y tuve los suficientes problemas como para que al final me quedara claro que lo que necesitaba era no volver a probar el alcohol. Una vez me hube fijado la meta de la abstinencia, seguí sin hacerlo muy bien durante algún tiempo. Conseguía no beber durante cortos períodos que cada vez se iban alargando más, interrumpidos por algunos incidentes en los que reanudaba mi hábito».

Aunque muchas personas creen que cualquier cosa que no sea la abstinencia total es un fracaso, hay muchos mentores que han hecho progresos utilizando estrategias productivas en la etapa intermedia, incluso antes de estar dispuestos a dejar el alcohol.

■ Marisa S. (siete años) redujo su dosis «espectacularmente» durante tres años antes de dejarlo por completo. De ese tiempo, en el que contó con la ayuda de un terapeuta, nos cuenta: «Empecé a leer sobre el alcoholismo, a pensar sobre el uso que hacía del alcohol y lo que quería para mí. En lugar de los "debería" que solían regir mis elecciones y hacerme volver a la bebida, empecé a aprender a cuidar de mí misma en vez de cuidar a los demás o preocuparme por todo. Empecé a pensar sobre lo que realmente me gustaba hacer y dejé de actuar como solía hacerlo para conseguir algunas de mis metas, como practicar la jardinería. También procuré estar en situaciones en las que no tuviera oportunidad de beber tanto». Marisa empezó a hacer ejercicio para aliviar su estrés en lugar de beber con ese fin, lo cual descubrió que le ayudó a beber menos. Aunque no lo había dejado del todo, conoció varios grupos de ayuda, incluidos AA, SMART Recovery y Women for Sobriety. «Todos me ayudaron a beber menos y al final dejé de hacerlo.»

■ Karen M. intentó beber con moderación durante tres años, antes de dejarlo por completo hace catorce. Durante ese período, y debido a su depresión, fue a una psiquiatra, que no le insistió en que dejara de beber, sino que la ayudó a realizar un esfuerzo consciente para beber menos. «Me sugirió que alternara el vino con un vaso de agua o un refresco sin alcohol. Me dijo que tenía que asegurarme de no beber con el estómago vacío y añadió que observara a alguna de mis amistades que hubiera dejado de beber y que estuviera en AA para ver si se marchaba de las fiestas antes que los demás, lo cual puse en práctica.» La terapeuta también animó a Karen a ir a AA. Karen dice: «Al principio fui para descubrir cómo podía beber menos, no para dejarlo». Como miembro activo de AA nos cuenta que a menudo ve a personas en las reuniones que siguen bebiendo y observa: «Puede que todavía no lo hayan dejado, pero están aprendiendo técnicas que al final les ayudarán».

■ Louise L. (diez años) cuenta que en el proceso de resolver su problema con la bebida, recaía una sola noche cada tres meses durante los dos primeros años. A pesar de esas recaídas, había dado un gran paso en la dirección correcta. Desde los 18 años, cada vez que bebía «como mínimo me tenía que emborrachar y casi siempre me caía». Durante los últimos seis años bebía cada noche un litro de Ruso Negro. Durante esos dos primeros años, en los que recaía cada tres meses, fue a ver a un terapeuta, se distanció de su padre, que había abusado de ella cuando era pequeña, y evitó los clubes, los cuales asociaba con la bebida. Tras cada recaída regresaba a la reunión de SOS de todos los viernes, a la cual asistía regularmente. Ahora recuerda: «La gente allí nunca era crítica, pero hacían preguntas duras: ¿cuál fue el desencadenante y cómo podías haberlo evitado?; ¿qué vas a hacer la próxima vez?». Al cabo de dos años, estaba dispuesta a dejar de beber para siempre.

Beber menos o con moderación no funcionó como solución a largo plazo para muchas de estas personas. Sin embargo, en los casos expuestos anteriormente, hasta que estuvieron preparados para dejarlo definitivamente, nuestros tres mentores dieron pasos intermedios importantes —con la ayuda de un profesional— para limitar los problemas que estaba causando el alcohol en sus vidas. Los psicólogos denominan esta idea «reducción del perjuicio». Alan Marlatt, editor del libro *Harm Reduction: Pragmatic Strategies for Managing High-Risk Behaviors*, dice: «Estos enfoques sencillos facilitan a las personas que tienen problemas con el alcohol subir a bordo, implicarse y empezar».

La cuestión es que *hacer algo respecto a la bebida no implica una resolución de todo o nada; hacer algo es mejor que no hacer nada.* Beber menos para reducir los efectos perjudiciales no ha de ser necesariamente una meta a largo plazo; tampoco se ha de utilizar este enfoque de la reducción del perjuicio para hacer creer a una persona con serios problemas con el alcohol que algún día conseguirá beber con moderación.

Puesto que este tipo de enfoque puede ser arriesgado —especialmente para las personas con problemas graves— es aconsejable buscar la ayuda de un profesional que esté familiarizado con estas estrategias. Una forma de hallar a esta persona es buscar en las páginas amarillas a psicólogos, psiquiatras, asistentes sociales o terapeutas expertos en alcoholismo. Luego puedes hacer algunas llamadas telefónicas, sin decir tu nombre si lo prefieres. Digamos que

Reducir el riesgo antes de dejarlo

Ten siempre a alguien que pueda conducir en tu lugar cuando bebas; si no es así, bebe sólo en casa en lugar de hacerlo en un bar o toma un taxi.

Cuando bebas fuera de casa hazlo siempre acompañado de un amigo responsable que pueda guiarte si empiezas a meterte en líos.

Lleva siempre un preservativo para evitar el riesgo del sexo inseguro si intimas con alguien.

Limita tu bebida a una hora específica hacia el final del día y haz todo lo posible por mantenerte ocupado hasta que llegue ese momento.

Bebe en un lugar seguro; por ejemplo, si tienes tendencia a pelearte no lo hagas en sitios propicios para eso.

Mide tus bebidas en lugar de verterlas directamente desde la botella al vaso.

Si eres un bebedor de licor fuerte, cambia a la cerveza o al vino. (Haz esto sólo si te sirve para beber menos, no a todo el mundo le funciona. Para las equivalencias entre las bebidas, véase la página 64.)

Alterna las bebidas alcohólicas con las no alcohólicas o ten una de cada frente a ti y ve bebiendo de las dos.

No compres grandes cantidades de alcohol a la vez. Por ejemplo, evita las cajas opacas de vino que no te permiten ver qué cantidad has bebido.

Intenta asistir a grupos de ayuda para ver cómo son y conseguir algunas ideas para mejorar tu vida.

estás intentando encontrar a un terapeuta titulado que te ayude en tus esfuerzos para beber menos y mitigar los problemas que te causa el alcohol en tu vida. No desesperes si te encuentras con personas que te dicen que estás negando tu problema y que la única solución es la abstinencia. *Sencillamente sigue probando.*

Sustituir el placer

Tras evaluar su grado de adicción a la bebida y decidir por fin que en realidad les causaba más sufrimientos que alegrías, los mentores no infravaloraron los placeres que habían experimentado con la botella. «No vamos a hacer ver que beber no nos gusta —me recordaba Phil Q.—. Uno nunca puede olvidar buscar esa sensación, ese maravilloso momento en que se bajan las luces y todo parece estar bajo control [...] ese sentimiento de serenidad total que sólo los buenos bebedores experimentados pueden alcanzar.» Pero para él «la sensación» empezó a regresar a comienzos de su etapa de sobriedad, al observar a sus hijas alzarse en un columpio o cuando les leía un cuento que ninguna de las dos quería que terminase. Tras muchos años de padecer insomnio por el alcohol, ahora Phil puede decir: «A veces la sensación llega cuando coloco la cabeza sobre la almohada y me doy cuenta de que el sueño está esperándome. Esta nueva sensación es casi la misma que antes, pero de alguna manera es aún mejor».

5

No ha de ser necesariamente paso a paso

Cómo asumieron los mentores el compromiso
de dejar de beber

Siempre había oído que si alguien quería dejar de beber, la mejor forma de hacerlo era paso a paso. Al fin y al cabo, ¿cómo puede alguien que vive sólo esperando la próxima copa imaginar que dejará el alcohol para siempre? Para mi sorpresa, en las respuestas de los mentores a mis preguntas sobre cómo resolvieron sus problemas con la bebida y cómo consiguieron permanecer sobrios, descubrí un patrón muy arraigado que va en contra de la filosofía de dejarlo paulatinamente. Esto es lo que me dijeron una y otra vez:

—«He tomado la firme decisión de dejarlo para siempre».
—«Acepté que no podía beber con moderación.»
—«Me juré que no volvería a beber.»
—«Dije: "¡Ya está y lo dejé!"»
—«Mi principio básico fue "No beber".»
—«Acepté que no podía controlar la bebida.»
—«Puse el tapón en la botella.»

El miembro de AA Chad V. (diecisiete años) fue quien mejor lo expresó. Al final del cuestionario adjuntó una nota en la que decía: «Hacemos esto más complicado de lo que es en realidad: *no bebas*. En mi vida puedo hacer casi de todo menos beber». A partir de ahí siguió explicando lo maravillosa que era su vida ahora que había aceptado que no volvería a beber.

Eso es lo que me llamó la atención: esos mentores me estaban diciendo que realmente habían aceptado el hecho de que beber ya no era una posibilidad para ellos. Se ha acabado. Elisa C. lo expresa así: «Llega un momento en que cierras la puerta y te das cuenta de que no puedes volver a abrirla». Básicamente, cuando llegaron a la conclusión de que los beneficios que aportaba la bebida no compensaban el precio que pagaban por ellos, muchos mentores se hicieron la promesa de *no* volver a beber. Mientras AA habla de hacerlo paulatinamente, muchas personas me han dicho que, para poder dejarlo, tuvieron que comprometerse en serio y a *largo plazo* para cambiar su relación con el alcohol.

La historia de Richard D.

Cuando Richard D. completó el cuestionario sobre su historia con la bebida que le envié, probablemente no era consciente de que había comentado su compromiso de dejar el alcohol para siempre al menos nueve veces. Durante ocho largos años, antes de comprometerse, sabía que tenía un serio problema con la bebida. En ese tiempo solía preguntarse: «¿Qué me pasa? ¿Por qué no puedo beber un par de cervezas y marcharme a casa?».

Ahora que hace más de siete años que no bebe puede decir, a sus 47 años, lo siguiente: «Estoy más cerca de ser el hombre que quería ser. Cada mes que pasa pienso menos en mi pasado como bebedor y más sobre lo natural y maravillosa que es la vida sin el alcohol. He tomado la decisión consciente de no volver a beber más. El alcohol y las drogas no tienen sentido para mí. Soy consciente de su atracción, pero nada se puede comparar a una vida sin beber».

Al igual que muchos mentores, Richard dice: «Cuando era adolescente empecé a beber para experimentar; luego pasé a un estado de embriaguez social aceptable, hasta que degeneró en una embriaguez inaceptable». Cuando estaba terminando sus estudios universitarios bebía menos, pero cuando se casó y su esposa se quedó embarazada volvió a aumentar la dosis. «Las noches que estaba en casa, me tomaba unas dos o tres cervezas. Pero a menudo me marchaba a beber fuera para huir de todo, y entonces bebía entre seis y diez cervezas.» Tras el nacimiento de su hija, explica: «Mi esposa empezó a cuidar la dieta y a educar a nuestra hija adecuadamente y yo empecé a estar muchas horas fuera y a gastar mucho dinero en los bares. En casa, ella tenía sus normas, y yo las mías cuando estaba fuera. Siempre nos estábamos peleando». El conflicto por sus diferentes estilos de vida continuó durante años, con enfrentamientos regulares por el tema de su adicción a la bebida.

Tras varios traslados, montones de problemas conyugales, la pérdida de su trabajo y algunas etapas de problemas económicos bastante graves, Richard emprendió su propio negocio de jardinería ornamental; también empezó a prepararse físicamente: andaba más de 6 kilómetros seguidos y pedaleaba hasta 40 kilómetros sin parar. Sin embargo, seguía bebiendo a pesar de las constantes quejas de su esposa. Cuando al final ella le retó diciéndole que no era capaz de dejarlo, lo dejó durante un año, para demostrarle que estaba equivocada. «Pero la relación no mejoró —nos explica—. No veía las ventajas y empecé a beber de nuevo, unas cinco o seis cervezas los días laborables por la noche y dos cajas [cuarenta y ocho latas o botellas] durante el fin de semana.»

Al final, cuando su esposa le dejó para irse de «vacaciones» de las cuales no regresó hasta pasados más de tres meses, Richard se quedó lo bastante conmocionado como para acudir a un psicoterapeuta y asistir «ininterrumpidamente» a las sesiones de AA. También consiguió un tutor en dicha asociación. «Pero pronto me cansé de oír las historias de otras personas, de que sus vidas estaban marcadas para siempre y que nunca dejarían de ser alcohólicas. Yo iba a responsabilizarme de mí mismo y a seguir adelante con mi vida.»

Durante el año siguiente prosiguieron los conflictos matrimoniales, y Richard alternaba entre períodos en los que bebía y otros de abstinencia. «Podía pasar días, semanas e incluso meses sin beber, pero luego volvía a empezar.» Viendo venir el final de su matrimonio, su esposa le dijo que se marchara, y volvió a beber. Al final se divorciaron y Richard se casó con Lucy, una mujer que conoció un día en que los dos estaban borrachos. Respecto a esta nueva relación nos dice: «Nos convertimos en los mejores compañeros de bebida, salíamos a beber a los bares cada noche y todo el fin de semana. Nos incitábamos el uno al otro».

A pesar de los buenos ratos y de su amor, Richard y Lucy se peleaban mucho cuando bebían. Un día, bajo la influencia del alcohol, Richard cayó preso de una «ira furibunda». Pero su relación con el alcohol tocó a su fin cuando, después de tres días y tres noches bebiendo, agredió físicamente a Lucy durante una pelea, empujándola al suelo con la suficiente fuerza como para hacerle morados en la cara. Nunca le había pasado algo semejante. Lucy hizo que le arrestaran. Nos describe su odisea —y su despedida de la bebida— del siguiente modo: «Esa noche, el 29 de noviembre de 1992, mi vida cambió por completo. Desde aquel día no volví a beber. Tardaron once días en soltarme. Al cabo de dos semanas, estaba en el Rational Recovery [RR] de California. Veintiocho días allí me sirvieron para recopilar información y obtener las herramientas necesarias para vivir sin el alcohol».

Dos meses antes, Richard había leído un artículo sobre RR en la revista *USA Today*. «Por más que bebiera sabía que un día lo dejaría. Lo único que no sabía era cuándo. El día en que leí ese artículo me prometí que, cuando decidiera dejarlo, me pondría en contacto con ellos.» Al salir de la cárcel, preguntaba a todo aquel que se le ocurría cómo podía hallar más información sobre RR, pero los terapeutas no pudieron ayudarle. Al final Richard encontró a alguien que tenía una copia de *The Small Book*, de Jack Trimpey (en aquellos tiempos, el libro guía de la organización), que tenía el número de teléfono de RR al final. Se puso en contacto con la organización y se marchó de casa para participar en un programa de veintiocho días que se realizaba en régimen de estancia incluida (este programa ya no existe en RR).

Durante su estancia, se le confirmó lo que sabía desde siempre: «De mí dependía comprometerme. Para mí fue muy útil ver que las consecuencias de mi adicción no valían la pena. También vi que el alcohol no era una parte natural de mi vida y que me impedía hacer muchas otras cosas que yo deseaba». Resumiendo, RR le ayudó a ver que «no beber tenía más sentido que beber». En ese momento, «Me hice la promesa de que no volvería a probar el alcohol en lo que me quedara de vida. ¡No lo voy a hacer!».

Richard nunca volvió a asistir a otro grupo de ayuda. De vez en cuando participa en algún seminario de automejora y enfatiza que uno de los factores más importantes en su rehabilitación fue aprender a controlar su ira, hacer frente a los conflictos y comunicarse mejor.

Su esposa Lucy todavía bebe, a veces demasiado, pero en general sólo un par de copas seguidas. Richard es inflexible y verla beber no le hace caer en la tentación. «Realmente me cuesta describir lo natural que me puede resultar ahora no beber alcohol —afirma—. No me podría importar menos ver beber a los demás. Ellos han elegido eso y yo he elegido otra cosa. Es, como diría Sherlock Holmes, "Elemental, mi querido Watson". ¡He escogido no beber!»

La promesa de la abstinencia

Richard D. sólo es uno de los muchos mentores que han hallado su camino a través de períodos de abstinencia, recaídas e intentos de beber menos, sólo para acabar haciendo la promesa de no volver a beber. De hecho, los comentarios que mencionan la idea de comprometerse a llevar una vida sin alcohol se encontraban entre las cinco respuestas más frecuentes a mis dos preguntas principales sobre cómo resolvieron los mentores sus problemas con la bebida y cómo mantuvieron la motivación. Para algunos, darse cuenta de la necesidad de dicho compromiso fue el punto clave para su rehabilitación; otros se fueron dando cuenta a medida que iban hallando su camino personal hacia la rehabilitación, ya fuera dejándolo por sí mismos, a través de un grupo de ayuda que se adecuara a sus necesidades o recurriendo a un profesional.

■ «Hice un millón de votos para *controlar* lo que bebía; sólo hice uno para dejarlo del todo. No hubo un enfoque *per se*. Para mí, no beber consiste sólo en esto: no beber, bajo ninguna circunstancia, no tentar a la suerte o conseguir hazañas.» Becky E. (diez años y medio, lo dejó sin ayuda).

■ «La causa subyacente de mis anteriores recaídas fue que no me había comprometido en serio a estar sobrio. La sobriedad se convierte en parte de lo que eres, y beber sería una violación de ti mismo; entonces es cuando no vuelves a beber.» Sarah N. (siete años; antigua moderadora de Women for Sobriety).

■ «Me hice la promesa de no beber durante el resto de mi vida.» Billy R. (cinco años, se rehabilitó con los principios de RR).

■ «Conocí a un terapeuta que me dio algunos libros. Me fui al coche y empecé a leer. Había una frase que decía algo parecido a: "Sólo hay una forma de resolver el problema, y es dejarlo ahora y para siempre". Esto me impactó y al momento supe que había terminado con la bebida.» Pete S. (nueve años, lo dejó tras una sesión con un psicoterapeuta especializado en dependencias de sustancias químicas).

■ «Mi momento decisivo llegó al reconocer que era incapaz de beber menos. Cuando por fin lo conseguí, supe que la abstinencia temporal no me permitiría volver a beber con moderación.» Duane L. (cinco años, a través de SMART Recovery).

■ «Antes de quedarme embarazada me hice la promesa de dejar de beber para siempre para poder cuidar bien a mi hijo.» Sara F. (diez años, lo dejó sin ayuda).

■ «Estuve entrando y saliendo de AA durante casi diez años. Mi momento decisivo llegó tras mi fiesta de jubilación, donde me tomé tres cervezas, dije unas palabras balbuceando y me sentí avergonzado. Al volver conduciendo a casa, escuché una voz que me decía: "Armas, ¿a quién pretendes engañar? Tú no puedes beber".» Armas lloraba cuando me dijo: «En ese momento supe que no volvería a beber». Armas J. (veintiún años, lo dejó con la ayuda de AA y de un grupo espiritual).

Creo que este compromiso con la abstinencia representa un cambio de paradigma en el pensamiento. Dicho de otro modo, un paradigma es una premisa esencial a partir de la cual se actúa. Un cambio de paradigma en esta premisa supone un cambio general, una orientación totalmente nueva respecto a algo. El cambio de paradigma para estos mentores se produjo cuando dejaron de verse como personas que al final llegarían a controlar su consumo de alcohol, y se dieron cuenta de que si ponían algo más de esfuerzo, comenzarían a verse como no bebedores. Eso lo consiguieron mediante un compromiso interior (a veces externo) de no volver a beber y de cambiar sus vidas.

Las investigaciones llevadas a cabo por Sharon Hall y sus colaboradores de la Universidad de California en San Francisco apoyan la importancia del compromiso de no beber. En estudios realizados con bebedores problemáticos, así como con fumadores y drogadictos, los investigadores descubrieron que era mucho más probable que las personas que asistían a programas basados en la abstinencia donde se habían comprometido a no probar el alcohol, en el transcurso de los seis meses siguientes no bebieran nada, a diferencia de las que habían hecho promesas algo más vagas.

Estas promesas de abstinencia las hicieron tanto mentores con graves dependencias del alcohol que bebían casi tres cuartos de litro o más de licor al día, como personas que como mucho bebían entre cinco y seis copas en una noche. El compromiso de no volver a beber lo realizaron tanto personas que se consideraban a sí mismas «alcohólicas» como otras que no se ponían dicho apelativo. Los comentarios sobre la importancia de comprometerse con la abstinencia de por vida procedían más frecuentemente de aquellos que resolvieron sus problemas con la bebida de modos no convencionales. Sin embargo, uno de cada cinco mentores tradicionales también hizo hincapié en esto. Además, es interesante destacar que los que se mantenían sobrios sin ayuda eran más proclives a enfatizar el compromiso de por vida con la sobriedad que los que habían tenido un apoyo formal en su reinserción.

Lo más sorprendente es que también he escuchado este compromiso en personas que *no* son totalmente abstemias. Ned G., por ejemplo, se permite beber con moderación cuando viaja al extranjero. Sin embargo, cuando está en Estados Unidos se compromete a una abstinencia total. (Fue totalmente abstemio durante los primeros nueve años de los quince que lleva de sobriedad; desde el 1 de enero de 1983, no ha vuelto a beber en su país.) Luego tenemos el caso de Oliver S., cuyo problema con el alcohol se resolvió hace dieciséis años y «de vez en cuando prueba microcervezas para comparar su sabor». No cesa de compartir su compromiso de no volver a abusar del alcohol. «Sencillamente lo dejé. Beber ya no es una elección para mí. Tomé esta decisión y ya no tengo opción, ahora no podría volver a beber.»

El psicólogo clínico Marc Kern, director de Addiction Alternatives, una organización privada de Los Ángeles, nos habla de su experiencia de trabajar con muchos bebedores problemáticos: «Me he dado cuenta de que las personas que tienen éxito controlando su bebida, tras haber tenido serios problemas con el alcohol, es porque se han comprometido de por vida a vigilar lo que bebían». Un estudio reciente sobre personas que han resuelto sus problemas graves con el alcohol, publicado en el periódico *Psychology of Addictive Behaviors*, sugiere que quienes eligen la abstinencia tienden a comprometerse de golpe, mientras que los que se convierten en bebedores moderados optan por cambiar su relación con el alcohol de forma más gradual.

La cuestión es que tanto si uno acaba eligiendo la abstinencia —como han hecho la mayoría de los mentores— como si ha elegido beber con moderación o en contadas ocasiones, existe un compromiso detrás de ello. Es un compromiso de vivir la vida sin que sea el alcohol el que la gobierne.

¿Para siempre o gradualmente?

¿Qué hay de la filosofía de llegar a la sobriedad por etapas? ¿No es demasiado difícil aceptar que *nunca* se va a volver a tomar otra copa? Amy P. dice: «Yo soy una excepción a la regla, respecto a que no puedo estar sobria gradualmente. Dejé el alcohol para siempre. Éste es mi compromiso, ésta es mi cruzada y aunque AA crea que mi actitud no funciona, yo creo que sí».

El libro de AA *Viviendo sobrio* dice en realidad: «Aunque nos demos cuenta de que el alcoholismo es una condición permanente e irreversible, la experiencia nos ha enseñado a no hacer promesas de estar sobrio de por vida. Hemos encontrado más realista —y nos ha dado mejor resultado— decir "Hoy no voy a beber"».

Dada la importancia que se le concede a esto y teniendo en cuenta el hecho de que noventa y siete de los mentores se rehabilitaron gracias a AA, me sorprendió ver que tan pocos de ellos —once entre todo el grupo— dijeran algo sobre la importancia de dejarlo paulatinamente. Quizá la filosofía de enfrentarse a la sobriedad paso a paso no sea tan importante cuando hace tiempo que has dejado de beber, como era el caso en la mayoría de los mentores entrevistados.

Sin embargo, algunos mentores incluso llegaron a decir que ni siquiera al principio consideraron el ir paso a paso como una opción viable. Herb N., de quien hemos hablado en el capítulo 2, dice: «Tuve que pensar en términos de "nunca" en lugar de "paulatinamente" cuando llegó la última pregunta inconsciente que todo alcohólico del mundo ha de plantearse: "¿Por cuánto tiempo lo dejaré?"».

117

Los deseos seguirán vivos mientras esa pregunta inconsciente no se haya respondido».

Asimismo, Ward R., que ha utilizado un popurrí de métodos para permanecer sobrio, incluidos el de AA y SOS, afirma: «La parte más dura de la vida en las primeras etapas de la sobriedad es aceptar el hecho de que tus días como bebedor han concluido. En mi opinión, los intentos de algunos programas como el de AA de evitar esto sustituyéndolo por un "no bebas hoy" no es un buen sistema. Mi meta fue la abstinencia de por vida».

La ex miembro de AA Jackie D., de quien ya hemos hablado en el capítulo 4, nos ofrece una perspectiva más amplia del enfoque de ir paso a paso: «En AA dicen: "Busca el progreso, no la perfección". Ésa es la clave del ir paso a paso, que cada día vas haciendo camino no sólo en tu rehabilitación, sino también en los demás aspectos de tu vida».

De cada persona depende decidir si le resulta más fácil enfrentarse a esta realidad gradualmente —al menos al principio— o cerrar los ojos y, como Richard, comprometerse a no volver a beber nunca.

Dar prioridad a estar sobrio

Una parte de la «promesa de abstinencia» para algunos mentores es el compromiso de hacer de la sobriedad una prioridad. (Aunque esto sea un principio del grupo de ayuda mutua SOS, los mentores que se han rehabilitado por otros medios también han hablado de ello.) Randall N., que dejó de beber por su cuenta con la ayuda de *The Small Book*, capta de forma muy bella cómo hizo de la sobriedad una prioridad en su descripción sobre cómo resolvió su problema con el alcohol: «Acepté el hecho de que el alcohol era mi *principal* problema y que los demás seguirían o empeorarían si continuaba bebiendo. También acepté la idea de que la sobriedad había de ser lo más importante de mi vida, que incluso el dolor físico o el sufrimiento mental serían preferibles a continuar bebiendo. Reconocí y acepté el hecho de que tenía que abstenerme del alcohol a pesar de mí mismo. Es decir, no tomar una copa aunque todo mi cuerpo, mente y espíritu estuvieran anhelando hacerlo». Ahora Randall nos dice que ya no añora el alcohol y que apenas siente la necesidad de beber.

¿Cuál es su consejo para las personas que luchan contra su adicción al alcohol? «Haz lo que sea, si no es ilegal o inmoral, lo que quieras, menos beber.» Asimismo, la moderadora de WFS Jessica C. aconseja: «Dale prioridad a la sobriedad, cambia lo que haga falta en tu vida que ponga en peligro esa meta: relaciones, trabajo, aficiones, lugares frecuentados, hábitos». Con el tiempo, dar prioridad conscientemente a estar sobrio ya no será necesario, como en el caso de Richard D., que declara: «No es que lleve muchos años dando "prioridad a estar sobrio". Al cabo de tan sólo un par de años, descubrí que las personas, las relaciones, los trabajos, las aficiones, los lugares y los hábitos habían cambiado, y que yo seguía adelante en mi vida automáticamente, sin realizar mucho esfuerzo».

Responsabilizarse: la paradoja de la impotencia

¿Admitir que te sientes impotente frente al alcohol no supone aceptar el hecho de que nunca podrás volver a beber? Podríamos decir que esto apoya el primer paso de AA, que dice así: «Hemos admitido que no podíamos luchar contra el alcohol, que no podíamos controlar nuestras vidas». Sin embargo, por sorprendente que resulte, en las diez respuestas más frecuentes de los mentores respecto a la rehabilitación apareció el tema de la impotencia, aunque noventa y siete de ellos se hubieran deshabituado con métodos tradicionales. Por el contrario, al igual que Richard D., una serie de mentores enfatizaron la importancia de *responsabilizarse* de su problema con la bebida, de aceptar que está en nuestras manos y que todos tenemos el poder para conseguirlo.

■ Jackie D., que se rehabilitó gracias a AA, dice: «Nunca acepté la cuestión de la impotencia de AA. No creo que yo no tenga fuerza. He estado demasiados años sin responsabilizarme de mi vida y no quiero perder eso ahora. Volver a estar sobria era como recuperar el control; cuanto más veía los resultados de ser fiel a mi compromiso de sobriedad, más fuerza sentía. Mientras permanecía sobria, tenía el control sobre mi conducta, sobre cómo respondía a la gente, y podía tomar decisiones, en lugar de que fueran las circunstancias las que lo hicieran por mí».

■ Rick N., que fue a AA durante varios años antes de encontrar que la visión cognitivo-conductista (véanse las páginas 139-141) era mucho más adecuada para él, dice: «Creo que siempre he sabido que un día dejaría de beber y que tenía la habilidad natural para conseguirlo cuando estuviera preparado. Ese valor interno, esa poderosa creencia en la capacidad de elegir y en la autodeterminación, fue lo que hizo posible que lo dejara».

■ Sarah N., que se rehabilitó con la ayuda de Women for Sobriety, dice: «El modelo de rehabilitación de los doce pasos me resulta incomprensiblemente pasivo. Yo soy una persona que necesita hacer las cosas por sí misma. La visión de WFS respecto a la responsabilidad individual y el valor para perseguir cualquier cosa que *a uno* le funcione fuera de su programa *me* hizo responsabilizarme de mi rehabilitación».

Existe, sin embargo, una forma de combinar las enseñanzas de AA con una actitud de responsabilidad. Reconocer una falta de poder frente a la bebida puede ayudar a algunas personas a seguir adelante con sus vidas. En *Research on Alcoholics Anonymous*, Stephanie Brown, del Addictions Institute de Menlo Park, California, escribe: «Los alcohólicos en rehabilitación reconocen que no tienen poder frente al alcohol y, a su vez, se sienten fortalecidos por esta verdad y la aceptación de la misma [...] Es justamente esa profunda aceptación de la pérdida del control —entrega— lo que proporciona la base de la fuerza y del cambio interno profundo de las personas que están en ese proceso».

Varios mentores, incluidos algunos que no pertenecen a AA, confirmaron que aceptar la impotencia respecto al alcohol les ayudó de algún modo a responsabilizarse. Por ejemplo, tras varios intentos de controlar lo que bebían y después de probar con AA, SOS y RR y resultarles insatisfactorios. Jackie A. lo consiguió sola cuando «acepté que no podía controlar el alcohol, sino que tenía que enfrentarme a ello y conseguirlo *por mi cuenta*. Cambié mi forma de pensar de "puedo controlarlo *yo sola*" a "puedo decidir dejarlo *sin ayuda*". Creo que hice una especie de promesa».

Observemos que Jackie A. no habla sólo de compromiso, sino también de *aceptación*, un concepto que algunos contemplan como más útil que la noción de impotencia. La aceptación también guarda relación con el hecho de admitir que el alcohol es un problema para ti, reconocer que te has de comprometer con la abstinencia (o modificar tus hábitos de bebida considerablemente) y que a veces «la vida es así». A partir de ahí, puedes empezar a responsabilizarte y a hacer todo lo que necesites para proseguir con tu vida de una forma positiva y saludable.

Creer en ti mismo

Parte de ese compromiso con la sobriedad implica creer en uno mismo. Algunos mentores sugieren que *si piensas que puedes estar sobrio y permaneces así, lo conseguirás*. Phil Q. observa: «La mayoría tenemos un poder tremendo y grandes recursos en nuestro interior si cavamos lo bastante hondo como para encontrarlos. Para mí fue una cuestión de profundizar». Neil H. aconseja: «Aparta de tu mente cualquier idea de que no puedes dejarlo. Adquirirás una gran fuerza cada día que pase. Puedes hacerlo, si estás decidido a ello». Tal como lo expone Violet F.: «El éxito conduce a más éxito».

Reconocer tus logros del pasado y tus éxitos cuando has superado obstáculos te puede ayudar a forjar tu confianza en tu capacidad para enfrentarte a nuevos retos y también puede darte algunas claves para las estrategias que tendrás que utilizar cuando decidas dejar la bebida. Puedes verlo en algunos de los mentores que han abordado múltiples retos en la vida:

■ Liz B., que años antes de dejar de beber se fumaba dos paquetes de cigarrillos al día, dice que dejar de fumar le dio confianza para dejar el alcohol y perder casi 14 kilos. «Sentí que si podía lograr una cosa, podía conseguirlo prácticamente todo.»

■ Heather F. dice: «Puesto que había superado la obsesión por la comida y por darme atracones, en el fondo de mi corazón sabía que algún día también sería capaz de acabar con mi problema con la bebida».

Otra estrategia para potenciar la creencia de que puedes responsabilizarte de tu problema con el alcohol es seguir el ejemplo de los que han tenido éxito. El mentor Joey S. nos anima diciendo: «Si yo puedo hacerlo, tú también puedes». Para Simon T., una persona es lo único que se necesita: «Habla con alguien que lo haya dejado, observa cómo ha cambiado su vida y cómo lo ha conseguido». El doctor Leo Hennigan cuenta que lo que a él le ayudó a comprometerse fue «reconocer que las personas serenas y felices de AA eran las que habían abandonado el alcohol por completo. El modelo de los alcohólicos rehabilitados es lo que me impulsó a cambiar». Rafael P. descubrió prácticamente lo mismo. Aunque no utilizó la filosofía de AA, fue a sus reuniones al principio de haberlo dejado para que le proporcionaran apoyo; allí conoció a algunas personas que le inspiraron y pensó: «Si ellas pueden, yo también».

Comprometerse con los demás

Varios mentores me contaron que a ellos les ayudó el hecho de anunciar *a los demás* o comprometerse con ellos a dejar la bebida para siempre.

■ Jackie D. explica: «Al principio me comprometí a dejar de beber con mi novio y mi terapeuta. Luego, al cabo de unas semanas, empecé a decírselo a mi familia y a mis amigos».

■ Clinton F. esperó durante un tiempo después de haberlo dejado (él solo) antes de decírselo a los demás. «Después de sentir que lo tenía controlado, se lo hice saber a mis amigos y socios.»

■ Amy P. destaca lo siguiente: «Nunca he guardado en secreto mi alcoholismo. Todos mis compañeros de trabajo sabían dónde y cuándo iba a seguir un tratamiento. Todos me ayudaron muchísimo. Es un hecho de mi existencia, y mientras pueda hablar de ello y conseguir apoyo, creo que el peligro de reincidir es cada vez menor».

Los expertos afirman que cuanto más verbalizas tu plan a los demás, más se refuerza tu compromiso. Esto no significa que hayas de comunicarle al mundo entero tu decisión de dejar de beber. Ciertamente puedes utilizar a un grupo de ayuda para comprometerte con los demás, como Thomas V., que aunque lleva seis años sin beber, sigue asistiendo con regularidad a las reuniones de AA y de SOS. Él considera que «es útil para mí que me recuerden que he hecho una promesa de abstinencia y estar con personas a las que les importa que la cumpla».

En un plano más privado puedes hacer una promesa a una o dos personas allegadas: tu pareja, tus padres, un jefe que te apoye, el ministro de tu iglesia, un terapeuta. Richard D. dice: «Se lo dije a mi esposa, a mi hija, a mis padres y a un amigo. Eso fue todo. No

Los mentores y el tabaco

El compromiso de un cambio hacia un estilo de vida positivo parece conducir a otro, tal como comentaron los diecisiete mentores que dejaron de fumar antes de hacer lo mismo con la bebida y los sesenta y uno que dijeron haber dejado el tabaco después de dejar el alcohol. Dieciséis dejaron de fumar en un momento no especificado, mientras que otros nueve hicieron ambas cosas a la vez. *Eso suma 103 ex bebedores que se convirtieron en ex fumadores.* (Siete dijeron que querían o que estaban intentando dejar de fumar.)

Aproximadamente un 70 % o más de las personas adictas al alcohol también fumaba, y parece ser que el tabaco mata más a las personas que tienen problemas graves de alcoholismo que el propio alcohol. Los dos juntos son más letales que cada uno de ellos por separado.

A continuación tenemos las experiencias de algunos mentores que dejaron de fumar después de dejar de beber:

■ Clinton F., que solía consumir hasta diecisiete copas y cuatro paquetes de cigarrillos al día o más, dijo que dejó de beber primero porque era lo que más le asustaba. «Un año después dejé de fumar utilizando chicles de nicotina; luego me abstuve.» Después de dejar de fumar, se propuso adelgazar y perdió más de 81 kilos.

■ Heath M. dice: «Dejar el tabaco fue fácil gracias a que asistí a un programa para dejar de fumar cuando ya hacía cuatro años que había dejado de beber».

■ Lilith V. dice: «Cuando por fin dejé de fumar, fue lo más difícil que había hecho jamás, lo bastante difícil como para no arriesgarme a volver a pasar por ello. El *quid* de la cuestión es que me había librado de las borracheras, las drogas y los malos hombres; ¡no iba a permitir que otra adicción me diera una patada en el culo!».

Algunos mentores utilizaban las mismas estrategias para dejar de beber que para dejar el tabaco. Por ejemplo, Rafael P. usaba las estrategias de «negar tozudamente el impulso» y «el pensamiento de dejarlo para siempre» para dejar de fumar, diez años después de haber abandonado la bebida. A los dieciocho meses de que George M. hubiera dejado de beber, utilizó los principios de AA para romper su hábito de fumar tres paquetes al día. «Me di cuenta de que era estúpido dejar de beber y seguir matándome con el tabaco.» Jackie D. dejó de fumar a los siete años de no beber. «Utilicé las mismas estrategias que para dejar de beber, sobre todo la idea del día a día o, en mi caso, minuto a minuto. Al final empecé a ser consciente de que, al igual que me había sucedido con el alcohol, librarme de mi adicción al tabaco había tenido un efecto liberador: no tenía que pensar en comprar tabaco, dónde podía o no podía fumar. Empecé a hacer ejercicio, y eso me hizo ser consciente de que mis pulmones estaban mucho más sanos.»

El doctor John Hughes, un experto en tabaquismo y alcoholismo afiliado a la Universidad de Vermont, advierte que un reducido porcentaje de bebedores problemáticos rehabilitados experimentarán un deseo de volver a beber cuando dejen de fumar. «Si esto sucede, esas personas tendrán que ser supervisadas de cerca por un terapeuta cuando dejen de fumar. También puede que consideren oportuno aumentar su asistencia a un grupo de ayuda, sus visitas al psicoterapeuta o el uso de una medicación que les ayude a no volver a beber, como Antabuse o ReVia. (Véanse las páginas 128-131 para más información sobre medicación.)

Al igual que sucede con la bebida, cuando estás preparado para dejar de fumar has de ser tenaz, porque puede que necesites varios intentos. Una reciente encuesta nacional dirigida por la Fundación Hazelden indicaba que, en general, los antiguos fumadores habían intentado dejar de fumar unas once veces en el transcurso de al menos dieciocho años, antes de dejarlo para siempre.

sentía la necesidad de andar comunicándoselo a todo el mundo: "¡He dejado de beber para siempre!"».

Duelo por la pérdida del alcohol

Richard D., en comparación con muchos otros mentores, lo tuvo fácil cuando se comprometió por primera vez con la abstinencia de por vida. «Aunque durante las dos primeras semanas me estaba preguntando si mi hábito de veinticinco años como bebedor sería más fuerte que mi deseo de sobriedad, resultó que no me causó problemas. Ya había hecho la parte más difícil.» No obstante, tal como han afirmado algunos mentores, dejar el alcohol puede ser muy doloroso, y es muy normal y aconsejable que te permitas un duelo por tu pérdida.

Jackie D. recuerda: «La última noche que bebí, me compré una bonita botella de vino y lloré. No volver a beber me asustaba. Creía que la vida no tendría sentido sin la botella. No podía imaginarme qué aspecto tendría yo sin beber. Pensaba que no volvería a ser feliz, ni a dormir, que ya no le gustaría a mi novio. El alcohol era parte de mí.» Asimismo, Frank L. recuerda: «Al principio me lamenté, lloré y me sentía culpable. También me preguntaba si sería menos persona sin el alcohol, si perdería algo de mis impulsos, de mi ambición y qué sería lo que iba a sustituirlo».

Darte tiempo

Las buenas noticias son que, aunque a muchos mentores les resultara difícil cuando se comprometieron con la sobriedad por primera vez, no beber les ha sido mucho más fácil con el tiempo. Veamos sus respuestas a las siguientes preguntas:

En una escala del 1 al 5, ¿hasta qué punto todavía estás batallando contra el impulso de beber?

1	2	3	4	5
Siento con frecuencia la necesidad			No la siento nunca	

El 90 % de los mentores respondió con un 4 o un 5.

En una escala del 1 al 5, ¿hasta qué punto echas de menos la bebida?

1	2	3	4	5
La encuentro mucho a faltar			No la añoro nada	

El 86 % de los mentores respondió con un 4 o un 5.

En una escala del 1 al 5, ¿en qué grado te ha resultado más sencillo abstenerte con el paso del tiempo?

1	2	3	4	5
No ha sido más fácil		Ha sido mucho más fácil, casi sin esfuerzo		

El 91 % de los mentores respondió con un 4 o un 5 (172 personas pusieron un 5).

Veamos a continuación cómo describen algunos mentores la forma en que les fue más sencillo alcanzar la sobriedad —y que mereció el esfuerzo— a medida que pasó el tiempo:

■ «Era una situación desalentadora y abrumadora tener que empezar de nuevo desde el principio a los 31 años. Al cabo de un tiempo se convirtió en una aventura, y eso me ayudó. Todo lo que tengo ahora en la vida se debe directamente al hecho de estar sobrio.» Don D. (dieciocho años).

■ «Al principio me resultaba difícil ir a alguna parte donde pudiera haber alcohol. Casi tenía miedo de ir a un restaurante donde

¿Pueden ayudar los fármacos en el compromiso de dejarlo?

Existen ya en el mercado, o pronto estarán en él, una serie de fármacos con prescripción facultativa que pueden hacer que ese compromiso resulte más fácil. Puesto que los mentores dejaron de beber hace años, sólo tuvieron acceso a uno de ellos, el disulfiram. Aunque muchos probaron este medicamento, sólo cuatro le concedieron el mérito de su rehabilitación.

Se utilizan tres medicamentos esenciales (citados por su nombre genérico y comercial) para tratar los problemas con el alcohol:

Disulfiram (Antabuse). Se puede encontrar en Estados Unidos y en España, y requiere receta médica. Probablemente sea el medicamento más conocido que se emplea para los problemas con el alcohol. Actúa como agente disuasivo porque produce síntomas desagradables como náuseas, vómitos, dolores de cabeza, sonrojo y palpitaciones si bebes alcohol cuando lo estás tomando. Aunque no parece que sirva para aumentar la proporción de personas que dejan de beber definitivamente, hay pruebas de que cuando el disulfiram se combina con tratamiento psicológico, puede reducir el consumo de alcohol, así como la frecuencia de la ingestión del mismo durante la deshabituación. Sin embargo, debido a sus desagradables consecuencias, las personas no siempre están dispuestas a tomar este medicamento cuando se lo recetan. Resumiendo, no parecen existir suficientes pruebas de su eficacia como para recetarlo rutinariamente a personas adictas al alcohol, pero puede servir de ayuda a alguien que quiera aumentar su motivación para no volver a beber. El disulfiram también puede ayudar a alguien que esté pasando una crisis especialmente mala, como un viaje de negocios donde se está muy expuesto al alcohol. Debido a que tiene graves efectos secundarios, como problemas hepáticos, las personas que toman esta medicación deben seguir un riguroso control médico. Cuando estás tomando disulfiram, es importante evitar todas las posibles formas en que puedes ingerir alcohol, incluidas las comidas, los productos para enjuagues bucales y los medicamentos sin receta que pueden contener alcohol.

Naltrexona (ReVia). Aprobada por la Food and Drug Administration de Estados Unidos a mediados de los noventa, la naltrexona es relativamente nueva en los tratamientos contra el alcoholismo. Este medicamento parece bloquear el impulso de beber y reduce los efectos agradables que produce la bebida, inhibiendo la experiencia de euforia. Los estudios indican que la naltrexona puede ayudar a inducir a la abstinencia y desempeña un papel importante en la prevención de los deslices antes de que se conviertan en recaídas formales. Puesto que disminuye la gravedad y la frecuencia de los episodios de bebida, puede ser adecuado para personas que están intentando dejar de beber gradualmente o que pretenden llegar a beber con moderación. Sus efectos secundarios pueden incluir náuseas y dolores de cabeza. Puesto que la naltrexona también conlleva algún riesgo para el hígado cuando se administra en dosis elevadas, se debe usar con precaución o puede incluso hasta estar contraindicada para las personas con problemas hepáticos. (El nalmefene, que es similar a la naltrexona, es otro medicamento más fuerte que está siendo estudiado por la Food and Drug Administration para su aprobación.) Hay una página web dedicada al tratamiento con naltrexona para los problemas con el alcohol: <www.recovery2000.com>.

Acamprosato (Campral). Cuando escribí este libro, el acamprosato todavía se tenía que aprobar en Estados Unidos, pero este medicamento ha acaparado la atención por su éxito en Europa para este tipo de tratamientos. Todavía no se entiende muy bien su funcionamiento, pero puede disminuir la intensidad del deseo de beber alcohol cuando ya se ha dejado el hábito. Las investigaciones sugieren que el acamprosato puede ser muy eficaz para reducir la frecuencia en que se bebe y también propiciar la abstinencia. Varios estudios han demostrado que las personas con adicción al alcohol que toman acamprosato y que reciben la ayuda de un profesional pueden tomarlo durante más tiempo sin beber, están más días sin probar el alcohol y tienen índices de recaída inferiores que las personas a las que se les da un placebo. Una revisión reciente de las medicaciones para tratar el alcoholismo publicada en *Alcohol Research & Health* concluía diciendo que el potencial del acamprosato parece ser el más firmemente establecido entre todas las personas estudiadas. Los posibles efectos secundarios incluyen la diarrea y el dolor de cabeza.

Lo más importante es que los tres medicamentos ayudan a mantener el compromiso de sobriedad, pero en general no funcionan por sí solos. Tal como dijo el doctor Raymond Anton, experto e investigador sobre medicamentos para el alcoholismo de la Facultad de Medicina de Carolina del Sur: «No existe una varita mágica, pero los fármacos contra el alcohol pueden ayudar combinados con otras prácticas, como un grupo de ayuda y asesoramiento profesional. Las personas que logran mantener períodos más largos de abstinencia tienen más oportunidades de dejar para siempre el alcohol; estos medicamentos pueden ayudar a conseguir eso». Según el doctor Anton, «los últimos datos indican que algunos alcohólicos se benefician a largo plazo de estas medicaciones para mantenerse sobrios o para evitar que los deslices se conviertan en recaídas formales».

En esencia, estos fármacos pueden hacer ganar tiempo para acostumbrarse a estar sobrio. Sin embargo, los médicos que no están especializados en los tratamientos para el alcoholismo tal vez no estén familiarizados con los mismos, especialmente con los nuevos, como la naltrexona. Por consiguiente, será conveniente que le preguntes a tu médico respecto a estos medicamentos y que también te informes por tu cuenta.

Por último, los antidepresivos o ansiolíticos también se recetan en algunas ocasiones en la rehabilitación de bebedores problemáticos. Los resultados de las investigaciones son un poco confusos respecto a la eficacia de estos medicamentos en la deshabituación del alcohol, pero parecen ser útiles para algunas personas que también tenían problemas psicológicos como depresión o ciertas patologías relacionadas con la ansiedad (tras-

torno por ansiedad generalizada, trastorno por estrés postraumá-
tico, fobia social). Cuando se están tomando antidepresivos o ansiolíticos, hay que consultar siempre con el especialista antes de
beber alcohol.

sirvieran bebidas alcohólicas. Pero seguí centrándome en mi meta
de la "abstinencia total" y con el tiempo me fue resultando más fácil. Actualmente viajo con frecuencia con dos compañeros que son
grandes bebedores, pero eso ya no me afecta lo más mínimo. Ya no
siento la compulsión. No existe ningún malnacido que sea capaz de
hacerme volver a beber.» Ward R. (veintidós años).

■ «Al principio me resultaba duro hacer las mismas cosas que
antes sin tomar una copa. Siempre me sentía extraño y fuera de lugar. Al cabo de aproximadamente un año, ya no me sentía mal. Lo
había hecho prácticamente todo estando sobrio, salvo tener una copa en la mano. Había sobrevivido y seguía viva.» Helen H. (dieciocho años).

■ «Sigo creyendo que, al igual que sucede con un *trip* de LSD,
los peores sentimientos y pensamientos desaparecerán y mejora-
rán. Y cuando los altibajos emocionales del primer año empezaron
a nivelarse, comencé a sentirme mejor tanto física como mentalmente. Me había demostrado que mi vida era mejor.» Charles S. (catorce años).

Para muchos de los mentores, la promesa de mantener la sobriedad marcaba el principio de una nueva forma de vida. Richard D.
dice: «¡No echo nada de menos! Desde que me comprometí conmigo mismo, el resto ha sido todo estupendo».

6

Sé tu propio experto

Cómo siete mentores diferentes encontraron su camino
a través de siete enfoques distintos

Cuando pregunté a los mentores cómo hallaron la vía correcta
para ellos, la mayoría me dijo que fue una cuestión de investigar y
contemplar distintas opciones, y luego probar diferentes visiones
hasta hallar una (o más) que se adecuara a ellos. Mediante un proceso de ensayo y error, muchos consiguieron adaptarse a un programa o enfoque que fuera acorde a su forma de pensar. Esto es lo
que dijeron algunos de ellos sobre cómo hallaron su camino.

■ «Encontré el enfoque que se adaptaba a mí estudiando, inves-
tigando, haciendo preguntas y yendo a muchos grupos de ayuda alternativos. Busqué activamente una filosofía que se adecuara a mi
forma de ver la vida.» Jac C. (ocho años, sobrio con la ayuda de
SOS).

■ «Fue una cuestión de ir probando. Para mí no hubo sólo dos o
tres enfoques "correctos".» Phoebe M. (dieciocho años, lo dejó con
la ayuda de AA, pero dejó de ir al cabo de un año). Además de ir a
AA, nos cuenta: «Leí mucho, hablé con el pastor de mi iglesia, asistí a conferencias sobre dependencia de sustancias químicas, hice terapia y hablé con distintos profesionales y con personas que habían
tenido problemas similares. He bebido de muchas fuentes de sabiduría».

133

■ «Fui a AA un par de veces, pero su concepto de la impotencia no me gustaba. Luego visité a un reputado acupuntor que me enseñó a cambiar mi centro de enfoque, conducta y patrones de pensamientos. Leí libros sobre cómo se habían rehabilitado otras personas y vivían vidas saludables. Tuve el apoyo y el ejemplo de mi esposo y de un nuevo amigo que hacía años que no bebía.» Tammie A. (siete años, rehabilitación ecléctica).

■ «Tres años antes de dejar de beber, estuve buscando un camino que no se basara en los doce pasos, hasta que alguien me habló de SOS y de Rational Recovery. Fui a los dos. SOS estaba bien, pero las ideas de RR me gustaron más.» Regina S. (seis años, ahora coordinadora de SMART Recovery).

¿No sería fantástico no tener que pasar por todo el proceso que tantos mentores han tenido que atravesar para hallar *tu* camino hacia la sobriedad, poder ir a un terapeuta con experiencia, alguien imparcial y familiarizado con todas las opciones, que te hiciera un montón de preguntas sobre tu pasado y que luego te recetara el camino más adecuado para ti? Resulta que, no hace mucho, un vasto y caro estudio denominado Proyecto MATCH fue patrocinado por el National Institute on Alcohol Abuse and Alcoholism para evaluar si había alguna forma fiable de predecir si las personas con ciertas características respondían mejor a una forma de tratamiento que otras. Los resultados indicaron que los tres tratamientos distintos probados (uno se basaba en los doce pasos y los otros dos eran prometedoras estrategias psicológicas) eran igualmente eficaces, y por ende intercambiables, sin tener en cuenta las diferencias existentes entre los participantes individuales. Algunos expertos han criticado el diseño del estudio diciendo que no fue una verdadera prueba para intentar encajar a las personas en programas que les fueran afines.

El *quid* de la cuestión, según el doctor Alan Marlatt, es que «no existen unas directrices claras para colocar a las personas en los diferentes medios de rehabilitación. Por lo tanto, depende del consumidor, y los consumidores necesitan información sobre cada una de las opciones». Todo se resume en esto: al igual que los mentores, has de buscar el método que te ayude a resolver tus problemas con la bebida.

En este capítulo se narran las historias de siete personas y de las vías que les han conducido a la sobriedad, desde una intervención breve, la terapia, los programas de rehabilitación y el tratamiento tradicional. El apéndice proporciona información sobre cada programa, incluido cómo conseguir sus libros y encontrar su página web; ambas cosas resultan medios muy útiles para alguien que quiere beneficiarse de un medio determinado, pero que no desea asistir a sus reuniones.

Intervención breve

Cómo encontró su camino Lester Y.

Para Lester Y., que llegó a beber una caja de cervezas al día, además de whisky y scotch, el momento decisivo llegó cuando fue al hospital para que le practicaran una operación de cirugía menor y descubrió que había empezado a tener problemas graves en el hígado a causa del alcohol. «El médico no se anduvo por las ramas —recuerda Lester—. Se quedó atónito al ver la cantidad de alcohol que bebía y me dijo: "Mi opinión es la siguiente: deja de beber ahora y vive una vida relativamente normal o continúa bebiendo y estarás muerto en menos de diez años". Tuve que reflexionar largo y tendido sobre mí mismo. Al final, admití que era alcohólico, y dejé de beber en octubre de 1981. Realmente creo que de no haber sido por la sentencia del médico y el amor y el apoyo de mi esposa, no sería la persona que ahora soy». Lester ha mantenido su sobriedad por sí solo.

¿Es válida para ti la intervención breve?

Al igual que Lester, algunos mentores pudieron vencer su problema con la bebida tras un breve contacto con un profesional que les indicó la dirección correcta. Una serie de estudios han demostrado que este tipo de enfoque a corto plazo, conocido como «intervención breve», es tan eficaz para algunas personas como otros tipos de tratamiento más intensivos.

Esta intervención la suele iniciar un médico u otro profesional de la salud que no sea especialista en adicciones. En general esta persona transmite un mensaje claro a un bebedor problemático sobre cómo y por qué beber menos es lo más prudente. El consejo se presenta en el contexto de las preocupaciones relacionadas con los problemas de salud, sociales y familiares de la persona en cuestión. Se suele dar el consejo de beber menos o de no beber durante un tiempo, para ver si los problemas se empiezan a solucionar. La meta final puede ser beber con moderación o la abstinencia. Puede que también se le proporcione al paciente material educativo sobre los problemas con el alcohol y de autoayuda. El seguimiento puede incluir llamadas telefónicas y otra visita o dos para ver cómo van las cosas. Si esto no funciona, el consejero suele recomendar tratamientos más costosos. (A pesar de la experiencia de Lester, este tipo de intervención en general es más eficaz si se hace con empatía y optimismo, y no como un enfrentamiento.)

Se considera que la intervención breve funciona mejor con las personas cuyos problemas con el alcohol no son demasiado graves y que no han recibido tratamiento con anterioridad. Sin embargo, como resulta evidente por la historia de Lester, esto a veces también puede beneficiar a personas con problemas más graves.

Por desgracia, los médicos no suelen estar preparados para las estrategias de la intervención breve. Además, los profesionales de la salud no siempre descubren los problemas de alcoholismo en bebedores problemáticos muy activos, los que más se beneficiarían de ese enfoque. Por ejemplo, Heather F. dice que pasó todo un embarazo con un médico que no le hacía caso cada vez que intentaba hablarle de su preocupación por lo que bebía. Antes de quedarse embarazada había pasado varios años haciendo terapia con un psicólogo que le restaba importancia a la gravedad de su problema con la bebida. Años más tarde dijo de sus visitas con su especialista en medicina interna: «Fui a una revisión delgada como un espárrago y se extrañaron de que tuviera la presión sanguínea alta; sin embargo, *nunca* me preguntaron por mis hábitos de bebida. Me pregunto si mi problema con el alcohol habría empeorado tanto si alguien lo hubiera notado antes».

A pesar de la idea popular de que el tratamiento de por vida para el alcoholismo es la mejor solución y que la asistencia continuada a las reuniones es necesaria para permanecer sobrio, muchas personas no necesitan estos enfoques, como nos lo indican las cada vez más numerosas pruebas. Además, los tratamientos caros no son necesariamente los más eficaces.

Terapia individual

Cómo Marjorie A. encontró su camino

«Empecé a beber a los 16 años y lo dejé a los 25 —me contó Marjorie—. En esa época, cada día bebía hasta emborracharme, una botella de vino o dos, a veces con cinco o seis cervezas o copas de vodka o brandy. Durante cinco años antes de dejarlo fui consciente de que estaba abusando del alcohol, pero me había rodeado de amigos que apoyaban mi adicción. Nada me iba bien; mi vida era un desastre, no tenía control sobre la misma y siempre estaba deprimida. El momento decisivo llegó cuando tuve un incidente sexual especialmente bochornoso con mi jefe; había llegado a un punto de crisis donde tenía que probar algo para mejorar mi vida.»

Esta experiencia condujo a Marjorie a una terapeuta para mujeres que se anunciaba en un tablón de anuncios. La terapeuta le explicó francamente el tipo de herramientas que iba a utilizar: escribir un diario, ayudarla a responsabilizarse de sus decisiones, centrarse en las cosas positivas que le sucedían todos los días y usar afirmaciones que al final la ayudarían a sentirse mejor respecto a sí misma.

En su primera sesión, la terapeuta (que resultó que también tenía experiencia con los problemas con el alcohol) sugirió a Marjorie que reflexionara sobre el papel que desempeñaba esa sustancia en su vida. Examinaron esto en el transcurso de varias sesiones. «Observamos las partes de mi vida que estaban fuera de control, como mis relaciones con los hombres, el trabajo, los amigos y mi familia, e identificamos algunas de las razones por las que no funcionaban. Siempre volvíamos al alcohol.

»Hablamos de cosas específicas como la cantidad, la regularidad, lo que me impulsaba a beber; todo ello me ayudó a descubrir el papel que desempeñaba el alcohol en mi vida cotidiana. Empecé a ver cómo y por qué utilizaba el alcohol y los efectos que me producía.» La terapeuta le sugirió que debía plantearse no beber durante algún tiempo —seis semanas— para ver cómo se sentía. «Estaba horrorizada y furiosa —dice—. Insistí en que el problema era el divorcio de mis padres, el alcoholismo de mi madre y mi infancia difícil. Pero decidí que lo iba a probar, pensando que no beber durante un tiempo sería fácil. Sin embargo, mi primer día y noche de sobriedad me aclararon lo que en el fondo siempre había sabido: era una alcohólica, de una familia de alcohólicos y que no podía volver a beber.»

Un tema recurrente en el diario de Marjorie era su búsqueda de paz. Ella y su terapeuta repasaron las formas en que podía conseguirla: no beber, aprender a hacer frente a sus sentimientos, resolver algunos asuntos importantes con su familia, examinar sus relaciones con los hombres y explorar las posibilidades de realizar un trabajo más significativo. Dado que todos sus amigos eran bebedores empedernidos y sus actividades de ocio giraban en torno al alcohol, Marjorie había adoptado un nuevo estilo de vida. Durante unos diez meses estuvo asistiendo una vez a la semana a terapia, que pagó de su propio bolsillo, ya que su seguro médico no le cubría los gastos.

«Tenía que aprender cosas sencillas, como qué decir cuando alguien me ofreciera una copa, cómo tratar a las personas que me rodeaban cuando se ponían a beber.» Para acabar con su antiguo estilo de vida, Marjorie pasó muchas noches en solitario con su diario y escuchando buena música. Cambió su dieta por otra más sana y empezó a cocinar y a hacer pasteles. Tenía una buena amiga que también había decidido dejar de beber al mismo tiempo que ella y se reunían para cocinar, ver películas o charlar. A veces Marjorie iba al cine sola o a dar largos paseos por la playa.

«Literalmente dejé de hacer todo lo que solía, como ir a clubes y bares y ver a las personas que frecuentaba. Casi de inmediato empecé a sentirme centrada y relajada, y me gustaba ese sentimiento. Añoraba el "colocón" de la bebida, pero intentaba no centrarme en lo negativo. No dejaba de escuchar la voz interior que me decía que yo me merecía algo mejor.»

Con la ayuda de la terapeuta, tras hablar largo y tendido sobre aquello a lo que le gustaría dedicarse profesionalmente y cómo podía conseguirlo, Marjorie dejó su trabajo de camarera e inició una carrera profesional. Sus relaciones con los hombres fueron mucho más sanas. Afrontó las viejas heridas con su familia, después de haber escrito en su diario sus sentimientos, expectativas y lo que diría si le ofrecían una copa. Cuando llegó un punto en el que ella y su terapeuta sintieron que había completado todo el trabajo necesario para permanecer sobria y vivir una vida productiva, dejó de ir a la consulta. Hace once años que dejó de beber.

Terapias cognitivo-conductistas frente a las de orientación introspectiva

Acudir a otro profesional que no fuera el terapeuta especializado en adicciones químicas fue una de las tres formas principales mediante las que los mentores resolvieron sus problemas de bebida. (El psicoterapeuta especializado en adicciones no quedaba muy atrás en la lista.) La mayoría de los mentores utilizaban la orientación psicológica junto con otras vías. Pero para algunos, como Marjorie, la terapia fue la principal vía de rehabilitación. La mayoría de las personas, cuando nos hablan de la orientación psicológica, pensamos en el psicoanálisis o en lo que a veces se denomina psicoterapia de orientación introspectiva. La premisa para este tipo de psicoterapia es que tus síntomas (en este caso el abuso del alcohol) proceden de conflictos subyacentes, que al menos en parte son inconscientes y que es necesario desvelarlos y resolverlos mediante la interpretación y la introspección. Pero este tipo de psicoterapia «clásica» no se ha considerado especialmente beneficiosa en sí misma para la resolución de los problemas con la bebida, en gran parte debido a que no hace especial hincapié en controlar el consumo del alcohol, tal como se indica en el libro de la American Society of Addiction Medicine (ASAM), *Principles of Addiction Medicine*. El consumo ininterrumpido de alcohol en grandes cantidades puede interferir en la terapia. Por ejemplo, Marjorie había hecho psicoterapia dos o tres veces antes de acudir a la terapeuta para tratar sus problemas de alcoholismo. «Puesto que seguía bebiendo, no estaba muy centrada. Durante la terapia salía el tema de la bebida, pero no era el asunto principal, y yo no estaba dispuesta a dejarlo.»

Como veremos en el capítulo 10, a varios mentores les resultó útil hacer frente a los temas del pasado en alguna etapa de su proceso de deshabituación. Pero es más seguro decir que la mayoría de los terapeutas y psicólogos que trabajan eficazmente con las personas que tienen problemas con el alcohol, en primer lugar les ayudan a controlar lo que beben y a enfocarse en sus problemas actuales. Luego, conseguido ese control, resulta más fácil tratar los otros asuntos.

La terapeuta de Marjorie utilizó algunas técnicas de terapia cognitivo-conductista, una de las formas más populares basadas en la investigación de orientación psicológica y que puede ser eficaz con este tipo de personas. Los enfoques cognitivo-conductistas contemplan el problema de la bebida en gran parte como el resultado del pensamiento aprendido y de patrones de conducta que pueden ser alterados. Para «desaprender» un conjunto de respuestas, como confiar en que el alcohol te ayude a hacer frente a los problemas o a reducir la ansiedad, un bebedor problemático ha de identificar los factores que le inducen a beber y romper esas conexiones con nuevas respuestas. Los terapeutas cognitivo-conductistas suelen ayudar a las personas a tratar sus deficiencias en otras áreas de su vida y les enseñan a saber ser creativas, a mantener relaciones saludables, a ser más asertivas, a rechazar las bebidas, a hacer frente a los deseos de beber, a controlar el estrés, a mejorar las habilidades de comunicación y a plantar cara a las críticas. Otros aspectos de esta orientación, que se centra en el presente, pueden incluir una formación profesional para realizar otra actividad, hallar nuevas ocupaciones en el tiempo de ocio, y aprender otras formas de enfrentarse a los pensamientos, sentimientos y emociones negativas.

¿Es la orientación psicológica tu camino?

Las personas que prefieren un camino individualizado, que optan por conservar su intimidad y a las que no les van demasiado los grupos, son más aptas para la orientación psicológica como vía principal hacía la rehabilitación. El psicólogo clínico Marc Kern ha observado que los bebedores problemáticos muy activos suelen preferir la orientación privada más que los grupos. También dice que las personas que quieren terapia privada, es porque sienten vergüenza o les preocupa su anonimato.

El problema de esta vía es que a menos que tengas un seguro médico con una buena cobertura para las terapias de salud mental, es probable que no te cubra los gastos de una terapia larga o del terapeuta privado que has escogido. Puedes acabar pagando de tu bolsillo, no yendo a las visitas con tanta frecuencia o haciendo un seguimiento con un grupo de ayuda.

¿Se ha de recurrir necesariamente a los grupos de ayuda?

De entre más de dos tercios de los mentores que acudieron a la vía de los grupos de ayuda, algunos los utilizaron como su único camino para dejar de beber, mientras que otros lo hicieron como seguimiento y ayuda complementaria después de un tratamiento formal para combatir su alcoholismo. Una serie de mentores utilizan (o han utilizado) varios programas de deshabituación, y a muchos la orientación psicológica también les ha ayudado, combinada con la asistencia a grupos.

Es evidente que las ventajas de los grupos de ayuda incluyen el apoyo, la inspiración y las reflexiones prácticas de otras personas con experiencias similares. Tal como lo expresó una mujer: «Hay algunas cosas que los que también tienen problemas con el alcohol pueden comprender, mientras que las personas que no se encuentran en esta situación no pueden. Tienes la sensación de estar con gente que también ha pasado por eso, al igual que tú». Con la presión que ejercen los compañeros entre ellos para dejar de beber y seguir sobrios, los grupos fomentan la responsabilidad; es incongruente que alguien asista a los grupos y que cuando llegue a casa abra un *pack* de seis cervezas. (Aunque la mayoría de los grupos de ayuda fomentan la abstinencia, en general permiten que la gente asista aunque todavía beba, siempre y cuando se presenten sobrios en las reuniones.)

Los grupos de ayuda también cuentan con una serie de ventajas respecto a los tratamientos formales contra el alcoholismo o la orientación psicológica: cuestan poco dinero o nada; permiten que la gente reciba ayuda sin que su problema con el alcohol pase a formar parte de su historial médico; y las personas van y vienen a su antojo, en lugar de sentirse prisioneras de un compromiso formal.

Una desventaja es que las personas que asisten a estos grupos pueden ser dogmáticas y afirmen que el grupo es «la solución» o echen por tierra otras vías de salida. Mientras los grupos de apoyo enfatizan el anonimato y la confidencialidad respecto a lo que se habla en las reuniones, siempre existe el riesgo de que alguien no respete estos parámetros. Ciertamente, en las comunidades pequeñas, donde la mayor parte de la gente sabe cuándo y dónde tienen lugar las reuniones, el anonimato total es una utopía.

Cualquier grupo de ayuda atraerá a personas que se encontrarán en diferentes etapas de deshabituación, y la presencia de bebedores que están en la cuerda floja, que todavía intentan encontrar la solución a su problema, puede resultar deprimente a los otros miembros que se encuentran en una etapa más avanzada de su rehabilitación. En algunas reuniones te puede parecer que lo único que tienes en común con la gente es tu problema con la bebida, y eso a veces puede hacer que te sientas todavía más solo.

Cualquier persona que se vaya de un grupo de ayuda ha de ser consciente de que, aunque haya grupos separados para personas con problemas con la droga, como Narcóticos Anónimos (NA), los drogadictos (y otras personas con problemas, como trastornos de la alimentación) suelen presentarse en las reuniones de AA, WFS, SMART Recovery y SOS. La mentora Anne H. dice: «Cuando entré en AA por primera vez, parecía haber más "borrachines" rehabilitados que no activos. Ahora hay muchos drogadictos enganchados. Aunque comprendo perfectamente que el alcohol también es una droga, mi estilo de vida era más el de una alcohólica que el de una drogadicta. Es una pequeña distinción, quizá, pero te da la sensación de ser diferente».

Al final has de ser consciente de que la mayoría de los grupos de ayuda no los dirigen profesionales. Nadie debería poner tanta fe en un programa donde la necesidad de ayuda profesional para tratar temas como los abusos físicos y la depresión no se tiene en cuenta.

Si decides probar el camino de los grupos de ayuda, indaga, prueba los distintos programas a los que tengas acceso. Una vez encuentres el que te gusta —ya sea AA, SOS, WFS, SMART Recovery u otra cosa—, acude a más de una de sus reuniones. Incluso dentro del mismo programa los grupos individuales suelen tener distintas personalidades. Al final, si no eres una persona a la que le gusten los grupos, pero algunas de las propuestas del programa te llaman la atención, no hay razón para que no puedas utilizar su material por tu cuenta.

Alcohólicos Anónimos (AA)

Cómo encontró su camino Heath F.

«Tengo una larga experiencia con el alcohol», me dijo Heath F., recordando una foto suya de cuando era un bebé, donde él y su familia sostenían botellas de cerveza. Heath juró que no seguiría los pasos de sus padres y que no tendría problemas con la bebida. Pero cuando tenía 30 años se bebía una caja de cervezas al día, aunque «siempre fui lo bastante hábil como para mantener un buen empleo y funcionar bien en la sociedad», nos cuenta (incluso llegó a correr seis maratones en su época de bebedor empedernido). Al final el alcohol le pasó factura, tanto «emocional como espiritualmente. Durante mucho tiempo funcionó de maravilla, el alcohol era la huida perfecta. Hasta que llegó un día en que ya no funcionó».

Heath tomó la decisión de dejar de beber a los 36 años, cuando «estaba sentado con una pistola en las manos, dispuesto a volarme los sesos. Al final me di cuenta de que era por el alcohol y me vi enfrentado a dos opciones: vivir o morir». Heath eligió ir a AA. Cuando tenía 21 años ya se lo ordenaron, después de haber sido arrestado por emborracharse en público. Quince años después, cuando por fin estaba dispuesto, «supe que tenía que hacerlo y adónde tenía que ir».

Al principio no fue fácil. Durante el primer año de sobriedad, Heath tuvo que superar un montón de consecuencias físicas por abandonar el alcohol, incluido el insomnio y un período de disfunción sexual. Pero AA le dio el apoyo que necesitaba. «Una de las grandes cosas que proporciona AA es la fraternidad. La mayoría de sus miembros se pondrán a disposición de los demás en cualquier momento y lugar. Siempre hay alguien que te escucha cuando lo necesitas», dice Heath. De hecho, atribuye gran parte de su éxito al «proceso de AA», que él define como «sentirse cómodo hablando de tus problemas con otras personas».

AA también ayudó a Heath a tener fe de varias formas. «Al final tuve fe en que si las cosas iban de cierta manera —es decir, siguiendo los doce pasos—, todo iría bien, y yo estaría perfectamente. Los pasos proporcionan unas directrices únicas para vivir. Al practicarlos, hago cosas que no parecen instintivas, pero que me proporcionan resultados positivos e inmediatos.» Aunque todavía lucha contra el concepto de un «poder superior» en la forma de Dios, Heath afirma que AA le ayudó a «reconocer una dimensión espiritual». Nos describe una de sus primeras experiencias espirituales de su estado de sobriedad: «Estaba sentado en el patio trasero de mi casa, hacía calor y las cigarras cantaban, había unas pocas nubes como algodón. De pronto sentí un rapto, pues escuché una voz que me dijo: "Eres libre y te puedes ir". Hasta entonces me sentía hundido en la más profunda miseria. Cuando aceptas que no puedes controlarlo todo y entregas tu vida a un poder superior, alcanzas la paz, un estado de calma que llega después de la tormenta».

Heath, siguiendo la tradición de AA de estar a disposición de los que sufren debido al alcohol, se siente realizado con las muchas horas que dedica a los recién llegados. Ahora hace diecinueve años que no bebe y sigue asistiendo a las reuniones de AA una o dos veces a la semana.

Historia, antecedentes y visión general del programa

La comprensión mutua y terapéutica entre personas con el mismo problema fue la idea que inspiró en un principio a AA, que se fundó en 1935, cuando un agente de bolsa neoyorquino que acababa de dejar la bebida, Bill Wilson («Bill W.») se puso en contacto con un cirujano, Robert Smith («doctor Bob»), que todavía estaba combatiendo su grave problema con la bebida. Los dos se conocieron a través del Oxford Group, una fraternidad evangélica cristiana no confesionaria cuyas prácticas se encontraban entre las que se utilizaron en la fundación de AA. Bill W. no sólo compartió con el doctor Bob sus propias luchas contra la botella, sino que hizo hincapié en su visión del «alcoholismo» como una enfermedad espiritual, física y mental, un enfoque único en los años treinta que se mantiene en nuestros días. Los dos hombres siguieron conociéndose y semanas más tarde el doctor Bob tomó su última copa, lo cual marcó el comienzo de AA. Los fundadores empezaron a trabajar con bebedores problemáticos en un hospital de su localidad. En 1939 ya existían tres grupos que funcionaban con eficacia y AA contaba con cien socios. Ese mismo año esta fraternidad publicó su primer libro de texto básico, *Alcoholics Anonymous*, al que también se le conoce como el «Gran libro».

La piedra angular de AA son los doce pasos (véase la página 148), los consejos para progresar y los principios sugeridos por los primeros miembros de AA. El proceso de rehabilitación de AA se basa en admitir una completa derrota: que eres impotente respecto al alcohol e incapaz de controlar tu vida. Como tal, dentro de AA la rehabilitación requiere abstinencia; el «alcoholismo» se contempla como una enfermedad progresiva que se puede detener, pero no curar. Aunque a los recién llegados se les anima a empezar con el primer paso y luego seguir con los restantes a su propio ritmo, no tienen por qué aceptar o seguir todos los demás.

Los pasos encarnan una visión espiritual de la deshabituación, y siete de los doce hacen referencia a Dios, a un «poder superior» o a un «despertar espiritual». Peter Johnson, coordinador de los estudios sobre el alcohol y las drogas de la Facultad de Medicina de la Universidad de Carolina del Sur, indica en su *Dictionary of Street Alcohol and Drug Terms* que la expresión «poder superior» tiene relación con «ayuda de fuera del yo». Por consiguiente, para alguien que no sea religioso, un poder superior puede ser el poder del grupo de ayuda o los terapeutas, en lugar de una deidad. (Para un mentor, ¡el «poder superior» era su perro!)

Barbara McCrady, investigadora de la Universidad de Rutgers que ha estudiado y escrito mucho sobre AA, afirma «Según AA, el principal problema del alcohólico es el egoísmo y la obsesión con el yo, una condición que sólo puede remediarse saliendo de uno mismo». Heath F. comenta: «Los alcohólicos que beben viven con el singular objetivo de tratar de apaciguar los propios deseos de alcohol a cualquier precio. De modo que cualidades como la integridad y la sinceridad quedan en entredicho para conseguirlo». Así pues, los distintos pasos están diseñados para infundir humildad y sinceridad, así como para aplacar el ego.

Aunque los doce pasos sirvan de marco para el cambio individual, las doce tradiciones de AA son los cimientos de la base organizativa sobre la que funcionan los grupos. Las tradiciones indican que el único requerimiento para pertenecer a AA es tener el deseo de querer dejar de beber, que el propósito principal de cada grupo es transmitir este mensaje al «alcohólico» que todavía sufre y que «existe una sola autoridad última, un Dios amoroso, que se manifiesta en nuestra conciencia de grupo». Las tradiciones también enfatizan la importancia del anonimato y de la autonomía de cada grupo de AA, que es libre de manejar sus asuntos como le plazca. Por esta razón los grupos de AA varían bastante de unos a otros.

AA fomenta una asistencia regular a las reuniones. (No es extraño oír que a los recién llegados se les aconseje: «Ve a noventa reuniones en noventa días».) Las estrellas de las reuniones de AA son lo que a veces se denominan «alcoholirrelatos» (las historias de los miembros sobre su pasado como alcohólicos), la celebración de los aniversarios de sobriedad (que la mayoría de las personas cuentan a partir de cada recaída) y las presentaciones en círculo utilizando el nombre de pila seguido de la frase «...y soy un alcohólico». (No obstante, hemos de observar que no todas las reuniones incluyen los relatos de los ex alcohólicos y que tampoco es obligatorio que te autodenomines «alcohólico».)

Otra de las primicias de AA es el apadrinamiento, que tiene lugar cuando un miembro experimentado —alguien que lleva más tiempo en la vía de la rehabilitación— ayuda a otro que se acaba de incorporar. El padrino (o tutor), que se supone que ha de ser del mismo sexo que la persona a la que apadrina, se encuentra a dispo-

147

Los doce pasos de Alcohólicos Anónimos

1. «Admitimos que éramos impotentes ante el alcohol; que nuestras vidas se habían vuelto ingobernables.»
2. «Llegamos a creer que un Poder superior a nosotros mismos podría devolvernos el sano juicio.»
3. «Decidimos poner nuestras voluntades y nuestras vidas al cuidado de Dios, tal como lo concebimos.»
4. «Sin miedo hicimos un minucioso inventario moral de nosotros mismos.»
5. «Admitimos ante Dios, ante nosotros mismos y ante otro ser humano la naturaleza exacta de nuestros defectos.»
6. «Estuvimos enteramente dispuestos a dejar que Dios nos liberase de todos estos defectos de carácter.»
7. «Humildemente Le pedimos que nos liberase de nuestros defectos.»
8. «Hicimos una lista de todas aquellas personas a quienes habíamos ofendido y estuvimos dispuestos a reparar el daño que les causamos.»
9. «Reparamos directamente a cuantos nos fue posible el daño causado, excepto cuando el hacerlo implicaba perjuicio para ellos o para otros.»
10. «Continuamos haciendo nuestro inventario personal y cuando nos equivocábamos lo admitíamos inmediatamente.»
11. «Buscamos, a través de la oración y la meditación, mejorar nuestro contacto consciente con Dios, tal como lo concebimos, pidiéndole solamente que nos dejase conocer su voluntad para con nosotros y nos diese la fortaleza para cumplirla.»
12. «Habiendo obtenido un despertar espiritual como resultado de estos Pasos, tratamos de llevar este mensaje a los alcohólicos y de practicar estos principios en todos nuestros asuntos.»

Fuente: <http://www.alcoholicos-anonimos.org/como_funciona_a_a_.htm>. *(N. del e.)*

sición de ésta a cualquier hora. Heath F. explica que el apadrinamiento funciona de dos maneras: «Como con muchas otras cosas en mi vida, hemos de ayudar a nuestros hermanos no sólo por ellos mismos, sino también por nosotros. Cuando sales de ti para ayudar realmente a otro, sientes una satisfacción espiritual que casi es tan fácil de describir como Dios. Uno de los preceptos de AA es "La única forma de seguir el programa es transmitiéndolo"». (Para más detalles sobre AA, véanse las páginas 329-335.)

¿Es AA adecuado para ti?

¿Quién es más indicado para AA? Aunque no existan unas directrices rigurosas, según la doctora McCrady, los estudios sugieren que las personas aptas para afiliarse a AA suelen:

—tener problemas con el alcohol más graves que los demás,
—padecer una mayor ansiedad y obsesión por su adicción a la bebida,
—contar con menos apoyo de su familia,
—estar acostumbrados a recurrir a los demás para que les ayuden con sus problemas de bebida,
—tener experiencias de pérdida de control cuando beben,
—demostrar un mayor compromiso con la abstinencia,
—sentir un mayor deseo de encontrar un sentido a sus vidas.

Si estás buscando una visión espiritual que lo abarque todo, para tu rehabilitación y para tu vida en general, AA puede resultar atractivo. En palabras del doctor Kern, partidario y líder de grupos que no se basan en los doce pasos, «ninguna de las alternativas a AA se ha acercado a la magnitud de su alcance en lo que a número de herramientas se refiere, que incluye enfoques cognitivos y conductistas y eslóganes capciosos, el sistema de apadrinamiento, una gran teoría unificada, el texto escrito y un programa totalmente desarrollado de distintos pasos evolutivos. Todos estos componentes no atraen a todas las personas, pero los enfoques alternativos parecen carecer de la profundidad y la riqueza que posee AA». Por otra parte, AA es el único gran grupo de deshabituación donde se utiliza el sistema de padrinos, que puede resultar más cómodo para quienes prefieren compartir sus experiencias con una sola persona, en lugar de hacerlo con un grupo.

Según el periódico *Alcohol, Health & Research World* no hay muchas pruebas de que estar en AA beneficie menos a las mujeres que a los hombres. Algunos estudios parecen indicar que las mujeres prefieren métodos de persona a persona más que las participaciones en grupos. Además de abusar del alcohol, las mujeres tienen más tendencia que los hombres a padecer problemas como la depresión, que puede que en las reuniones de AA no se traten adecuadamente. (Muchos miembros de AA reciben ayuda adicional, como terapia psicológica o tratamientos contra el alcoholismo.) También hemos de observar que en AA hay muchos más hombres que mujeres; la última encuesta de afiliación reveló que el 66 % de sus miembros eran hombres y el 34 % mujeres. (Las reuniones de AA para mujeres sólo existen en algunas zonas.)

Con sus propias palabras: los mentores hablan de los pros y los contras de AA

LOS PROS

Son diversas las formas en que los miembros de AA que aparecen en este libro se han beneficiado del programa. Tenemos a Sue H. (diecinueve años), que dice: «Con Dios en una mano y AA en la otra, ningún obstáculo es lo bastante grande como para que no le podamos hacer frente juntos, al menos en el día de hoy». También tenemos a Roxi V. (seis años), que asiste religiosamente a las reuniones de AA y de SOS y nos ofrece una visión práctica: «Dejo a

150

un lado las cosas que no me han gustado de AA y veo lo bueno del programa».

A continuación hay algunos ejemplos más de las experiencias positivas de los mentores con AA:

■ Borden A. ha estado dentro y fuera de AA desde 1961, ha sufrido muchas recaídas, pero nunca se ha rendido y ahora hace diez años que no bebe. Actualmente asiste a las reuniones de AA los siete días de la semana; combina esta experiencia con lo que él llama su «propia vía, basada en el existencialismo cristiano». Dice de AA: «Si dejo de ir una semana, estoy deseando volver». Borden se beneficia de la «unidad» que encuentra en las reuniones de AA. «AA está orientado a que todos sintamos que "somos iguales", te pide que aceptes tu enfermedad y que tienes la misma dolencia que la persona que se sienta a tu lado. Me encanta el apoyo y el recordatorio intelectual de que lo más importante es no beber».

■ Sheri L. (veinte años), que una vez fue «expulsada de una fiesta de los Hells Angels por ser demasiado alocada», se presentó en su primera reunión de AA con su 1,85 de estatura, sus más de 145 kilos de peso, unos tejanos azules ajustados, una camiseta, botas de montar, un sombrero Stetson [con ala ancha y copa alta] y una pistola del 45 en la cadera. Cuenta que le dijeron: «Sigue viniendo, no bebas entre las reuniones, trae al cuerpo y la mente te seguirá. Ponle el tapón a la botella, quítate el algodón que tapona uno de tus oídos, póntelo en la boca, deja el algodón en el otro oído, para que lo que oigas no silbe en esa cavidad vacía. Disponte a poner tanta energía en tu sobriedad como la pones en la bebida. Tienes una enfermedad que se llama alcoholismo y la medicina es AA. Toma una "dosis" al menos una vez al día». Ahora Sheri asiste a las reuniones de AA sólo una vez al mes, pero sigue valorando el programa con ecuanimidad al afirmar: «Me he dado cuenta de que puedo enfrentarme a la muerte, al divorcio, a volverme a casar y a la enfermedad. Hoy soy capaz de aceptar la responsabilidad de los de-

151

más y de mí misma. Soy una persona capaz de encontrar empleo, adaptable y con capacidad para aprender, gracias al programa de AA y a mi Dios. Este programa me está enseñando a vivir la vida, a disfrutarla, a aceptar lo bueno y lo malo y a sentirme agradecida por ello».

■ Jordan L. (doce años), que se describe a sí mismo como agnóstico y gay, dice que cuando fue por primera vez a las reuniones de AA «sabía» que no le ayudarían. «Pero seguí yendo a montones de reuniones, hasta que en algunas de ellas empecé a sentirme cómodo porque había personas con las que me podía identificar. Varias de éstas eran reuniones de AA no tradicionales.» (También asistió a un reducido número de reuniones de SOS y RR y leyó algunos de sus libros, pero «principalmente observé que se centraban en ser antiAA, en lugar de hacerlo en la deshabituación del alcoholismo».) Todavía asiste a las reuniones de AA entre una y cuatro veces a la semana y se ha dado cuenta de que aunque muchas personas de AA son religiosas, el programa no lo es. Jordan admite que estuvo asistiendo a las reuniones de AA durante cinco años antes de sentir que el programa realmente le iba a funcionar, pero ahora considera que es un «diseño para vivir, una forma de vida, tal como dicen los libros de esa asociación».

CUANDO AA SE QUEDA CORTO...

Cuando pregunté a los mentores si algunas de las otras vías que habían probado les parecían ineficaces, muchos respondieron que AA no les había funcionado. Las dos razones principales, equitativamente divididas, estaban relacionadas con la dificultad de aceptar el concepto espiritual de un «poder superior» y el desagrado ante la obsesión de AA por el pasado y por la idea de que nunca llegas a rehabilitarte del todo. Unos cuantos mentores se opusieron a lo que ellos veían como rigidez y dogmatismo, y a muchos de ellos no les gustaba el énfasis que se ponía en la impotencia. También había un grupo de mentores que al principio tuvo éxito con AA, pero que dejó el programa porque se desilusionaron con respecto al mismo.

A continuación hay algunos comentarios sobre lo que algunos mentores ven como desventajas de AA:

■ «AA no funciona porque no tiene terapeutas profesionales, no se centra en las necesidades médicas o de salud y no atrae a las personas no religiosas, incluidos los ateos y agnósticos. Mezclar borrachos, mendigos, personas sin techo, delincuentes y acusados de delitos menores que asisten por orden judicial, prostitutas, ejecutivos bien vestidos y madres suburbanas que beben demasiado no tiene mucho sentido.» Ed Shaw, que prefiere utilizar su nombre real completo (diez años, se volvió un bebedor moderado sin AA, después de intentarlo con dicha asociación).

■ «Aunque concedo el mérito a AA de ser el único programa que muestra a los "alcohólicos" cómo vivir sin el alcohol y que me ha enseñado a evolucionar y a vivir la vida, creo que AA está tan orientado a los hombres que con frecuencia a las mujeres se nos deja fuera y no encontramos allí lo que necesitamos. Por otra parte, para mí, sentarme alrededor de la mesa de AA es mortal —me cuesta mucho escuchar las viejas (y nuevas) batallitas sobre la bebida, y creo que AA se centra demasiado en el pasado—.» Sunny B. (nueve años, se rehabilitó gracias a AA, pero dejó el programa).

■ «Aunque he asistido a casi todos los tipos de reuniones de AA, por la sencilla razón de que con frecuencia suponían una ayuda, creo firmemente que la mayoría necesitamos una mayor afirmación y sensación de poder de lo que ofrece AA.» Denise T. (catorce años, rehabilitada con AA, pero también asistió a otros grupos de ayuda e hizo terapia para la depresión). Posteriormente, en su etapa de sobriedad, Denise asistió a un grupo que empleaba dieciséis pasos para conseguir fuerza, y que estaba basado en el libro de Charlotte Kasl, *Many Roads, One Journey*, del cual observa: «Creo que esta filosofía que hace hincapié en los puntos fuertes me ayuda a reforzar esos aspectos, mientras que AA, al hacer hincapié en los defectos del carácter, hace que parezcan insuperables». No obstante, Denise todavía asiste a las reuniones de AA cuando siente que su actitud se vuelve negativa. «El contexto de la fraternidad y de comentar las posibles herramientas de las que disponemos me ayuda a volverme a centrar en la rehabilitación y en las soluciones en lugar de hacerlo en mis problemas.»

Women for Sobriety (WFS)

Cómo encontró Rosa L. su camino

«Bebía todos los días; *tenía* que beber y cuando empezaba no podía parar.» A los 23 años, Rosa L. se dio cuenta de que tenía un serio problema con el alcohol. También vio la relación que existía entre su abuso del mismo y algunos cambios importantes sufridos en su personalidad que la habían conducido a mantener tremendas peleas con su marido. Al final, una noche en la que todavía se encontraba bajo los efectos del alcohol le confió su problema a un amigo, y a través de un amigo de éste que se estaba rehabilitando pronto terminó asistiendo a su primera reunión de AA, «totalmente bebida». Al cabo de una semana aproximadamente, decidió asistir a un programa de deshabituación para mujeres como paciente externa, donde la informaron de la existencia de WFS. Empezó a asistir a algunas de sus reuniones.

Mientras Rosa se encontraba en la última fase de su tratamiento, recordó con dolor varias violaciones que había sufrido siendo adolescente y en su juventud mientras estaba ebria. «Fue entonces cuando realmente tuve que pedir ayuda a las personas: a mis seres queridos, a los amigos de las reuniones y a profesionales —médicos, terapeutas de un centro para el tratamiento de violaciones, psiquiatras—.» Siguió acudiendo a WFS y descubrió que «las mujeres que iban a las reuniones estaban allí para ayudarme, siempre, en cualquier momento».

También asistió a algunas reuniones de AA, pero de forma esporádica y duró sólo un año. Se prometió no volver nunca a esas reuniones después de que en una de ellas los hombres hablaran de su vida sexual (o de la falta de la misma), lo cual la ofendió. Nos cuenta: «Al estar inmersa en mi despertar a los abusos sexuales que había sufrido, me asusté, sentí rabia, tuve miedo y me sentí muy pequeña. Muchas mujeres se sienten incómodas en las reuniones de AA, pero no conocen otras opciones y continúan bebiendo en soledad durante años, hasta que puede que encuentren a WFS. A menudo nos dicen esto cuando llegan por primera vez». Rosa también tuvo problemas con lo que percibía como una presión religiosa en AA y «su insistencia en que todos hemos de tener un "poder superior"».

Rosa eligió WFS como su grupo de apoyo. «Reconozco la importancia del crecimiento espiritual y emocional, pero cada tipo de espiritualidad merece un respeto. No existe una regla que imponga que has de creer en un "poder superior". En WFS hallamos en primer lugar el poder en nuestro interior, antes de buscarlo fuera en otro lugar. Nos responsabilizamos de nuestra enfermedad, en lugar de admitir que no podemos hacer nada frente a ella. En el pasado solía disculparme con todas las personas, excusando mi conducta, incluso mi existencia. Necesitaba ir a un sitio donde pudiera afirmarme, donde al final aprendiera a decir: "¡Soy una mujer fuerte y pertenezco a este lugar!". Admitir que era impotente frente al alcohol, no era mi camino. Opté por darle la vuelta y asumir el control de mi enfermedad y de mi recuperación. Encontrar mi poder durante tanto tiempo perdido, con la ayuda de WFS, me facilitó mi continuo crecimiento emocional y espiritual. No puedo decir cuántas veces me he repetido mentalmente las palabras de WFS "Soy capaz y competente" en los últimos diez años.»

Rosa se dio cuenta de que uno de los aspectos más útiles de WFS fue su «énfasis en el presente sin olvidar el pasado». «He estado en muchas reuniones de AA, donde todas las personas hablaban cuando les tocaba su turno y contaban su horrible historia con la bebida desde el principio hasta el final, pero no explicaban cómo habían superado ese trance y esos recuerdos. Lo que realmente me ha ayudado en WFS es que se aceptaba sin ningún problema que yo o cualquier otra persona llorara al recordar su pasado. Sin embargo, siempre surgían ideas nuevas sobre cómo hacer frente a nuestro dolor en el presente, y yo salía con el sentimiento de estar preparada para enfrentarme de nuevo al mundo.»

Durante casi nueve años Rosa asistió a las mismas reuniones semanales de WFS con las que había empezado. (Ahora ya no va, pero todavía guarda una estrecha relación con muchas de las compañeras del grupo.) También ha estado muchos años bajo tratamiento psicológico y psiquiátrico por su depresión. A excepción de unas pocas semanas difíciles cuando terminó el tratamiento, Rosa hace diez años que no bebe, y al igual que la mayoría de los mentores, ha optado por ser totalmente abstemia.

Historia, antecedentes y visión general del programa

Women for Sobriety fue fundado a mediados de los años setenta por Jean Kirkpatrick, hija única de una adinerada familia de Pensilvania. Cuando era joven, su propia adicción al alcohol la condujo a AA, donde consiguió dejar de beber mientras trabajaba en su tesis doctoral en sociología en una universidad de la Ivy League.* Sin embargo, tres años más tarde sus inseguridades le arrebataron lo mejor de sí misma y volvió a la botella, iniciando una recaída que duraría casi una década. Al final regresó a AA, pero se dio cuenta de que la filosofía del grupo ya no le decía nada. De modo que empezó a reducir el consumo de alcohol sin

* La Ivy League la componen diez de las universidades más prestigiosas de Estados Unidos. (*N. de la t.*)

156

ayuda y descubrió que cambiando sus pensamientos cuando estaba sola o deprimida podía evitar beber durante breves períodos de tiempo, que gradualmente se fueron haciendo más largos. Según las publicaciones de WFS «consiguió permanecer sobria al darse cuenta de que era una mujer capaz de hacerlo y que todos sus problemas eran creación de su propia mente».

El método autorrecetado de Kirkpatrick demostró su validez, y en los años setenta, ya sobria, decidió llegar a otras mujeres. Cambiar su forma de pensar y de reaccionar frente a los problemas fue la clave de su plan de rehabilitación, que al principio denominó New Life Program [Programa para una nueva vida]. En 1976, el programa, que recibió el nuevo nombre de Women for Sobriety [Mujeres por la sobriedad], se convirtió en el centro de atención nacional a raíz de una historia de United Press International, plasmada en los periódicos de todo el país.

Kirkpatrick fundó WFS porque consideraba que las mujeres que tenían problemas con la bebida necesitaban distintos programas de rehabilitación que los hombres. A diferencia de los doce pasos de AA, que están pensados para infundir humildad y limitar el egocentrismo, WFS está diseñado para propiciar en sus miembros el sentido de autoestima. Según WFS las mujeres empiezan a abusar del alcohol para hacer frente al estrés, a la soledad, a la frustración, a la carencia emocional y a otros sentimientos. Por consiguiente, tal como indica la historia de Rosa, las mujeres miembros de WFS aprenden a controlar estos temas compartiéndolos con otras mujeres y animándose mutuamente; estas acciones desempeñan un papel fundamental para alcanzar la sobriedad. El programa hace hincapié en sustituir los pensamientos negativos y autodestructivos por otros positivos y de autoafirmación.

Además de ayudar a las mujeres a que dejen de beber, WFS intenta fomentar su confianza en que pueden mejorar sus vidas. Como tal, apoya la idea de que las personas han de confiar en sí mismas y resolver sus problemas con el poder de la voluntad y el análisis racional. Pero Rosa añade: «No niega el poder o la mara-

Las trece afirmaciones del New Life Program

1. Tengo un problema que pone en peligro mi vida y que una vez fue mi dueño.
2. Los pensamientos negativos sólo me destruyen a mí.
3. La felicidad es un hábito que voy a desarrollar.
4. Los problemas me preocupan sólo en el grado en que yo se lo permito.
5. Yo soy lo que pienso.
6. La vida puede ser insulsa o algo grande.
7. El amor puede cambiar el curso de mi mundo.
8. El objetivo fundamental de la vida es el crecimiento emocional y espiritual.
9. El pasado se ha ido para siempre.
10. Todo el amor que das vuelve.
11. El entusiasmo es mi ejercicio diario.
12. Soy una mujer competente y tengo mucho que ofrecerle a la vida.
13. Soy responsable de mí misma y de mis acciones.

villa de las emociones. En WFS no vivimos ancladas en nuestro pasado, aunque seguimos aprendiendo del mismo, para vivir mejor hoy y planificar lo que queremos para el futuro». WFS anima a sus miembros a que cuiden de su salud física a través de la dieta, la relajación, la meditación y el ejercicio físico, pero Rosa no ha sentido que exista ninguna presión respecto a poner en práctica estos temas.

El puntal de WFS es su New Life Program, que se basa en trece afirmaciones (véase arriba). Estas afirmaciones animan a sus miembros a que se responsabilicen de sus pensamientos y acciones. Aunque el crecimiento espiritual se incluye como una de sus metas, el programa no se centra en ello con la misma fuerza que AA. Rosa dice: «En WFS se aceptan y fomentan todas las creencias espirituales. Cuanto más tiempo llevaba sin beber, más consciente era de mi espiritualidad. La aceptación simultánea y la falta de presión por parte de WFS me han ayudado sin duda a crecer espiritual y emocionalmente».

De las otras reuniones, dice Rosa: «La mayoría de las semanas hablamos de alguna de las afirmaciones, pero si alguien tiene algún problema urgente, también podemos tratarlo. Si viene mucha gente nueva a un programa, empezamos de nuevo con lo básico, con la primera afirmación. A pesar de esta maravillosa flexibilidad, todas las reuniones se inician de la misma manera, con el lema de WFS: "Somos capaces y competentes, humanitarias y compasivas, siempre dispuestas a ayudar a otra, unidas en la empresa de superar nuestras adicciones". Durante casi nueve años, oí la misma introducción de nuestra moderadora y se leyeron las mismas afirmaciones en el círculo de mujeres. Era relajante, como música para mi espíritu».

WFS no utiliza el sistema de apadrinamiento; sin embargo, muchas de sus miembros se intercambian sus números de teléfono y se llaman entre las reuniones para ofrecerse su apoyo. Al igual que en AA, WFS ve el «alcoholismo» como una enfermedad psicológica y física. Sin embargo, WFS adopta la postura de que beber en exceso empieza como un medio para superar los temas emocionales y luego se convierte en una adicción. Como tal, la única forma de rehabilitarse es la abstención rigurosa. También, al igual que en AA, para pertenecer a WFS se requiere «el deseo de dejar de beber», así como un «sincero anhelo de empezar una nueva vida». Según WFS, «tu enfermedad del alcoholismo estará siempre en tu vida, pero no tienes por qué volver a padecerla». Cuando aceptas tu problema con la bebida, según WFS «ya estás empezando a controlarlo, al igual que tu vida».

Aunque WFS no está afiliada a AA de ningún modo, algunas mentoras pertenecen a ambas asociaciones. (Para más detalles sobre WFS, véanse las páginas 335-338.)

¿Es WFS adecuado para ti?

Para determinar si WFS es adecuado para ti, reflexiona sobre lo que sus miembros han dicho respecto a su programa. Según una encuesta realizada en el año 1992, entre aproximadamente seiscientos miembros de WFS, llevada a cabo por la investigadora Lee Ann Kaskutas y publicada en el *Journal of Substance Abuse Treatment*, la principal razón para asistir a las reuniones de WFS era que proporcionaban un ambiente acogedor y de apoyo. Otras respuestas comunes fueron las relacionadas con la importancia del papel de los modelos femeninos, el poder compartir temas de mujeres y la preferencia por un grupo exclusivamente femenino, así como los aspectos filosóficos de WFS que se centran en la autoestima, la autoconfianza y una visión positiva de la vida. A algunas mujeres les gustaba el formato menos estructurado de WFS y el hecho de que no se sentían obligadas a autodenominarse «alcohólicas». (Según la sede de WFS, actualmente se está realizando otra encuesta.)

Aproximadamente un tercio de las que respondieron a la encuesta de WFS hizo comentarios positivos sobre el ambiente de las reuniones, observando que proporcionaban un foro seguro donde se podía hablar de las cosas que preocupaban a las mujeres. Además, un programa sólo femenino puede resultar más cómodo para las mujeres que se acaban de rehabilitar, que se sienten vulnerables y a las que en esos momentos las proposiciones de los hombres no les apetecen lo más mínimo, lo cual es bastante fácil que suceda en grupos mixtos.

Las pruebas demuestran que, en comparación con los hombres, las mujeres que beben tienen más tendencia a sufrir depresión, una baja autoestima, problemas psíquicos relacionados con el alcohol, inestabilidad conyugal y familiar, una historia de abusos sexuales o físicos y un patrón de respuesta que les lleva a beber ante las crisis de la vida. También es posible que las mujeres se decanten más por la bebida cuando se sienten impotentes o inadecuadas. WFS parece ser un lugar apropiado para exponer todas estas preocupaciones.

Aunque no se han realizado muchas investigaciones sobre la eficacia de los métodos especializados para las mujeres, en un estudio se comparó a mujeres que participaban en un programa diseñado para centrarse en los problemas de las mujeres con otras incluidas en un programa tradicional mixto. El estudio reveló que las que estaban en el programa especial permanecían más tiempo en el tratamiento, era más probable que completaran el programa y se sentían mejor en el plano psicológico, social y físico que las que se encontraban en programas mixtos. (WFS tiene libros para poner en marcha un programa denominado Men for Sobriety, pero cuando escribí este volumen sólo había dos grupos masculinos en Canadá y ninguno en Estados Unidos.)

El aspecto negativo es que algunas personas encuentran determinadas afirmaciones de WFS, como «La felicidad es un hábito que voy a desarrollar», un poco simplistas y estereotipadas. Una mujer describió ciertas ideas de WFS como «poliánicas»,* lo cual también reconoció la propia fundadora, Jean Kirkpatrick. De la afirmación «El entusiasmo es mi ejercicio diario», Rosa dice con buen humor: «De algún modo esto se convirtió en una especie de chiste ritual, porque nadie quería leerlo, ya que todas odiábamos tener que sentirnos entusiastas. Para leer esa afirmación, a veces la cantábamos o la gritábamos, e incluso saltábamos para decirla de una forma muy entusiasta».

SMART Recovery (Self Management and Recovery Training)

Cómo encontró Rick N. su camino

Rick N. procede de una familia que él describe como «no más disfuncional que cualquier otra familia media norteamericana con-

---

* De Pollyanna, personaje de cuento infantil creado por la escritora norteamericana Eleanor Porter, que se caracterizaba por su excesivo optimismo. (*N. de la t.*)

vencional de los años cincuenta». Cuando se enfrentó a la confusión de la adolescencia, el alcohol le ofreció una salida. Descubrió que bajo los efectos de la bebida «todos los problemas desaparecían. Ya no era tímido y apocado, sino extravertido y ocurrente. A las pocas semanas estaba saliendo con una de las chicas que dirigían el grupo de animadoras de los encuentros deportivos. ¡Los compañeros empezaron a *preguntarme* dónde había fiesta cada fin de semana! Me sentía popular. Tenía una identidad. Volví a ser feliz. Erróneamente, atribuí todo eso al alcohol».

Rick concluye: «Los quince años siguientes fueron una fantasmagoría de drogas y alcohol; a los 29 estaba deprimido y al borde del suicidio. Tras varios intentos serios pero frustrados de beber con moderación, lo dejé sin ayuda». Cuando ya llevaba algunos meses sin beber, Rick acudió a un terapeuta, que le dijo que sin un tratamiento tradicional o la ayuda de AA estaba destinado al fracaso. De modo que accedió a asistir al programa de la organización Hazelden y después asistió a las reuniones de AA. «Lo que vino a continuación fueron seis años de una caída en picado repleta de recriminaciones morales, autocondena, vergüenza, expiación y sumisión a una autoridad externa en las reuniones de los doce pasos.» Rick se lamenta: «Para mí, las promesas de felicidad y serenidad nunca se materializaron».

En esas fechas Rick era terapeuta de un programa tradicional sobre abuso de sustancias. Pero «una increíble sensación de incongruencia crecía en mí. Ya no creía en lo que estaba haciendo». Volvió a leer *A Guide to Rational Living*, un libro sobre visiones cognitivo-conductistas para resolver problemas del conocido psicólogo Albert Ellis (véase el apartado de libros recomendados por los mentores, páginas 360-361).

Entonces Rick se volvió a deprimir debido a la ruptura de una relación sentimental y acabó siendo remitido por su jefe a un hospital psiquiátrico. «Insistían en que estaba deprimido porque no trabajaba correctamente los doce pasos y que debía aceptar ese "poder superior".» Contra todos los consejos, abandonó el hospital y al poco tiempo perdió su trabajo. Meses después, todavía acongojado por sentimientos de «culpabilidad y de no valer nada», Rick recordó el libro del doctor Ellis. «Sin trabajo y sin dinero, me las arreglé para encontrar su despacho en Nueva York y el doctor Ellis aceptó verme. En tan sólo dos sesiones de treinta minutos me ayudó a darme cuenta de que aunque fuera la patética ruina que me habían enseñado a ser, ¡todavía me tenía a mí mismo! Entonces me demostró de qué modo los principios cognitivo-conductistas me podían ayudar a desarrollar una filosofía eficaz para vivir. Reivindicado, valorado y lleno de fuerza, volví a tomar las riendas de mi vida.»

Ahora hace veintiún años que Rick dejó de beber, ha terminado recientemente su máster en trabajo social y es coordinador de tres grupos de Self Management and Recovery Training (SMART Recovery), donde se utilizan las ideas del doctor Ellis. Si mira hacia atrás, nos dice: «Durante la década que siguió a mi experiencia con el doctor Ellis, me preguntaba: "¿Por qué no existe un programa que utilice técnicas como las del doctor Ellis como base para la rehabilitación? ¿Por qué no pueden estar las personas motivadas y dispuestas a buscar sus propias soluciones de forma creativa en lugar de buscar las respuestas fuera de sí mismas?". Decirme que dejarlo por mi cuenta era imposible, que tenía una enfermedad que me restaba la fuerza y que el poder para dejarlo tenía que venir de fuera fue desastroso. SMART Recovery me hubiera facilitado las cosas al ayudarme a creer en mi competencia».

Aunque el programa de SMART Recovery todavía no existía cuando Rick dejó de beber, nos dice que los conceptos que utilizó eran totalmente afines a los que enseña SMART. «Una de las cosas que me enseñó el doctor Ellis fue a aceptarme a mí mismo sin condiciones, y que podía ser tan responsable de mis emociones como había aprendido a serlo con la decisión de no beber. Ésta es una de las metas principales de SMART Recovery, enseñar a las personas a controlar sus emociones y sus problemas de formas nuevas y diferentes, sin tener que recurrir al alcohol y a las drogas. He intentado estabilizar mis emociones de acuerdo con el principio que tiene

SMART Recovery sobre el equilibrio en el estilo de vida, preguntándome constantemente: "¿Qué es lo que quiero de verdad? ¿Cuáles son mis metas y valores? ¿Cuáles son mis prioridades?".» Al final concluye diciendo: «Nadie se mantiene sobrio a menos que la vida que uno se ha creado sea más gratificante y satisfactoria que la que se ha dejado atrás. Yo me considero rehabilitado porque no tengo interés en reinventar mis antiguas adicciones».

Historia, antecedentes y visión general del programa

SMART Recovery, un programa relativamente nuevo en este ámbito, fue lanzado por un grupo de profesionales que en un principio estaban afiliados a Rational Recovery (RR, véanse las páginas 168-169). Pero SMART Recovery se estableció como grupo independiente en 1994, cuando RR cambió de dirección. La piedra angular del programa SMART Recovery es la modificación cognitivo-conductista, que ayuda a sus miembros a reconocer las causas ambientales y emocionales que les impulsan a beber y a responder a las mismas de formas nuevas. Los asistentes a SMART Recovery aprenden que la situación no es necesariamente la que determina cómo se han de sentir y actuar, sino la forma en que ellos la interpretan. Aprenden a desafiar los pensamientos irracionales y destructivos —pensamientos que a menudo conducen a la bebida— y a sustituirlos por otros más racionales para seguir siendo abstemio. (Para más información sobre los criterios cognitivos, véase el capítulo 9.)

El mentor Murray K. (seis años) explica: «Algunos tipos de pensamientos son una voz del pasado que pueden conducirte a la bebida. En SMART Recovery aprendes a responder a dichos pensamientos con otros que los contradigan y desaprueben. Por ejemplo, puede que tu jefe te haya gritado en el trabajo, y cuando te diriges a casa y pasas por delante de una bodega, piensas: "He tenido un mal día, me merezco una copa". La conversación *apropiada* con uno mismo te dice cosas positivas, sensatas, y te conduce a respuestas más adecuadas que la bebida. De modo que, en este caso, tal vez te digas: "El hecho de haber tenido un mal día nada tiene que ver con el de merecerme una copa; eso no resolverá mis problemas en el trabajo". Cuando hayas pensado todo esto, ya habrás dejado atrás la bodega y la próxima vez que te encuentres en una situación similar serás más fuerte».

Un principio básico de SMART Recovery es que aunque la conducta adictiva pueda tener algunas causas biológicas, básicamente es un mal hábito, más que una enfermedad. El punto de vista del programa es que la bebida cumple una función: sirve para ayudar al mecanismo de enfrentarte a los problemas de la vida y a los contratiempos, aunque, por supuesto, eso sea contraproducente. Recordemos cómo Rick atribuía equivocadamente el alivio de sus inseguridades de adolescente al alcohol y cómo dicha atribución hizo que sus primeras experiencias con el alcohol fueran «tremendamente asertivas». *Aprendió* a enfrentarse a las cosas bebiendo: las ideas cognitivo-conductistas le enseñaron a romper con esa idea.

A diferencia de otros programas de rehabilitación, SMART Recovery no hace uso de ningún eslogan o paso en particular, pero sí utiliza el «4-Point Program» [Programa de 4 puntos], que enseña a los participantes a hacer lo siguiente:

—Fomentar y conservar su motivación de abstenerse, a través de actividades tales como hacer una evaluación (descrita en el capítulo 4). Rick N. afirma: «Sin darme cuenta, hice lo que SMART llama "análisis de calidad-precio" y decidí que los beneficios de la bebida y de la droga no compensaban los costes».

—Resistir el impulso de beber y rechazar el hecho de actuar según el mismo. «Una vez lo hube dejado —recuerda Rick— adquirí la confianza de que podría, tal como dice el doctor Ellis, "rechazar tozudamente" caer en la tentación. Esto coincide con la enseñanza de SMART Recovery de una técnica que se llama "Desarmar".»

—Controlar los pensamientos, sentimientos y conducta, básicamente para hacer frente a los problemas de la vida con sensatez, sin tener que recurrir al alcohol.

—Desarrollar un estilo de vida positivo, equilibrado y saludable. Rick explica: «Quería algo de la vida —como se dice en SMART Recovery, algo mucho más "significativo y duradero" que el placer momentáneo de beber—. De modo que la visión de lo que podía ser la vida si cambiaba mi conducta resultó mucho más motivadora que utilizar la de las dolorosas consecuencias».

SMART Recovery, al hacer hincapié en la confianza en uno mismo, en lugar de en la confianza en un «poder superior», no hace recomendaciones sobre creencias espirituales. El grupo no se opone a la creencia en un «poder superior» y se admite por igual a personas creyentes y no creyentes. Algunos miembros de SMART Recovery asisten también a las reuniones de AA, pero la inmensa mayoría no. El sistema de apadrinamiento no forma parte de SMART Recovery.

Tanto SMART Recovery como AA se basan en la abstinencia. No obstante, también se permite la asistencia a las personas que no se sienten seguras de poder mantenerla. Asimismo, aquellas personas cuya meta final sea la de beber con moderación también son bien acogidas en los grupos de SMART Recovery, porque muchas de las estrategias para promover la abstinencia también pueden ayudar a facilitar una moderación satisfactoria. Sin embargo, en las reuniones de SMART Recovery no se utilizan medios específicos para reducir el consumo de alcohol y llegar a beber con moderación. Las personas que quieren aprender estas estrategias probablemente serán mejor atendidas en un grupo de Moderation Management o de DrinkWise (véanse las páginas 345-348). No existen requisitos específicos para pertenecer a SMART Recovery —los grupos están abiertos a las personas que tengan cualquier tipo de adicción, así como a aquellas que quieren aprender las enseñanzas de SMART Recovery para vivir una vida más productiva.

Si te gustan las visiones racionales de la vida y sus problemas, es probable que te atraiga SMART Recovery. Sus principios básicos se basan en la investigación y en las estrategias psicológicas aceptadas que se utilizan para resolver problemas de conducta de toda clase. El presidente de SMART Recovery, Tom Horvath, que es psicólogo clínico afirma: «SMART Recovery es eficaz para las personas que asumen mucha responsabilidad en sus vidas, que sienten que controlan los acontecimientos en lugar de ser a la inversa».

Puesto que SMART Recovery anima a sus miembros a que piensen por sí mismos y a que observen su conducta, también es apto para todas aquellas personas a las que no les gustan los eslóganes y las respuestas basadas en darte la enhorabuena con una palmadita en la espalda. Su visión también puede atraer a personas no religiosas o a alguien que, aunque lo sea, no le interese el estilo de espiritualidad de AA. Al hacer hincapié en aprender a resolver problemas con mayor eficacia y «al aprender a sustituir las satisfacciones momentáneas por las duraderas», SMART Recovery ofrece una visión amplia a las personas que estén interesadas en desarrollar un estilo de vida más equilibrado y saludable.

SMART Recovery cuenta con un formato de reuniones más didáctico que otros grupos de ayuda, donde el coordinador adopta un papel más activo como facilitador. En SMART Recovery hay bastantes coordinadores de grupo que cuentan con una formación profesional. Si te gusta ser coordinador y te apetece trabajar en algo específico cada semana, SMART Recovery puede ser la solución. Su visión de la adicción es bastante intelectual; atrae a personas que quieren una visión realista de la rehabilitación.

SMART Recovery también resulta prometedor para aquellos que no quieren vivir en el pasado y que prefieren iniciar una nueva vida. Murray K. afirma: «Asistí a las reuniones durante un año, dirigí un grupo durante dos y decidí que ya había aportado suficiente. Una vez resuelto mi problema, ya no necesitaba asistir a las reunio-

Rational Recovery

«En Rational Recovery no se trata de asistir a reuniones y lamentarse de cuánto has bebido, de lo estúpido que has sido y de lo que te gustaría tomar una copa, sino de que puedas seguir adelante y dejes atrás el infierno de la bebida. La vida sin alcohol es lo que yo he elegido y es una opción natural. No hay nada natural en beber alcohol, ni siquiera en hablar de ello. Cuando finalicé los veintiocho días en RR, nada era difícil. Me comprometí conmigo mismo a no volver a beber durante el resto de mi vida y no lo voy a hacer. ¡Punto final! Esto es muy natural y fácil para mí.» Richard D.

The Small Book, de Jack Trimpey, presentaba las directrices y principios originales de Rational Recovery, que exponen dos amplios criterios para resolver los problemas con el alcohol: técnicas cognitivo-conductistas y una «habilidad para pensar» que Trimpey, un trabajador social, basándose en la experiencia de las personas que se habían rehabilitado solas, denomina Técnica del Reconocimiento de la Voz de la Adicción (TRVA).

Cuando RR y SMART Recovery se separaron, RR ya había organizado reuniones de autoayuda por todo el país. (De cada grupo dependía decidir qué afiliación deseaba mantener. Algunos mentores que en un principio se recuperaron utilizando RR se pasaron a SMART Recovery.) Uno de los factores que condujo a la separación entre RR y SMART Recovery fue la decisión de Trimpey de cambiar el enfoque de RR, alejándose de los enfoques cognitivo-conductistas y acercándose al TRVA. RR nos ofrece ahora una visión de autorrehabilitación que se puede aprender por medio de sus materiales y su página web (de los cuales se ha suprimido el enfoque cognitivo-conductista), en lugar de un programa con grupos de apoyo. Cuando recluté a los mentores, algunos grupos desperdigados todavía se consideraban de RR, pero Trimpey ya no respalda los grupos de apoyo y desanima a las personas que van en busca de grupos de RR. Tampoco existe la opción de seguir una estancia de veintiocho días para realizar el programa.

RR, dice Trimpey, es «una visión educativa para la abstinencia planificada y permanente; no debe confundirse ni ser visto como una alternativa a otras organizaciones con grupos de ayuda y métodos de tratamiento para las adicciones». TRVA implica reorganizar tus pensamientos y sentimientos que hacen que sigas bebiendo; luego los personificas como tu «Voz de la Adicción» o «ella». Trimpey plantea que estos pensamientos proceden de una parte primitiva del cerebro, el cerebro medio, que también se conoce como el «cerebro de la bestia». Trimpey teoriza diciendo que hay otra parte del cerebro que puede anular el ansia de alcohol (y otras drogas). Según RR, «para vencer tu adicción has de competir contra tu cerebro medio para controlar el lenguaje [...] "ella", la Voz de la Adicción, no es más que cualquier pensamiento, imagen o sentimiento que secunde alguna vez el consumo de alcohol».

El usuario de la TRVA aprende a reconocer, anular y controlar esa voz. Por ejemplo, cuando Maost R. tiene pensamientos que le tientan a beber, dice: «Sencillamente les digo que se marchen, que se callen o cualquier otra cosa, y lo hacen». Una parte crítica de la TRVA es hacer el «gran plan» de dejarlo para siempre. Aquí no hay cabida para la filosofía de hacerlo gradualmente; el mensaje es un compromiso de por vida con la abstinencia para cualquier persona que tenga problemas relacionados con la bebida.

La visión de RR puede ser útil para aquellas personas que no necesiten o quieran ayuda en su proceso de rehabilitación. Sin embargo, es importante tener presente que RR se opone a cualquier grupo de ayuda. Por ejemplo, su página web deja bien claro: «Rational Recovery es la antítesis y rival irreconciliable de Alcohólicos Anónimos. RR tiene *razón*; AA está *equivocado*». También aconseja: «Cualquier grupo de ayuda es una mala compañía».

Encontrarás más información sobre RR a través de su página web (<http://www.rational.org>; e-mail:rr@rational.org), leyendo el libro de Trimpey *Rational Recovery: The New Cure for Substance Addiction*, viendo sus vídeos y subscribiéndote a su periódico.

nes». Sin embargo, para las personas que sienten que necesitan hablar sobre su adicción o compensar lo que hicieron en el pasado, AA puede resultar más atractivo que SMART Recovery.

SMART Recovery anima a sus miembros a que no dependan del grupo y a que se marchen cuando hayan alcanzado una sobriedad confortable. Según el doctor Marc Kern, que coordina un grupo de SMART Recovery, «los conceptos del programa no son fáciles de dominar y sí bastante abstractos. Las personas suelen pensar que los van a asimilar enseguida y dejan SMART Recovery demasiado pronto. De hecho, dominar estas estrategias requiere tiempo». Si lo que estás buscando es un grupo de ayuda en el que veas las mismas caras durante años, entonces puede que quieras combinar SMART Recovery con otro programa.

Puesto que el programa es bastante nuevo, no es tan probable que encuentres modelos de rol que hayan dejado de beber hace mucho tiempo, aunque he oído hablar de algunos mentores que hace bastante que dejaron la bebida, como Rick N.

Secular Organizations for Sobriety, conocida también como SOS (Save Our Selves)

Cómo encontró Louise L. su camino

«Probablemente el primer día que tomé una copa a los 18 años ya empezó mi problema», recuerda Louise. «Cada vez que bebía me emborrachaba, nunca podía tomar una copa con mis amigos. No sabía cómo divertirme sin alcohol.» Sin embargo, podía ocupar puestos de responsabilidad que, según ella misma dice, le proporcionaban suficiente dinero como para alimentar su hábito. Tras un enfrentamiento con un compañero de trabajo que le sugirió que buscara ayuda psicológica, Louise fue a ver a un psiquiatra, que la trató para la depresión con «montones de fármacos psicotrópicos», que, según dice, no hacían más que *propiciar* que siguiera bebiendo.

170

Al final fue a ver a su médico de familia y habló con ella sinceramente respecto a la cantidad de alcohol que bebía. Consideraron la posibilidad de recurrir a AA, pero la doctora no creyó que Louise llegara a conectar con el grupo. No obstante, asistió periódicamente a un grupo de AA femenino durante unos tres años. «Parte de lo que decían —nos explica— no tenía ningún sentido para mí, con el "Gran Libro" siempre presente, pero AA sigue siendo el barco más grande que hay en el puerto, de modo que fue agradable tener la opción de asistir a reuniones exclusivamente para mujeres.»

Sin embargo, como «atea», Louise conectó realmente bien con SOS, que descubrió a través de un anuncio en un periódico tras intentar dejar de beber durante algunos meses. No sólo le gustó la secularidad del grupo, sino que recibió grandes beneficios de su principio fundamental: has de hacer que la sobriedad sea una prioridad en tu vida separada de todo lo demás, y que no dependas de nada. La psiquiatra a la que Louise acudió tenía razón al decirle que estaba deprimida, tanto antes como después de dejar la bebida. Pero antes de poder hacer frente a eso, tenía que separar la bebida de sus problemas personales. «La "prioridad de la sobriedad" a mí me funcionó —nos explica—, porque empecé a ver mis otros asuntos como lo que eran, *otros asuntos*. Diferenciar entre no beber y todo lo demás me liberó para conseguir mantenerme sobria, mientras el resto de las cosas pasaron a ser auxiliares o secundarias.»

Una vez Louise decidió que podía permanecer sobria *a pesar* de sus problemas, se sintió libre para hacer frente a su depresión, lo que implicaba resolver los asuntos del pasado. «Si no existe una compensación por estar sobrio, ¿para qué dejar de beber? Tenía que hallar una razón para dejarlo definitivamente.» De modo que además de seguir activa en SOS, Louise empezó a visitar a un nuevo terapeuta, que la guió a través del «peor tormento» de su vida. «Tenía que deshacerme de un montón de cosas, como recordar a mi padre bebido rompiéndole dos huesos a mi hermana mayor cuando yo era pequeña, o el recuerdo de la muerte de esa misma hermana, que se ahogó cuando yo estaba bebida. Si iba a dejar de beber, necesitaba que alguien me ayudara a superar el dolor que había estado intentando anestesiar durante todos esos años.» Además de ayudarla a superar su dolor, el terapeuta también le hizo ver que tenía una razón para vivir.

Ahora hace diez años que está sobria; durante los seis primeros años dedicó mucho tiempo libre a dirigir grupos de SOS. Gracias a su papel de líder, tuvo una fuerte motivación para no beber. Pero no hace mucho cambió de domicilio y ya no está tan involucrada, lo cual tampoco supone un problema para ella. «Ahora cuento con los medios para estar sobria —me dijo—. Tengo una imagen clara en mi mente de la última vez que tomé una copa —la culpabilidad y la vergüenza—. Beber ya no es una solución. No puedo pensar en una sola situación en la que beber no empeorara las cosas.»

Historia, antecedentes y visión general del programa

Louise L. se sintió atraída por las mismas cosas que condujeron a James Christopher, un antiguo bebedor problemático, a fundar la organización a mediados de 1980. Había probado con AA, pero no le gustaba la idea de entregar su vida a un «poder superior». Al descubrir que centrarse en la confianza en sí mismo y en la responsabilidad personal era mucho más eficaz para tratar su problema con el alcohol, Christopher abandonó AA a principios de su rehabilitación y consiguió dejar de beber sin ayuda. En 1985, cuando una revista nacional publicó un artículo sobre su visión de su propia rehabilitación, que se titulaba «Sobriety Without Superstition», Christopher recibió respuestas de todo el mundo. El interés despertado con relación a su artículo le llevó un año después a realizar la primera reunión de SOS en Hollywood Norte, California.

A diferencia de la mayoría de los otros grupos, SOS carece de un programa estructurado. Pero sí cuenta con «Directrices sugeridas para lograr la sobriedad» (véase la página siguiente). El núcleo de la visión de SOS es la «prioridad de la sobriedad». La idea es que cuando todavía eres adicto al alcohol, éste tiene prioridad en tu

Directrices sugeridas por SOS para la sobriedad

Para romper el ciclo de la negación y conseguir la sobriedad, primero reconocemos que somos alcohólicos o adictos.

Reafirmamos esta verdad diariamente y aceptamos sin reservas el hecho de que como personas puras y sobrias no podemos y no debemos hacer uso del alcohol, pase lo que pase.

Dado que beber o hacer uso del alcohol no es una solución para nosotros, damos los pasos necesarios para mantener siempre nuestra prioridad en la sobriedad.

La calidad de vida, «la buena vida», se puede conseguir. Sin embargo, la vida también está llena de incertidumbres. Por consiguiente, no bebemos o utilizamos el alcohol sean cuales fueren los sentimientos, circunstancias o conflictos.

Compartimos en confianza entre nosotros nuestros pensamientos y sentimientos como personas sobrias y puras.

La sobriedad es nuestra prioridad, y somos responsables de nuestras vidas y de nuestra sobriedad.

De *How to Stay Sober*, de Jim Christopher, 1988.

vida. Para cambiar, has de hacer que la prioridad sea *no beber*. (Para más detalles sobre esta idea, véase la página 113.) Hacer de la sobriedad una prioridad conlleva no beber a pesar de los altibajos de la vida. Louise dice: «Es fácil permanecer sobria cuando las cosas te van bien. Pero tras haber pasado un par de años terribles recientemente, debidos a mi divorcio y a mi demoledora soledad, ha sido muy importante para mí separar mis sentimientos de la bebida. La vida sigue y la sobriedad ha de seguir siendo prioritaria». Resumiendo, el mensaje de SOS es que *no bebas, pase lo que pase.*

SOS sugiere establecer un «ciclo de sobriedad» que consistirá en reconocer tu adicción al alcohol, aceptarla todos los días y cada día hacer el firme propósito de dar prioridad a no beber. Cómo lo hagas es cosa tuya; «SOS no puede hacer programas a medida —según

Christopher—, pero sí ofrecer una visión de autosuficiencia». SOS anima a sus miembros a utilizar las estrategias de los «pros cotidianos» o afirmaciones útiles que sus miembros inventan para reforzar su resolución de permanecer sobrios. Cada mañana, por ejemplo, Louise se recuerda que no hay ninguna situación que el alcohol no empeore. Otro de sus «pros diarios» es intentar observar la «pequeña felicidad» que encierra el día a día, por ejemplo, lo que disfruta con sus gatos, el amistoso saludo de un vecino, lo divertido que resulta conducir su «escarabajo» VW de los setenta, etc.

Mientras AA mantiene que la sobriedad sólo se puede alcanzar recurriendo a un «poder superior», SOS aboga por responsabilizarse del problema de la bebida y tratarlo como un problema por separado, que nada tiene que ver con las creencias religiosas o espirituales. Por consiguiente, el enfoque de SOS permite que ateos y religiosos trabajen juntos para alcanzar la sobriedad.

SOS reconoce que existen factores biológicos y aprendidos que pueden ser las causas de los problemas con el alcohol, pero deja que cada persona decida si el «alcoholismo» es una enfermedad. Según Christopher, las personas se pueden rehabilitar a través de SOS, pero no están curadas; la adicción al alcohol se considera permanente, pero la adicción se puede controlar. Como AA y muchos otros grupos de ayuda, SOS equipara la sobriedad con una abstinencia completa de alcohol.

Christopher observa que las recaídas suelen formar parte del proceso de rehabilitación y SOS se las toma muy en serio, ya que considera que ponen en peligro la vida. Las personas que tienen un desliz siguen siendo bienvenidas al grupo y se les ofrece ayuda extra. (Para más detalles sobre SOS, véanse las páginas 342-345.)

¿Es SOS adecuado para ti?

SOS es apto para los agnósticos, ateos y otras personas que no se sientan bien con la idea del «poder superior» de AA. Aunque algu-

> ### LifeRing Secular Recovery
>
> Cuando este libro entraba en imprenta, me enteré de que una serie de grupos de SOS y su editorial no oficial, LifeRing Press, habían cambiado sus nombres y que ahora se denominaban LifeRing Secular Recovery (LSR). LSR es el nombre adoptado en 1999 por los anteriores grupos de SOS en el norte de California, debido a un problema legal con otra organización del mismo nombre. Aunque actualmente su filosofía sea la misma que la de SOS, LSR se ha establecido como grupo independiente debido a diferencias de opinión sobre la estructura de la organización. Por consiguiente, algunos mentores que se rehabilitaron con SOS ahora están en LSR. La página web de LSR contiene información útil y específica sobre cómo localizar a los grupos de LSR y SOS en Estados Unidos, Canadá y otros países (véase la página 345 del apéndice).

nas personas religiosas se puedan sentir incómodas por el elevado número de no creyentes que atraen las reuniones de SOS, Jim Christopher ha descubierto que el programa ha sido bien recibido por aquellos que quieren «separar la Iglesia de la rehabilitación». (Aunque SOS se considera como «la alternativa probada al programa de los doce pasos», algunos mentores pertenecen a SOS y a AA.)

SOS es más adecuado para quienes prefieren trabajar por su cuenta; no lo es tanto para las personas que desean que se les diga lo que han de hacer y que necesitan un programa específico para mantener su sobriedad. De hecho, subraya Christopher, «SOS no sólo es un programa de grupo, sino también un programa individual. Muchas personas encuentran útiles los materiales que proporciona SOS para dejarlo por su cuenta». Y añade que a las personas que no les gustan los medios sugeridos por SOS se las anima a diseñar su propio método de rehabilitación.

Louise señala que «puede que SOS exija algo más de autodisciplina y de motivación; puesto que no se cuenta con un programa ni con tutores, realizar el trabajo dependerá de cada persona. El grupo la apoyará, pero no le dirá lo que tiene o no tiene que hacer».

Por último, SOS da la bienvenida a aquellas personas que intentan averiguar si realmente tienen un problema serio con la bebida; la insistencia de Christopher en la abstinencia hace que esta opción resulte menos atractiva que un programa como SMART Recovery, diseñado para aquellas personas que no están seguras de poderse comprometer con la abstinencia.

Tratamiento tradicional

Cómo encontró Elise C. su camino

Cuando Elise C. se encontraba en la cumbre de su problema con el alcohol, viajaba mucho por negocios y bebía en las habitaciones de los hoteles, en los aviones, en las comidas y por las noches, a cualquier hora. El momento decisivo llegó cuando su jefa la descubrió bebiendo en el trabajo durante un viaje de negocios. Al día siguiente, tras volar de regreso a casa en primera clase (eso significa con bebidas incluidas en el billete), se encontró con una amiga en el aeropuerto y vio la preocupación reflejada en sus ojos. Elise se quedó tan conmocionada que fue directamente a una cabina de teléfonos del aeropuerto, llamó al psiquiatra al que había estado visitando para tratar su problema de depresión y pidió hora para esa misma tarde. «Me dijo que ya había decidido no volver a visitarme porque no me veía dispuesta a enfrentarme a mi problema con el alcohol y que no íbamos a hacer ningún progreso si yo continuaba "anestesiándome para evitar el sufrimiento, en lugar de enfrentarme al mismo".» Elise se desmoronó y le suplicó que la ayudara.

Las opciones que le ofreció el psiquiatra fueron ir a AA, realizar un tratamiento de rehabilitación externo o bien internada en algún centro. Ella eligió el tratamiento internada en un centro. Al día siguiente, Elise fue a ver a su jefa. Ahora nos dice: «Tuve suerte, porque se mostró muy comprensiva y mi seguro médico cubrió todos los gastos». Al cabo de una semana, Elise había ingresado en un centro para someterse a un tratamiento de veintiocho días. (Esto sucedió hace aproximadamente once años, cuando ella tenía 31.)

Tras haber completado los formularios, la acompañaron a una habitación compartida en la sección de desintoxicación que se encuentra bajo control médico, y que era muy parecida a un hospital. «Registraron todas mis pertenencias y me quitaron una solución para enjuagues bucales, Tylenol, perfume, vitaminas, cualquier sustancia que pudiera tomar por mi cuenta. Me retiré cuanto antes a la sala de fumadores para esconderme detrás de mi *New York Times*, pero pronto descubrí que era una sala de recreo, no una biblioteca. Allí fue donde conocí a mi primer compañero, un veterano de la desintoxicación de la heroína que lo intentaba por novena vez. Me vi frente a frente con la cruda realidad de la adicción y lo primero que deseé fue salir corriendo.»

Elise estaba fuera de la sección de desintoxicación en cuarenta y ocho horas, con el insomnio como único problema. Después de eso, la trasladaron a una habitación con dos camas y mesas —«nada del otro mundo, pero menos parecido a un hospital»—, donde estuvo sola durante varios días. Para romper su aislamiento, al menos eso supone ella, el personal del hospital le insistió para que se trasladara a otra habitación donde tuviera una compañera; así lo hizo, y allí encontró a otra paciente con la que estaría hasta el final de su tratamiento.

Elise describe un día típico del siguiente modo: «Desayunábamos temprano, teníamos clases —modificación de la conducta, charlas que nos daban los médicos del hospital—, terapia de grupo con un terapeuta muy dedicado, la comida, actividades (paseos por el exterior, tiempo libre, clases por la tarde), luego cenábamos y teníamos una reunión de AA». Los fines de semana los pacientes podían salir del hospital durante unas horas.

De los demás pacientes nos cuenta: «Éramos una mezcla de alcohólicos y drogadictos, jóvenes y mayores. Muchos eran repetidores por sus recaídas. El compañero heroinómano que conocí en la unidad de desintoxicación se convirtió en mi mejor amigo; resultó ser un joven de veintipocos años increíblemente brillante, y que ahora es abogado. Varios pacientes estaban allí por mandato judicial y algunos de los más antiguos debido a la intervención de sus familias. La mayoría se sorprendía de que yo hubiera ingresado por voluntad propia».

En resumen, su experiencia del tratamiento, recuerda Elise, es la siguiente: «Pasábamos mucho tiempo hablando formal e informalmente sobre nuestra familia. También investigábamos las causas que nos inducían a beber y los terapeutas nos animaban a realizar cualquier cambio que fuera necesario antes de regresar a nuestras casas. Por ejemplo, mi familia fue a mi casa y tiró el poco alcohol que me quedaba, los vasos de vino, los sacacorchos. También me limpiaron los cristales para que pudiera ver la luz del sol, plantaron flores y me trajeron un naranjo. Estas acciones eran tanto simbólicas como prácticas y supusieron mucho para mí».

Elise atribuye el éxito de su tratamiento al programa diseñado para conseguir que cambiara y «fomentara mi determinación de no volver nunca a beber, de tener éxito y de seguir adelante. Fue una experiencia muy positiva e intensa, en gran parte debido a que conté con un gran terapeuta y a los compañeros, que me causaron un profundo impacto».

El centro contaba con un programa postratamiento, pero Elise nunca asistió al mismo. «Una vez sentí que estaba preparada, decidí seguir adelante. Fui algunas veces a las reuniones de AA durante casi seis meses e incluso tuve un tutor. Estaba decidida a no volver a recaer y nunca lo he hecho.»

Elise cuenta que creó su propio sistema de apoyo al hacer pública su rehabilitación del alcoholismo, contándoselo a sus amistades y compañeros de trabajo. Al principio se «colgó» del Antabuse (véase la página 128) cuando salió del centro, convencida de que era su «tabla de salvación». Unos dos meses después, cuando tuvo que dejar de tomar ese medicamento debido a sus efectos secundarios, estaba aterrada. «Conservé un frasco durante al menos un año, pensando que me tomaría una pastilla si me venía la tentación, pero nunca lo hice. Sencillamente fui mejorando.» En la actualidad «estoy felizmente casada, tengo un precioso niño, una carrera con éxito, una bonita casa y seguridad para el futuro. No quiero echarlo todo a perder por la bebida», concluye Elise.

Tratamiento interno frente al tratamiento externo

Según el National Institute on Alcohol Abuse and Alcoholism, «todos los días, en Estados Unidos más de 700.000 personas reciben tratamiento para superar el alcoholismo, ya sea interno o externo». Los programas para tratamientos internos, como el de Elise, se pueden realizar en hospitales privados, en centros subvencionados con fondos públicos, como los hospitales de la Veterans Administration, o en centros privados de lujo, como el Betty Ford Center y la fundación Hazelden.

Las compañías de seguros no están tan dispuestas a pagar por los tratamientos internos como hace una década, cuando Elise se acogió a esa opción. Para que hoy en día te lo cubran has de demostrar que es imprescindible médicamente, por ejemplo porque corres el riesgo de padecer serios síndromes de abstinencia, porque tienes un problema hepático o graves problemas psicológicos. En el pasado, los tratamientos internos solían durar veintiocho días, pero en la actualidad muchas compañías de seguros no cubren un tratamiento tan largo. En 1999, la duración media del tratamiento interno en Estados Unidos era de once a quince días, según el Estado y la compañía aseguradora, tal como indica A. Thomas McClellan, director del Treatment Research Institute de la Universidad de Pensilvania.

Actualmente, los programas de tratamiento *externos*, que han demostrado ser más económicos, son mucho más comunes que las estancias en centros: en Estados Unidos, más del 90 % de los tratamientos para superar las distintas adicciones son externos. Del mismo modo que los programas internos, los externos se pueden realizar en hospitales públicos y privados o en organizaciones privadas; ofrecen terapia de grupo, terapia individual o ambas cosas. En el programa externo, duermes en casa y visitas el centro para recibir cuidados. Este tratamiento de ir y venir no sólo es más económico, sino que puedes conservar tu trabajo o estudiar mientras participas en el mismo, lo que te permite superar los altibajos de la vida cotidiana mientras te adaptas a vivir sin alcohol. (Ahora una serie de programas ofrecen servicios para tratamiento interno y externo, lo que proporciona a los pacientes una transición cuando ha finalizado la fase de ingreso.)

Los programas externos más intensivos (a veces se denominan «tratamiento diurno») son los que empiezan con sesiones de medio día o días completos cinco o más veces a la semana. A medida que progresa la rehabilitación, las sesiones pueden ser más cortas, es decir, de una o dos horas un par de veces a la semana. Otros programas son de menos de diez horas a la semana repartidos en el transcurso de varios días; también se puede encontrar un programa de tarde. Algunos centros ofrecen citas personales con un terapeuta especializado en dependencias de sustancias químicas, al que se visita con regularidad. (Véase «¿Qué es un consejero especializado en dependencias químicas?» en las páginas 324-354 del apéndice.)

¿Qué sucede en el tratamiento?

Los centros para tratamientos externos e internos no tienen una programación muy diferente, según el doctor McClellan, cuyo instituto sin fines lucrativos investiga distintos métodos de tratamiento para la adicción y programas desarrollados en Estados Unidos. Hablando en términos generales, ambas formas de tratamiento implican principalmente terapia de grupo, pero también terapia individual para ayudar a crear una motivación, desarrollar habilidades para resistirse a consumir alcohol, encontrar nuevas actividades para sustituir la bebida, mejorar la capacidad para resolver problemas y facilitar las relaciones.

El tratamiento que se convirtió en clásico para la inmensa mayoría de los programas para tratamientos internos y externos de Estados Unidos se conoce como el modelo de Minesota. (Tuvo sus orígenes en los años cincuenta, en los estudios llevados a cabo en las instalaciones de Minesota, incluida la fundación Hazelden.) Como en el programa al que asistió Elise C., este modelo mezcla la visión de los doce pasos de AA con conceptos y prácticas profesionales. Basándose en la convicción de que el «alcoholismo» es una enfermedad, utiliza tanto a personas rehabilitadas como a profesionales, como médicos, asistentes sociales, psicólogos y enfermeras. (Como ya dijimos en el capítulo 2, más del 90 % de los centros de tratamiento de Estados Unidos se basan en los doce pasos; el 83 % organiza reuniones de los doce pasos *in situ*.)

En este modelo de tratamiento tradicional, después de que los pacientes hayan pasado por la desintoxicación, reciben formación sobre el «alcoholismo» y las adicciones, así como una mezcla de terapia individual y colectiva. Elise dice que las personas que estaban en su programa asistían a conferencias sobre los efectos de las drogas, el alcohol y la nicotina en el cuerpo impartidas por los especialistas del hospital. «Al principio estaba asqueada por tener que asistir a largas sesiones donde se incluían diferentes testimonios sobre la adicción a la heroína —nos comenta—, pero acabé viendo lo fácil que era pasar de una adicción a otra y albergar la falsa creencia de que de algún modo yo era mejor que la persona que estaba enganchada a la heroína.» De hecho, parte de la visión tradicional es la del «tratamiento en el medio», es decir, vivir con otras personas que han tenido experiencias y dificultades similares y que pueden ofrecer sus ideas y consejos sobre el proceso de rehabilitación.

Elise siguió terapia individual con alguien que ella cree que era un asistente social que también se había recuperado de un problema con las drogas o con el alcohol. «Mi terapeuta trabajó mucho para ayudarme a descargar mi ira respecto a mi infancia y para que me

181

diese cuenta de que no podía cambiar lo sucedido, pero que sí podía transformar la manera en que me estaba tratando a mí misma en el presente y cómo iba a hacerlo en el futuro. También trabajamos la expresión de los sentimientos que desde siempre me habían enseñado que eran incorrectos.» Hacia finales del tratamiento, a Elise se le pidió que hiciera terapia con algunas personas de su familia, una práctica común en muchos programas.

Otra actividad que puede continuar durante el tratamiento consiste en escribir una autobiografía o un diario de tu historial con el alcohol y sus consecuencias. Elise dice: «Teníamos que completar la historia de nuestra vida y compartirla con el grupo. Era difícil hacerlo y los terapeutas lo consideraban como un reto, una exposición, no un resumen». Otra actividad común en los programas de tratamiento es aprender diferentes estrategias para evitar la recaída (véase el capítulo 9).

Los programas que abogan por el enfrentamiento también han formado parte del tratamiento tradicional, pero ya no se utilizan. Elise dice que una vez a la semana su grupo tenía una sesión de desafío, en la que unos pocos pacientes se sentaban separados del resto y escuchaban las observaciones de los demás, sin tener la oportunidad de responder. Elise recuerda: «A mí me desafiaron por mi frialdad y pasotismo. Me reprendieron por llevar la alarma de mi reloj conectada y mi periódico *Wall Street Journal* a modo de escudo. Eso me hirió bastante. Algunas personas no dejaban de decirme que volvería a beber porque no aceptaba del todo el programa de los doce pasos».

Uno de los principales objetivos en el proceso del tratamiento tradicional es que los pacientes participen en las reuniones frecuentes de AA y que empiecen a «trabajar los pasos» a medida que avanzan en el programa. Los tratamientos internos y externos suelen tener un seguimiento, que puede consistir en pasar unas horas en un centro de rehabilitación, participar mensualmente en sesiones de AA (que sirven de inyección de ánimo para reforzar el compromiso con la sobriedad), y asistir a reuniones de graduados en los centros de tratamiento.

Elise dice: «Al principio me aferré al concepto de impotencia que propugna AA, pero con el tiempo he descubierto que no me acaba de encajar. Incide demasiado en la postura de la víctima y yo creo muchísimo en la responsabilidad de mis acciones. En mi programa, básicamente me decían que habías fracasado si te ibas a casa a emprender tu propio programa. Hasta la fecha, les he demostrado que estaban equivocados».

¿Es adecuado para ti el tratamiento tradicional?

«Debido a la intensidad de mi sufrimiento, necesitaba realizar un cambio espectacular en mi conducta», dice Elise. Si, como Elise, tú sientes la necesidad de realizar un primer intento intensivo para dejar de beber, puede que el tratamiento tradicional sea lo que necesitas. También puede resultar adecuado para personas que han probado y fracasado con otros métodos menos intensivos, como dejarlo por su cuenta o a través de grupos de ayuda mutua.

Sin duda tendrás que considerar si tu seguro médico te cubre el tratamiento para una rehabilitación por vías tradicionales. Si no es así, ¿te lo puedes permitir? Si tu seguro médico cubre los gastos, puede que te digan que tienes que someterte a un tratamiento designado por la compañía, así que será mejor que lo consultes con tiempo. También has de tener en cuenta si el tratamiento pasará a formar parte de tu historial médico permanentemente. Sería útil que descubrieras cómo puede revertir en tu contra esta información, por ejemplo en un caso de divorcio.

Sea cual fuere el caso, tal vez decidas (al igual que muchas celebridades) que quieres acabar con todo mediante un programa donde tengas que estar ingresado —ir a algún lugar donde te aparten de tu vida cotidiana y que alguien cuide de ti—. Los tratamientos que se realizan en lugares donde se requiere un ingreso son una buena opción para alguien que se encuentre en una situación familiar muy grave y extrema. No cabe duda de que si hay que hacerse cargo de

Tratamientos alternativos para los problemas con el alcohol

Desde los remedios dietéticos hasta la acupuntura, en los últimos años han aparecido algunos métodos novedosos para resolver los problemas con el alcohol. Sólo una minoría de mentores los han mencionado. Sólo doce personas, por ejemplo, han dicho algo relacionado con cambiar a una dieta alternativa especial o tomar suplementos alimenticios. (Para más información sobre nutrición durante la rehabilitación, véase el capítulo 12.) Una mujer dijo haber obtenido beneficios con la acupuntura, pero la relación terapéutica que tuvo con su acupuntora parece que fue más importante para su rehabilitación que cualquier tratamiento físico al que se sometió.

Le pregunté a William Miller, del Centro para el Alcoholismo, Abuso de Sustancias y Adicciones de la Universidad de Nuevo México, qué mostraban los estudios sobre los distintos métodos. El doctor Miller está al día respecto a los estudios científicos relacionados con el tratamiento y la rehabilitación de los problemas con la bebida.

Acupuntura. El jurado no opina. En 1998, el doctor Miller y sus colaboradores sólo hallaron dos estudios que sugerían que podía haber un efecto positivo, y uno que indicaba que no se detectaba ninguna mejora cuando se añadía la acupuntura a otros tratamientos.

Suplementos dietéticos (como las vitaminas). El doctor Miller no conoce ningún estudio científico que pruebe su beneficio. «Los suplementos alimenticios son conocidos por sus reivindicaciones sin fundamento. "Los índices tan altos de abstinencia" que se mencionan en los estudios incontrolados no son concluyentes.»

Remedios con plantas medicinales. Según el doctor Miller, no existen estudios científicos bien diseñados que permitan hablar de beneficios en este sentido.

Hipnosis. Según cuatro estudios, no parece que se produjera ninguna mejora y sólo uno informó de un efecto positivo; según parece, la influencia de la hipnosis es muy limitada, si es que llega a tener algún efecto en el tratamiento de los problemas con el alcohol.

Cuando le pregunté al doctor Miller si le parecería correcto concluir diciendo que no hay ningún peligro en probar ninguno de estos métodos —junto con otras formas de tratamiento reconocidas—, respondió: «Es como preguntar si hay algún perjuicio en probar una legión de remedios insustanciales para el cáncer. Generalmente cuestan dinero y se corre el riesgo de caer bajo el influjo de la charlatanería. El tiempo, el esfuerzo y los recursos dedicados a los métodos no refrendados pueden hacer que se difumine el compromiso con los métodos que verdaderamente están probados».

los asuntos familiares, el tratamiento tradicional es más adecuado que un grupo de ayuda. Por ejemplo, un programa de rehabilitación puede incluir a miembros de tu familia de una forma estructurada y protegerte de una conducta exigente o vengativa por parte de tus allegados.

Otra ventaja del tratamiento tradicional es que puedes estar seguro de contar con una supervisión profesional; por ejemplo, tal vez te sientas más cómodo en un entorno de grupo si sabes que hay un profesional en la sala. Quizá seas de ese tipo de personas que, al menos al principio, prefieren la responsabilidad impuesta por un tratamiento clásico, como saber que has de ver a un terapeuta regularmente y hacer los deberes de la semana o las tareas que te asignan. Es fácil que cualquier persona que padezca trastornos médicos o problemas psicológicos graves como depresión o ansiedad se beneficie de la presencia de profesionales en los programas.

Aunque la mayoría de tratamientos en Estados Unidos se basa en los doce pasos, el estudio del National Treatment Center indica que los programas más nuevos no tienden a parecerse tanto como los antiguos. Por pura curiosidad me puse en contacto con el portavoz de un centro médico afiliado a una gran universidad que contaba con distintos programas de rehabilitación; éste me dijo que trabajar basándose en los doce pasos era lo habitual en el pasado, pero que los programas actuales dedicaban una mayor parte de su tiempo a otras ideas, como la terapia de apoyo y la cognitivo-conductista. Sin embargo, estos programas continúan «recomendando con fuerza AA», incluyen conferencias sobre los doce pasos y visitas de los miembros de esta asociación y aconsejan asistir a sus reuniones. Ahora también ofrecen información sobre otros grupos, como WFS, y están dispuestos a trabajar con personas que no quieren ir a AA, pero sólo si se lo piden. En resumen, si no te seduce el método de los doce pasos, puede que te lleve algún tiempo hallar otro tipo de programa diferente. (Veáse «En busca de un programa de rehabilitación» en las páginas 349-352.)

El enfoque progresivo

No es necesario que elijas para ti alguno de los anteriores métodos. También puedes probar una estrategia progresiva —conocida en el mundo médico como el enfoque del «tratamiento progresivo»— para hacer frente a un problema de alcoholismo. Con este método empiezas con opciones menos intensivas y vas trabajando gradualmente para llegar a métodos más rigurosos si los remedios menos agresivos no funcionan. (Es como tratar la hipertensión sólo con dieta y ejercicio y luego ir tomando paulatinamente medicaciones cada vez más fuertes si la dieta y el ejercicio no son eficaces.)

Algunos mentores, como Jessica C., de 62 años, utilizaron esta estrategia sin saberlo. Jessica se dio cuenta por primera vez de que tenía un problema con la bebida aproximadamente a los 35 años.

En el transcurso de los diez años siguientes probó varios métodos, desde intentar controlar su problema sin ayuda hasta terminar sometiéndose a un tratamiento de rehabilitación. Tras beber menos por sí misma, acudió a un psicólogo, que le recomendó que dejara de beber. Esto la llevó a tres años de abstinencia, seguidos de cuatro años en los que bebió de un modo razonablemente controlado. Sin embargo, con el tiempo Jessica volvió a beber hasta hacerlo como una «alcohólica» y arruinó su vida. Llegado a ese punto, dice: «Me di cuenta de que el mero hecho de no beber o de beber menos no funcionaba para mí, porque había puesto en ello todo lo que tenía. De modo que fui a otro terapeuta, y a pesar de su ayuda y mi asistencia a varios grupos de deshabituación, al final me cansé y le pedí someterme a un tratamiento». Tras asistir a un programa de rehabilitación tradicional basado en los doce pasos, siguió recibiendo ayuda de AA y de Women for Sobriety. Básicamente, Jessica hizo frente a su problema con el alcohol utilizando un enfoque progresivo; ahora hace quince años que no bebe.

Por el contrario, como *primera medida de acción* para combatir los problemas con el alcohol, a la mayoría de los mentores se les ha aconsejado u obligado a hacer más o menos lo opuesto a lo que hizo Jessica: recurrir directamente a un tratamiento clásico y luego asistir con regularidad y a largo plazo a AA. Para algunos mentores, este enfoque agresivo ha funcionado. Para otros, ha sido al revés. Y para otros, puede que haya resultado innecesario.

Veamos el caso de Janet C., que como mucho bebía entre tres y cinco copas cada noche. Aunque ya había decidido dejar de beber antes de que su terapeuta se lo dijese, éste le recomendó que ella y su esposo asistieran a un programa de rehabilitación externo de un mes de duración. En el programa le sugirieron que asistiera también a las reuniones de AA tres veces a la semana durante un año, lo cual hizo religiosamente. Después de eso, dejó de ir a AA y no ha vuelto a estar en contacto con ningún grupo de ayuda; aun así, lleva más de una década sin beber. Ahora surgen las preguntas de si tiene sentido incitar o coaccionar a los bebedores problemáticos a emplear métodos rigurosos en primer lugar, cuando una estrategia menos agresiva y costosa también serviría.

Para un problema grave con la bebida, un programa de rehabilitación clásico podría ser la primera propuesta. (Aunque no siempre es necesario, tal como demuestran los mentores.) Pero debido a que la mayoría de los problemas con el alcohol no son graves, utilizar un enfoque progresivo —tal vez comenzar por intentar resolver el problema por nuestra cuenta, con la ayuda de un libro o con la intervención breve de un profesional— quizá sería lo más adecuado. Si este enfoque no resulta positivo, el paso siguiente podría ser la terapia y un grupo de ayuda, y luego posiblemente recurrir a un tratamiento clásico, si es necesario. (En realidad, muchos mentores han intentado moderar su consumo de alcohol como primera opción; pero dada su controversia y complejidad, esta alternativa necesita un capítulo aparte [véase el capítulo 8].)

Sin embargo, si decides dejar de beber, ya sea mediante un tratamiento clásico, grupos de ayuda, terapia psicológica o haciéndolo por tu cuenta, el mensaje de los mentores es que has de hacerlo a tu manera.

7

Tú puedes ayudar

Los consejos de los mentores a la familia y las amistades

¿Pueden la familia y los amigos ayudar a un ser querido que tenga un problema con el alcohol? ¿Qué tienen que decir los mentores al respecto? Contrariamente a la idea predominante de que hay poco o nada que puedan hacer los demás para cambiar la conducta de un bebedor empedernido, sus respuestas —junto con las investigaciones— sugieren que *sí* hay cosas que la familia y los amigos pueden hacer para ayudar. Las experiencias de los mentores proporcionan ideas y estrategias que vale la pena probar (siempre que sea posible, bajo una guía profesional) con un bebedor problemático que no está dispuesto a dejar de beber o que ya ha probado varias veces los métodos tradicionales y ha vuelto a recaer.

La historia de Elena G.

Elena G. procede de una familia con problemas con el alcohol; cuando tenía 8 años, su padre murió en un accidente de tráfico por conducir borracho, y recientemente su madre ha muerto por problemas de salud relacionados con el alcohol. Ésta es la razón por la que Elena juró que no bebería nunca, un voto que cumplió durante la adolescencia, pero que rompió cuando, ya cumplidos los 20 años, empezó a salir con el que se convertiría en su marido, Brett. En una de sus primeras citas Elena le dijo a Brett que no le gustaba el sabor del alcohol, de modo que él le pidió un *gin fizz* suave. Al cabo de unos meses ella pedía dos bebidas por cada una que él se tomaba.

Brett me dijo: «El problema de alcoholismo de Elena fue evidente durante el primer año de nuestro matrimonio. Pero no lo vi como algo grave, porque hacía poco que había empezado a beber». A los siete años de casados él empezó a darse cuenta del alcance del problema de su esposa cuando se quedó embarazada de su hijo y seguía bebiendo en exceso cuando podía. «Recuerdo que una vez se emborrachó y vomitó sangre. Entonces me di cuenta realmente de que tenía un problema con el alcohol. Pensé: "Si haces esto estando embarazada...".»

El final feliz de la historia es que tras años de esconder botellas de licor en lugares secretos, de tomarse casi un litro diario de licor fuerte y de experimentar lapsus regularmente, de continuas peleas conyugales por la bebida y de noches de borracheras que a veces la dejaban inconsciente sobre sus propios orines y vómitos, Elena dejó de beber y lleva doce años sin hacerlo. Ella y Brett todavía están juntos, y su hijo Glen se ha convertido en un encantador joven que está intentando graduarse. Hablé con toda la familia para que me contaran qué era lo que creían que la había ayudado, lo que no había servido de nada y lo que podía haber sido útil para que Elena pusiera fin a su problema con la bebida.

«Mi padre me convirtió en un guardián del alcohol»

Según los tres, lo que no funcionaba eran las reprimendas, las humillaciones e intentar controlarla. Brett dice: «Intentaba esconder las botellas, quitárselas. Pero a ella no le gusta que nadie la controle. También probé avergonzándola. Eso tampoco funcionó. Lo hacía todo mal». Al final, nos cuenta: «Aprendí que no hay forma de que puedas impedir que alguien beba». Asimismo, Glen dice: «Escondía el licor de mi madre y se lo tiraba por el fregadero. Mi padre me convirtió en un guardián del licor, porque se suponía que tenía que vigilarla. Eso era muy estresante para un niño pequeño».

La adicción de Elena estaba haciendo daño a su hijo. Él dice: «Nadie sabía lo de su problema con el alcohol; nuestros conocidos se quedaron atónitos cuando al final se enteraron. De niño me resultaba muy difícil y bochornoso tener que guardar ese secreto». El mayor temor de Glen era que sus padres se divorciaran. «Se peleaban muchísimo; como hijo único, creía que mi labor era salvar a la familia y cuidarme de todo. La vida era imprevisible. Una vez, tras un partido de fútbol, nadie vino a buscarme. Mi madre estaba en un bar, bebiendo con un amigo. Me dejó con el temor de ser abandonado.»

Glen está de acuerdo con su padre en que intentar controlar la bebida y regañarla no servían de nada; además añade: «No creo que nada hubiera podido ayudarla hasta que ella estuviera preparada». Elena había intentado dejarlo varias veces, pero sus esfuerzos duraban sólo unos pocos días, hasta que al final lo consiguió. Sobre esos intentos, ella nos dice: «El pensamiento de no volver a beber me *aterrorizaba*». Empezaba a beber al caer la tarde y seguía hasta las «primeras horas de la madrugada». Durante el día, se tragaba batidos de leche, comida rápida y cualquier cosa que la ayudara a pasar sus resacas, lo cual también desembocó en un exceso de peso.

En relación con los esfuerzos de su esposo y de su hijo para que dejara el alcohol, Elena comenta: «La mayoría de las veces sólo conseguían que me enfadara. Las reprimendas, peleas, amenazas y recordatorios a la mañana siguiente de todas las cosas horribles que había hecho la noche anterior no hacían más que fomentar mis ganas de seguir bebiendo. Al final —recuerda—, Brett se dio cuenta de que no conseguiría detenerme, de modo que intentó ser más comprensivo. Él me preparaba las bebidas, intentando que fueran más flojas. Lo que no sabía es que yo me escabullía a mis lugares secretos para beber más a escondidas».

«Querida mamá, te quiero mucho. Tengo miedo de que acabes matándote»

Al final, el amor de Elena y su preocupación por su hijo —y a la vez su amor y preocupación por sí misma— ganaron la partida. Normalmente, Glen la protegía, ocultaba su problema, no llevaba amigos a casa y lo limpiaba todo después de sus accidentes. Pero cuando tenía casi nueve años, empezó a faltarle al respeto. Por ejemplo, si Elena se prestaba a ayudarle con sus deberes, él le respondía algo como: «Papá me ayudará, no necesito la ayuda de una borracha». Sus sentimientos no llegaron a herir realmente a Elena hasta que una tarde ella se presentó en uno de sus partidos de la Little League* —lo cual rara vez hacía, porque «interrumpía su horario de bebida»—, evidentemente bajo los efectos del alcohol. Tras el partido, Glen se dirigió a su madre y en voz baja y furioso le dijo: «Mamá, no vuelvas a presentarte a uno de mis partidos». Sus palabras la incitaron a irse a casa y beber más, pero fue el comienzo del final de su relación con el alcohol.

La gota que colmó el vaso cayó varios meses después, cuando después de desmayarse tras una noche de borrachera, Elena se despertó a las cuatro de la madrugada con una nota que su hijo le había introducido en el interior de su camiseta. La nota decía: «Querida mamá, te quiero mucho. Deseo que dejes de beber porque tengo miedo de que acabes matándote». Tal como nos explica Elena, «todos los demás intentos para que dejara de beber, especialmente los de su marido, tenían un tono de enfado y arrogancia», pero esta nota le llegó al corazón. Estaba harta de su adicción a la bebida, «harta de estar enferma». Su mayor motivación fue su deseo de dejar de herir a su hijo: «Me sentí desolada al ver su tristeza».

---

* La liga de béisbol infantil patrocinada por entidades comerciales. (*N. de la t.*)

«No quería defraudarles»

Cuando su esposo y su hijo se despertaron a la mañana siguiente, dudaban del voto de dejar de beber y de buscar ayuda que Elena había hecho entre sollozos. Glen recuerda: «Me sentí culpable, pero escéptico a la vez. No sabía cuánto tiempo iba a durar y estuve esperando a que volviera a recaer, pero no fue así».

Esa misma noche Elena fue a una reunión de AA. De su experiencia inicial nos cuenta: «Quería marcharme de allí porque yo no era tan detestable como ellos». No volvió en casi una semana debido a lo que ella describe como una especie de estado febril, que ahora reconoce que fue un síndrome de abstinencia (y para el cual debería haber buscado ayuda médica). «Cuando lo hube superado, mi familia estaba exultante de que llevara tres o cuatro días sin beber.» Al volver a AA todavía se sentía incómoda, hasta que una mujer a la que no volvió a ver le apretó suavemente el brazo y le susurró: «Sé que esto ahora no tiene sentido, pero quédate, ya lo tendrá». Sintió la compasión de aquella mujer y siguió asistiendo a las reuniones con cierta frecuencia durante varios meses. Antes de finalizar el primer año, dejó de ir a las reuniones porque «ya lo había superado» y «las historias de miseria y cerveza» la deprimían. Elena no ha vuelto a beber desde entonces.

Al reflexionar sobre el pasado, Elena nos cuenta: «Si hace veinte años me hubieras preguntado por qué bebía, te hubiera dicho: "No lo sé, tengo una bonita casa, un marido estupendo y un hijo maravilloso"». Sin embargo, ahora siente que desde que era pequeña había tenido un «agujero negro» en su interior. «Crecí en unas viviendas de protección oficial en las que vivía con mi madre alcohólica gracias a ayudas sociales; nunca terminé mis estudios en el instituto. Me sentía una perdedora.» Puesto que estos sentimientos seguían presentes cuando dejó de beber, Elena nos cuenta que los dos primeros años fueron especialmente difíciles. «Muchas veces me enfadaba conmigo misma por haberles dicho a mi marido y a mi hijo que había dejado de beber. Deseaba reincidir y beber estaba siem-

193

pre en mi mente, pero no quería defraudarles. Eso me ayudó a mantenerme sobria.»

«En mi interior había una mujer hermosa»

Otro factor que ayudó a Elena fue que su marido también dejara de beber, lo cual hizo durante sus primeros años de sobriedad. «Él fue muy comprensivo y se convirtió en un gran apoyo. Empezó a decirme que estaba guapa, aunque pesaba más de 118 kilos. Y mi hijo no dejaba de decirme lo orgulloso que se sentía de mí.»

Aun así, para Elena el hecho de no beber suponía una lucha con uñas y dientes hasta que inesperadamente encontró otro motivo para permanecer sobria. A los dos años de haber dejado de beber, había perdido más de 13 kilos y un día una mujer la paró en una tienda para decirle lo guapa que era y la invitó a presentarse a un *casting* de modelos que tenía lugar esa tarde. Elena decidió probar y fue elegida entre trescientas mujeres para ser una del reducido grupo de finalistas para futuras modelos. Esto la lanzó a su actual carrera llena de éxitos como modelo «madura» de talla grande y adelgazó otros 18 kilos. «Nunca me había maquillado ni había cuidado mi aspecto. Mi vanidad recién descubierta me dio una nueva motivación para no beber. Había una preciosa mujer en mi interior que hacía años que se estaba muriendo.»

Actualmente, la familia de Elena no se arrepiente en absoluto de haber permanecido junto a ella en todo momento. Brett dice: «Estoy muy orgulloso de ella. Soy muy feliz de haberme casado con Elena y de no haberla abandonado». Ella hizo público su pasado cuando un periódico local le propuso explicar la historia de su carrera como modelo, donde salió a relucir la etapa de sus días de adicta al alcohol. Desde entonces ha compartido su historia en numerosos artículos periodísticos y en programas de la televisión nacional.

Ahora Elena se dedica a dar conferencias motivadoras, compartiendo su historia con la bebida con audiencias que van desde jóvenes hasta presidiarias. «He leído que millones de mujeres beben a escondidas en sus casas —dice—. Hay muchas personas que necesitan oír que nunca es demasiado tarde para remediarlo. ¡Quién mejor que yo para hacer saber a otras mujeres que la vida sigue no sólo después de la botella, sino tras haber cumplido los 50, tener el pelo gris, haber dejado de fumar dos paquetes de cigarrillos al día y pesar más de 90 kilos!»

Conceptos erróneos respecto a ayudar a un bebedor problemático

Las estadísticas indican que por cada bebedor problemático hay cinco personas que sufren. Muchas de estas «otras personas» —como Brett y Glen— se sienten impotentes. La idea de que no hay mucho que puedas hacer para cambiar a un ser querido que tiene un problema con la bebida es en parte fomentada por Al-Anon, un programa de apoyo muy conocido que abraza la idea de que las personas que están afectadas por un bebedor problemático no pueden cambiar ni controlar a nadie salvo a sí mismas. El grupo transmite en sus publicaciones la idea de que la única forma de motivar al bebedor problemático es permitir que la adicción al alcohol (y sus consecuencias) se vuelvan «tan dolorosas que el alcohólico intente escapar del intolerable dolor provocado por la bebida».

Para asegurarme, quise que bastantes mentores respondieran a mi pregunta sobre cómo los demás pueden ayudar con comentarios que den a entender su impotencia. Ralph C. afirma: «A menos que una persona realmente quiera dejarlo por sí misma, nada de lo que un amigo o familiar pueda decirle tendrá efecto alguno». Aunque es cierto que los adictos al alcohol han de tomar la decisión de dejarlo por sí mismos, eso no significa que los demás no puedan hacer nada para acelerar el proceso.

De hecho, la mayoría de las respuestas de los mentores a esta pregunta indica que puedes probar muchas cosas, que te pueden facilitar enfrentarte a la situación y vivir más tranquilo. Los estudios también sugieren que los miembros de la familia pueden desempeñar un papel muy importante en hacer que los seres queridos desmotivados busquen ayuda.

La ayuda no ha de proceder necesariamente de quienes ya han pasado por ello

Cinco de las diez respuestas más frecuentes de los mentores a la pregunta «Cuando conseguiste tener éxito en controlar tu problema con la bebida, ¿qué métodos empleaste?», tenían relación con la importancia del apoyo. *Pero en lugar de estar de acuerdo con la idea popular de que la ayuda tiene que venir de otros que están «en proceso de deshabituación» los mentores indican que puede venir de distintas vías*, desde amigos y familiares hasta de un terapeuta u otras personas que no beben.

No es de extrañar que quienes dejaron de beber con la ayuda tradicional tendieran a enfatizar la importancia del apoyo de los grupos de ayuda y de otras personas rehabilitadas, al contrario de los solitarios que lo consiguieron sin la ayuda clásica. Los comentarios sobre la importancia de tener una relación con otra persona que se ha rehabilitado procedían más de los mentores que alcanzaron la sobriedad a través de los programas de los doce pasos que de las personas que lo consiguieron por medios no tradicionales; una vez más, ello no tiene nada de particular, dada la importancia que otorga AA al apadrinamiento. Los solitarios solían hacer más hincapié en que el apoyo de la familia y de los amigos fue importante para su rehabilitación que los que lo consiguieron a través de AA.

196

Qué tienen que decir los mentores a su familia y amigos

En general, los mentores han repetido la importancia de otorgar la responsabilidad de hacer frente al problema de la bebida a la persona en cuestión, a la vez que se la sigue amando. Su consejo sugiere que lo que puede funcionar dependerá de cada persona. Por eso, ofrecen muchas estrategias diferentes y, a veces, incluso conflictivas. Hacer lo «correcto» depende de la gravedad del problema con el alcohol y de lo cerca que se esté de esa persona. Por ejemplo, lo que le funciona a alguien que es muy activo en la vida cotidiana y que sabe que el alcohol le está causando problemas, puede que no sea la solución adecuada para alguien que niega su adicción.

Lo que los mentores dicen en este contexto, no es necesariamente lo que a ellos les funcionó cuando todavía bebían; sus comentarios reflejan en gran medida sus opiniones actuales respecto al pasado. Algunos de ellos aportan ideas sobre métodos que entonces *podían* haberles ayudado. Sus consejos también pueden reflejar algunas de sus experiencias más recientes, al trabajar con bebedores que todavía están luchando contra ese problema.

No cabe duda de que nadie espera que te conviertas en un experto, y se aconseja conseguir ayuda profesional (véanse las páginas 324-329). Pero lo peor que puedes hacer es no hacer nada. Cuando a la esposa de Herbert Z. se le preguntó qué es lo que no servía para nada respondió: «La inercia. No hacer nada no ayudará, ni hará que el problema desaparezca». Tal como el experto en temas de alcoholismo, el doctor Marc Schuckit dice en *Educating Yourself About Alcohol and Drugs*, la meta no es «rescatar» a un ser querido que tiene un problema con la bebida. «Si realmente te importa —escribe— tu deber es hacer todo lo posible para optimizar las oportunidades de que busque ayuda y deje de consumir esa sustancia.»

A continuación tenemos las sugerencias más comunes extraídas de las respuestas de los mentores a mi petición de «enumerar las tres cosas que ellos creían que los familiares y amigos pueden hacer para ayudar a un ser querido que todavía está luchando y que aún no está preparado para hacer frente a un problema serio con la bebida»:

Sugerencia 1: no se lo pongas fácil

La respuesta más común de los mentores sobre ayudar a un ser querido estaba relacionada con acabar con las «facilidades» y aguantar la carga de la conducta de un bebedor y sus consecuencias. Betty B. expresa la esencia de estas respuestas: «No des la cara por ellos. Deja que sean responsables de sus acciones». Esto es lo que dice Herb N.: «Acepta tu responsabilidad, si es que tienes alguna, de facilitarle las cosas y luego transfiérele el cien por cien de la misma al alcohólico cuando hayas hablado con él o ella del tema. De este modo no podrá utilizarte como excusa».

«Facilitar» las cosas incluye proteger al bebedor problemático de las consecuencias negativas de su adicción. Al fin y al cabo, si alguien inventa excusas por ti cuando faltas a una cita por haber bebido demasiado, te vuelve a calentar la cena porque no has llegado a tiempo por haberte detenido en un bar cuando regresabas a casa, está siempre dispuesto a hacer el amor contigo aunque estés borracho o te presta dinero cada vez que te despiden del trabajo, ¿qué incentivo tienes para dejarlo? Ésta es la razón por la que Jordan L. advierte: «Deja de sacarles de apuros».

En el caso de Elena G., su hijo pequeño, Glen, inconscientemente hacía lo equivocado al limpiarlo todo cuando ella vomitaba después de haber bebido. Por el contrario, su marido, Brett, probablemente hacía lo correcto cuando se lo hacía limpiar a ella o se negaba a llamar al trabajo diciendo que estaba enferma cuando tenía una resaca. El esposo de Heather F. se dio cuenta de que estaba fomentando su adicción cuando la reconfortaba durante sus ataques de llanto, que se solían producir cuando estaba bajo los efectos del alcohol. «Al principio sentía lástima por mí, porque bebía y dejaba salir toda mi tristeza —explica ella—. Pero cuando se dio cuenta de lo que estaba pasando, me dijo: "Ya no lo voy a hacer más".»

Ralph C. reconoce: «Aunque es difícil no querer sacar a alguien de apuros, lo mejor para esa persona es recobrar la confianza y el respeto en sí misma». Él comparte una historia de su propia experiencia. Cuando acababa de salir del tratamiento, necesitaba algún medio de transporte. Al final consiguió reunir doscientos dólares para comprar «un viejo cacharro», que consumía una considerable cantidad de dinero en reparaciones. Más tarde se enteró de que su padre y su hermano habían «estado debatiendo largo y tendido» respecto a si debían ayudarle económicamente. «Por suerte para todos los implicados —dice Ralph, pensando en el pasado—, dejaron que me las arreglara solo. Eso me proporcionó una meta y una sensación de realización cuando pude comprarme un coche de segunda en mejores condiciones.»

El *quid* del asunto es que resulta de vital importancia detener todas las conductas de apoyo —o que puedan apoyar— a la bebida.

Sugerencia 2: no dejes de quererles

Un tema muy importante que aparece en los consejos de los mentores a familiares y amigos es que quieran incondicionalmente al bebedor problemático, que sean comprensivos, le den ánimos y que no le abandonen. Calvin A. aconseja: «Ayúdales para que vean que te preocupas por ellos, pero que también se den cuenta de que su conducta es perjudicial para ellos mismos y para los demás». Zoe A. dice: «Demuéstrales que les quieres incondicionalmente, que estarás a su lado para ayudarles, pero que eso no incluye recoger sus pedazos». Un mensaje un tanto diferente, pero de igual importancia es el de Jean A.: «Apóyales todo lo que puedas sin juzgarles y ponerte en peligro». Clay R. lo resume del siguiente modo: «El amor de la familia puede ser vital para la recuperación del alcohólico. Deja claro que lo que no aceptas es la bebida, no a la persona».

Una forma de demostrar tu amor y apoyo es proporcionar un refuerzo positivo a la sobriedad. El mentor Maost R. sugiere: «Encuentra oportunidades para una relación agradable cuando la persona esté sobria. Expresa el deseo de que no haya impedimentos para ese tipo de relación como: "Puedo disfrutar más contigo cuando estás sobrio"». Y añade: «Pero no es muy probable que esto surta efecto si se dice cuando la persona está bajo los efectos del alcohol».

Sugerencia 3: no les regañes, critiques, prediques o te quejes

Algunos mentores están de acuerdo con Elena y su familia en que regañar, suplicar, esconder el alcohol y recordar con tristeza el tipo de persona que era la noche anterior no sirve de mucho. Thomas V. dice: «Cuanto más me suplicaban que bebiera menos, más negaba tener un problema. Mi consejo es: "No presiones"». La esposa de Herbert Z. aporta algunos comentarios sobre las razones por las que cree que esta visión no funciona. Me dijo: «Regañar hace que te sientas mal, y los adictos lo utilizan como otra excusa para seguir consumiendo [la sustancia] y al mismo tiempo aprovechan para criticarte. Es un círculo vicioso. Herb veía mis reprimendas como un intento de controlarle, y ello le daba otra razón para creer que el problema era yo, en lugar de él».

Betty B. dice: «Mucho antes de que acudiera a AA, me habían dado consejos respecto a mi adicción. Pero la ayuda procedía siempre de personas que se me presentaban como superiores y que me miraban desde arriba como si yo fuera una mala persona. El tono de superioridad, de desaprobación paterna, siempre estaba presente». AA le gustó porque en lugar de oír «Esto es lo que has de hacer», le dijeron «Esto es lo que yo he hecho».

Al trabajar con familias en las que hay algún bebedor problemático, Robert J. Meyers, licenciado en ciencias y director y creador del programa de intervención familiar para bebedores con problemas del Community Reinforcement and Family Training (CRAFT) de la Universidad de Nuevo México, considera que es mucho más constructivo identificar conductas problemáticas específicas cuando una persona está sobria que regañarla y quejarse respecto a su adicción. La mentora Clare J. dice: «Deja que se entere cuando ha ocasionado un incidente debido a la bebida, pero intenta ser objetivo, neutral y no le regañes». Por ejemplo, puedes decirle: «Anoche, cuando conducías para volver a casa después de la fiesta, realmente temí que nos parara la policía o que tuviéramos un accidente». Meyers añade: «En lugar de seguir quejándote sobre lo cansado que estás de su hábito, es mejor exponerlo en términos de lo mucho que te afecta que beba». Puedes decirle algo parecido a: «Echo de menos los paseos que dábamos cada noche cuando nos casamos».

Heather F. da varios ejemplos de cómo los seres queridos le señalaron los problemas específicos que causaba su adicción al alcohol y cómo les afectó. «Me impactó mucho cuando tras una noche en la que bebí bastante y estuve hablando con mi hermana y su marido, ésta me recordó una acalorada discusión que mantuvimos él y yo. Le pregunté: "¿Qué discusión?". No recordaba nada. Un poco más tarde me di cuenta del alcance de mi problema con el alcohol cuando mi querida hermana me dijo: "No pretendo ser crítica, pero estoy realmente alarmada porque ayer noche parecías completamente normal, no se notaba que estuvieras bebida. Eso demuestra que tu tolerancia al alcohol es realmente alta y estoy muy preocupada por ti".» Heather no dejó de beber enseguida, pero afirma que los comentarios de su hermana plantaron la semilla que permaneció con ella hasta que estuvo dispuesta a dejarlo.

Otro incidente tuvo un efecto todavía mayor, justo después de dar a luz a su primer hijo. «Durante una tarde que pasé con mi mejor amiga y su esposo, era evidente que yo había vuelto a mi hábito con la bebida, como antes del embarazo. A la mañana siguiente mi amiga me llamó y medio en broma, pero muy realista, me dijo: "Ayer tarde la vieja Heather volvió al ataque; realmente me gustabas más cuando no bebías durante tu embarazo".» Ese mismo día Heather hizo su primera llamada de ayuda.

El doctor Marc Schuckit, que ha trabajado con bebedores problemáticos y con sus familias durante décadas, sugiere en su libro que si te tienes que dirigir a un bebedor, debes hacerlo cuando esa persona no se encuentra bajo los efectos del alcohol, está irritable o tiene resaca. «Los mejores momentos son cuando la persona se siente bastante bien y experimenta algún tipo de remordimiento sobre el curso que ha tomado su vida.»

Sugerencia 4: plantea el problema directamente

Una y otra vez, los mentores han hecho comentarios como los siguientes:

■ «Hazles saber que conoces su problema con la bebida. Yo pensaba que engañaba a todo el mundo y nunca me dijeron lo contrario.» Jackie D.

■ «Sé como un espejo para la otra persona, muestra su conducta con claridad y sinceridad.» Anne H.

■ «Procura estar abierto para hablar de su conducta; eso hace que el ser querido se sienta incómodo, pero es necesario.» Sarah N.

■ «Explícale que crees que tiene un problema y cuáles de sus acciones te hacen pensar que así es.» Simon T.

Si regañar y quejarse no sirve para nada, lo mismo sucede con la actitud contraria, hacer como si el problema no existiera. Tanto Herbert Z. como su esposa están de acuerdo en que evitar el problema es contraproducente. Ella me dijo: «En nuestra familia la adicción de Herb se ocultaba a los amigos y a los familiares. Yo siempre estaba haciendo de mediadora entre Herb y los niños y Herb y el mundo. Estaba agotada de intentar que las cosas parecieran estar en orden. Herb no tenía que reconocer ni negar nada. Cuando por primera vez mencioné el problema, en un principio a Herb y luego a los amigos y a la familia, sentí un tremendo alivio. Le dije: "Herb, por lo que sé acerca del tema, me da la impresión de que eres un alcohólico". Decir y escuchar las palabras en una conversación tranquila hizo que a los dos nos sonara real. Ambos pudimos decidir por nuestra cuenta cómo responder. Ya no era algo oculto y secreto, fue un poco como aligerar la pesada carga que llevábamos a nuestras espaldas».

Herbert dice: «Cuando mi esposa me pidió que considerara si yo era un alcohólico, rechacé la idea, pero la pregunta ya supuso una buena advertencia para que modificara mis hábitos de beber, como tomar menos licor y sustituirlo por cerveza o vino. Eso suavizó en cierta medida mi conducta como bebedor».

Aunque Elena G. dice que su esposo siempre la respaldaba, en todos sus años de bebedora ninguno de sus jefes le mencionó su problema con el alcohol —a pesar del hecho de que tuvo más de treinta trabajos en veinte años—. «Ninguno duraba lo bastante —recuerda—. Llegaba al trabajo con resaca o volvía de comer con el «subidón» por haber bebido. Con frecuencia me mandaban a casa o me despedían. Nunca lo relacioné con la bebida.» Puesto que sus jefes jamás le dijeron que su adicción al alcohol era la razón de su despido, Elena pensaba que la echaban por incompetente, lo cual no hacía más que empeorar la situación.

Igualmente, Herbert Z., un abogado que pudo ejercer su profesión a pesar de abusar del alcohol, con frecuencia hasta quedarse inconsciente, no recuerda que nadie, aparte de su esposa, le dijera algo respecto a la bebida. «La gente sencillamente me aceptaba tal como era y se adaptaba. No recuerdo haber tenido ningún enfrentamiento respecto a este tema ni con las autoridades del instituto, donde ya me emborrachaba habitualmente, ni más adelante con mis jefes o mis médicos. Bien pensado —nos dice— puede que me hubiera ayudado que en algún momento alguien me hubiese dicho: "Para o tendrás que marcharte".»

Varios mentores confesaron que hubieran deseado una confrontación con alguien. Kathryn N. lo ve de este modo: «No sé si hubiera escuchado, pero me hubiese gustado que alguien de mi familia o de mi círculo de amistades hubiera expresado su preocupación por mi adicción y seguro que lo habría dejado antes». Amy P. se lamenta: «Cuando llamé a mi hermana dos noches seguidas para decirle la misma cosa, ojalá me hubiera dicho algo. Sabía que estaba bebida, pero no lo mencionó. Varias personas más pasaron mucho tiempo hablando conmigo por teléfono, y aunque sabían que estaba bebida, nunca lo comentaron conmigo. Estoy convencida de que me hubiera dado cuenta antes de la realidad si esas personas se hubieran negado a hablar conmigo y me hubiesen dicho algo como "Llámame cuando no estés bebida" o "No voy a hablar contigo hasta que estés sobria"».

Martin E. nos ofrece un gran consejo para cuando una persona parece resistirse a enfrentarse a su problema con el alcohol: «No eludas la oportunidad de relacionar el problema de la bebida con otros problemas». Robert Meyers también está de acuerdo en que «no tienes por qué anteponer el problema del alcohol. Otra forma de hacerlo es señalar otro problema que tenga la persona a raíz de la bebida». En el caso de Elena, alguien debía haberle hecho ver la realidad de que no podía conservar ningún trabajo y ayudarla a que lo relacionara con el alcohol.

Los mentores no coinciden en establecer la forma en que los amigos y familiares deberían abordar el tema de los problemas con el alcohol. Muchos hacen hincapié en que han de hacerlo de un modo no amenazador y con cariño, aunque con sinceridad. Pero muchos otros consideran que tanto amigos como familiares han de abordar seriamente el problema, con medidas tales como dar un ultimátum con sus posibles consecuencias o buscar una intervención oficial. (Véase la página 209, «Tres visiones para ayudar a amigos y familiares».)

Tanto si utilizas el enfrentamiento como una solución más suave, éste ha de ser un recurso que tú ya hayas probado anteriormente. Timothy O'Farrell, presidente del Harvard Families and Addiction Program, aporta un consejo lógico: «Yo no empezaría con el enfrentamiento. Pero si con métodos más suaves no consigo captar la atención de la persona, entonces me plantearía dicha estrategia».

Sugerencia 5: busca ayuda

He de confesar que cuando entrevisté a Elena G. y a su familia, me quedé atónita al descubrir que tras padecer veinte años un grave problema de alcoholismo, nunca buscaron ayuda de ningún tipo. Elena dice: «Si mi marido hubiera buscado ayuda, habría estado admitiendo lo grave que era mi problema. Era un gran secreto de familia». Otros mentores señalan la importancia de *no* pasar solo el trance de tener un ser querido que sufre este problema. Zoe A. capta la esencia de muchas de estas sugerencias en sus comentarios: «Busca un grupo de ayuda para que tu vida transcurra con normalidad y sea próspera y analiza tus propias estrategias negativas para hacer frente a la situación».

No es de extrañar que muchos de los mentores que optaron por las vías de rehabilitación tradicionales de los doce pasos sugirieran la idea de recurrir a Al-Anon, un programa basado también en los doce pasos. Varios mentores hicieron el comentario general de que la familia y los amigos debían acudir a un psicoterapeuta por su propio bien. La esposa de Herbert Z. hizo ambas cosas: «Aproximadamente un año después de hablar con Herb de su problema, empecé a asistir a las reuniones de Al-Anon. Una de las cosas que aprendí allí fue que estaba dispuesta a hacer algo para mí, a fin de poder hallar un poco de alivio respecto al problema de mi marido con la bebida. Así que también empecé a ir a un terapeuta, que me ayudó a decidir qué era lo que tenía que hacer dentro y fuera del matrimonio. Ir a Al-Anon y al psicoterapeuta no sólo me ayudó a mí, sino que ofreció a Herb otra realidad respecto a su adicción».

Hay varios estudios que indican que la terapia familiar y conyugal pueden motivar a un bebedor problemático a comprometerse para cambiar. Si hay violencia física o abusos, no cabe duda de que se debe buscar ayuda psicológica.

Sugerencia 6: desapégate, sepárate, márchate

El mensaje de algunos mentores respecto a ofrecer un amor más intenso no concordaba mucho con el de un amor continuado y compasivo de otros, aunque algunos dieron ambas sugerencias. El enfoque compasivo se puede aplicar al principio, pero si con el tiempo, especialmente después de haber probado repetidas veces, has fracasado, lo que necesitas es apartarte de la situación. Kerry G. sugiere: «Si el problema te está afectando negativamente, no lo aguantes más. Es difícil hacerlo, pero a veces la persona que tiene problemas con el alcohol necesita perder a los seres que ama para que le llegue el mensaje».

Billy R. aconseja: «Decide cuánto estás dispuesto a soportar. Deja que la persona sepa lo que sucederá si no deja de beber. Y cualquier cosa que decidas, cúmplela. No amenaces en vano». La esposa de Herbert Z. se lamenta de que sus propios límites eran bastante «confusos» cuando Herbert bebía: «Ponte límites y prepárate para actuar conforme a los mismos. Esto te ayudará a sobrevivir *y* a comunicar que hay un problema grave en casa».

Clay R. dice que es esencial que los seres queridos «se aparten del alcohólico si éste supone una amenaza para la familia o pone en peligro la seguridad y el bienestar de cualquier miembro de la misma». Asimismo, Robert Meyers hace hincapié en la necesidad de separarse de un bebedor que sea agresivo físicamente.

Sugerencia 7: da un buen ejemplo

Por experiencia propia Elena G. cree que es importante que la familia y los amigos no beban delante de las personas que quieren que dejen de beber. De hecho, uno de los temas más comunes en los consejos de los mentores a los seres queridos es que sean buenos modelos de comportamiento, que les den ejemplo haciendo cosas como no beber cuando ellos estén delante, y que no compren alcohol para tener en casa. Elena añade: «No permitas que tus buenos ratos giren en torno al alcohol». Ella recuerda cuántas cosas hizo con su esposo en las que el alcohol estaba presente: «Todo acontecimiento que yo percibía como un buen momento implicaba beber. Y Brett bebía conmigo. Íbamos a sus partidos de *softball** y luego salíamos a tomar una cerveza. Si íbamos a fiestas o a comidas campestres veraniegas, siempre había alcohol».

En resumen, si el tema central de tu relación con un bebedor problemático ha sido el alcohol —es decir, que ibais a muchas fiestas con amigos que bebían o teníais la costumbre de salir a tomar un cóctel por la noche—, sería conveniente volver a examinar de qué forma pasabais el tiempo juntos y luego intentar hallar otras alternativas donde el alcohol no tenga cabida, como ir a pasear por las tardes o asistir más a menudo a actos culturales.

Elena G. afirma que su marido *sí* intentó cambiar sus actividades vespertinas, como ir al cine. Ella cuenta que se negaba porque esas actividades interrumpían el horario en que solía beber. Tal como señala Robert Meyers, en ese caso el error fue que era el marido el que tomaba las decisiones; es importante que se deje elegir a la persona que tiene el problema.

* Juego parecido al béisbol. (*N. de la t.*)

Sugerencia 8: ¡cuídate!

— «Vive tu propia vida.»
— «Asegúrate de que tienes una vida propia que no depende de una persona en la que no se puede confiar.»
— «Sigue haciendo tu vida tras decirle al alcohólico que ya no eres su niñera.»
— «Apártate de él o ella y céntrate en tu propia salud y en tu paz mental.»

Estos comentarios de los mentores subrayan la importancia de cuidar de uno mismo a pesar de los problemas que comporte el bebedor. Sin embargo, muchas veces, al intentar ocultar a los demás la adicción al alcohol de un miembro de la familia, los cónyuges se retiran y aíslan de los amigos y de los otros familiares. Cuidar de ti mismo puede suponer apuntarse a clases por las tardes, reunirse con los antiguos amigos o marcharte solo un fin de semana.

Sugerencia 9: quédate a su lado cuando esté preparado

La mayoría de los comentarios sobre este tema fueron como sigue: «Debes estar disponible cuando el alcohólico te necesite». «Cuando te extiendan la mano en busca de ayuda, ofrécesela.» «Ayúdales tantas veces como te lo pidan. Procura estar con ellos.»

Cuando le pregunté a Elena por qué piensa que su marido no la abandonó en sus días de borracheras, ella respondió: «Sus padres le enseñaron que si te importa alguien, nunca debes rendirte. Creo que él siempre pensó que yo conseguiría salir de ello. ¡Lo que no sabía es que tardaría veinte años!». Ella cree que uno de los mensajes más importantes para los familiares y amigos es que «animen al bebedor a intentarlo todas las veces que haga falta». Calvin A. añade: «Sé cariñoso, pero firme, y comprende que él/ella necesitan intentarlo varias veces».

Varios mentores recomendaron fomentar *cualquier* cambio positivo en el bebedor. Thomas V. aconseja: «Trata de que lo dejen, incluso aunque te parezca que no funcione. Las recaídas son experiencias de aprendizaje». Aunque el esposo de Elena y su hijo se mostraron escépticos cuando hizo el voto de dejarlo debido a sus muchos y breves intentos, sus alabanzas hicieron que a ella le resultara más difícil volver a la bebida.

Si la persona parece algo dispuesta a cambiar, también puedes ayudarla a explorar nuevas alternativas. Herbert Z. aún va más lejos al sugerir: «Pon a su alcance textos científicos sobre el alcoholismo (no tratados religiosos o morales) en un lugar donde puedan verlos al pasar y cogerlos fácilmente. Asegúrate de que conocen estas alternativas». Jean A. dice: «Investiga para ver qué tipo de ayuda puedes encontrar en tu zona, de modo que cuando la persona esté preparada, tengas lista la información». Puedes incluso asistir a grupos de rehabilitación para comprender mejor las opciones. SMART Recovery y SOS, por ejemplo, acogen gustosos a amigos y familiares en sus reuniones.

Tres visiones para ayudar a amigos y familiares

Es bastante probable que si buscas ayuda para tratar con alguien que tiene un problema con el alcohol, te envíen al grupo de autoayuda Al-Anon. Puede que te aconsejen organizar una intervención familiar para persuadir al bebedor de que debe iniciar un tratamiento. Otra opción es buscar uno de los programas familiares que han aparecido recientemente, que ofrecen enfoques conductistas diseñados para involucrar al bebedor y *también* para mejorar las vidas de familiares y amigos. Los resultados de un estudio bien diseñado que se publicó recientemente en el prestigioso *Journal of Consulting and Clinical Psychology* sugieren que el enfoque familiar resulta mucho más eficaz que otros para conseguir que un bebedor desmotivado busque ayuda.

Al-Anon

Los Al-Anon Family Groups ofrecen apoyo a las personas afectadas por tener un bebedor en casa, tanto si esa persona sigue bebiendo como si no. Alateen forma parte de Al-Anon y está diseñado para los parientes y amigos jóvenes (hasta los 19 años) de bebedores problemáticos. Aunque Al-Anon esté separado de AA, se basa en los doce pasos y en las doce tradiciones de dicha asociación y anima a sus miembros a practicarlas y aplicarlas en sus vidas. El programa mantiene que el «alcoholismo» es una enfermedad familiar y que el cambio de actitud puede facilitar la rehabilitación. Sin embargo, uno de sus principales principios es que los demás no pueden cambiar al bebedor problemático; que eso sólo puede hacerlo el propio afectado.

Al-Anon defiende el desapego en relación con los problemas del bebedor, aunque se le siga queriendo. El grupo incita a la familia a conocer su propio potencial y a construirse una vida satisfactoria, independientemente de lo que suceda en casa. Al-Anon no está diseñado para que el bebedor con problemas inicie un tratamiento; más bien su intención es la de apoyar a los seres queridos del mismo.

Algunas investigaciones sugieren que Al-Anon consigue su meta: ayudar a los miembros de la familia a llevarlo mejor. Como consecuencia, su principal beneficio parece ser la mejora en la vida del miembro de la familia que asiste a Al-Anon, no en la del bebedor.

Intervención formal

A diferencia de Al-Anon, la meta de la intervención es hacer que un bebedor difícil acepte iniciar un tratamiento como primer paso hacia la sobriedad. En general, una intervención formal es una reunión de enfrentamiento organizada por la familia del bebedor para expresar el impacto negativo que tiene el abuso del alcohol con el paso de los años y las resoluciones que los miembros de la familia están dispuestos a llevar a cabo si el bebedor rechaza la propuesta. Según el National Council on Alcoholism and Drug Dependence (NCADD), «las intervenciones con más éxito tienen lugar cuando los miembros de una familia —familia, amigos y compañeros de trabajo— han sido previamente preparados para una intervención profesional». Esta organización sugiere que una intervención se ha de realizar con cariño y cuidado, con el propósito de ofrecer información factual sobre el efecto que tiene la adicción de la persona en todos los que se preocupan por ella.

Aunque en Estados Unidos las intervenciones en los centros de rehabilitación sean muy comunes, no hay muchas investigaciones que respalden su eficacia. De hecho, en unos estudios recientes sobre diferentes formas de conseguir que los bebedores desmotivados busquen ayuda, Timothy O'Farrell, de la Facultad de Medicina de Harvard, y William Fals-Steward, de la Universidad de Old Dominion, han llegado a la conclusión de que la intervención formal «aparentemente no funciona demasiado bien para promover el inicio de un tratamiento, a pesar de las reivindicaciones de sus partidarios». Parece ser que uno de los problemas es que las familias que entran en un proceso de intervención formal la mayoría de las veces no llegan a la reunión final de enfrentamiento; sin embargo, cuando se puede celebrar dicha reunión, es bastante probable que sus seres queridos inicien el tratamiento.

Curiosamente, cuando pedí consejo a los mentores para los familiares y amigos, muy pocos sugirieron la intervención formal. De hecho, la mayoría de ellos dejaron de beber no gracias a dicha intervención, sino a otros métodos; de un total de 222 mentores, sólo 7 afirmaron que la intervención formal fue decisiva en su rehabilitación.

Programas familiares conductistas

Menos comunes que la asistencia a Al-Anon y que las intervenciones formales son los programas basados en la investigación que incluyen a los cónyuges o a otros miembros de la familia. Según Robert Meyers, los programas como CRAFT están diseñados para ayudar a los seres queridos a que consigan que los bebedores no motivados busquen ayuda. Estos programas suelen trabajar partiendo de una premisa opuesta al enfoque basado en la «impotencia» de Al-Anon, enseñando a los familiares que pueden aprender habilidades específicas que tendrán un efecto sustancial en los hábitos del bebedor y aumentarán las posibilidades de que éste busque ayuda. Se enseña a los familiares a comunicarse mejor con el bebedor, a reforzar su conducta de no bebedores y a planificar actividades agradables que puedan sustituir a la bebida. Un objetivo principal para los participantes es aprender a interactuar con el bebedor de una forma positiva cuando esté bebiendo.

Según un estudio reciente publicado en el *Journal of Consulting and Clinical Psychology,* los bebedores problemáticos inicialmente desmotivados que contaban con seres queridos (principalmente cónyuges y padres) que habían sido formados en la visión de CRAFT tenían tres veces más posibilidades de buscar tratamiento antes de finalizar un año que aquellos cuyos familiares habían recurrido a una visión basada en la de Al-Anon.* (Aunque la meta de Al-Anon no es la de hacer que el bebedor inicie un tratamiento, los miembros de la familia que buscan ayuda suelen ser remitidos a dicho grupo.) En comparación con la intervención formal, el programa CRAFT condujo a casi el doble de bebedores con problemas a buscar ayuda.

Desgraciadamente, si en Estados Unidos intentas localizar un programa conductista para familias no tienes mucho donde elegir. Aparte del programa CRAFT, sólo conozco el proyecto Counseling for Alcoholics' Marriages (CALM), afiliado al Veterans Administration Hospital de Brockton, Massachusetts. El programa CRAFT

---

* Los participantes en el estudio pusieron en práctica los primeros pasos de Al-Anon y se familiarizaron con la filosofía del programa mientras trabajaban con terapeutas experimentados. A los participantes también se les animó a asistir a las reuniones de Al-Anon, y la mayoría lo hizo.

ha dirigido sesiones de formación para profesionales en todo el país y puede que te ayude a conectar con alguien de tu zona. Para encontrar a un terapeuta privado que se dedique a esto, es mejor buscar a un especialista en adicciones que siga la línea conductista y posea conocimientos y experiencia en relación con los métodos familiares que no se basen en los doce pasos.

Si desea más información sobre los Al-Anon Family Groups, puede consultar su página web: <http:www.al-anon.alateen.org>.

Para familiares y amigos de la persona que acaba de dejar de beber

Una vez que el bebedor decide dejarlo, ¿cómo puedes aumentar las posibilidades de que no vuelva a caer? Elena G. dice: «No sé lo que me hubiera costado conseguirlo si mi esposo no hubiera dejado de beber durante los primeros años o si hubiera tenido licor en casa». Tras los dos o tres primeros años de sobriedad, Brett le preguntó si a ella le importaba que él bebiera de vez en cuando y ella le respondió que no tenía inconveniente. Puesto que Elena también tenía seis hermanos y dos hermanas, «todos ellos con problemas con la bebida de diverso grado», decidió que lo mejor sería no verles durante los primeros años.

Una de las mayores sorpresas para Elena y Brett en los comienzos de su sobriedad es que la vida no se volvió fantástica de repente. «Los problemas económicos seguían estando ahí, todavía nos peleábamos (aunque menos) y ella mantenía sus arranques de mal genio.» Para Elena, «la vida seguía estancada. Durante los primeros años de sobriedad, no pude expresar toda la ira y hostilidad que sentía. Despreciaba a todo aquel que bebía en sociedad y no aceptaba el hecho de que yo no podía».

Tras un año sin beber, Elena observó que su hijo padecía una baja autoestima, y ella misma sugirió que todos deberían seguir terapia familiar, a la que asistieron durante aproximadamente un año y que les fue muy bien. Las investigaciones sugieren que la terapia familiar y conyugal aumenta las posibilidades de permanecer sobrio y también ayuda a que la familia se vuelva a adaptar a la nueva situación.

Pero Elena continuó sintiéndose sola, triste, resentida y con un estado de ánimo muy variable. Sin embargo, recientemente su vida ha dado un gran giro para mejor, desde que empezó a ir a un psiquiatra que le diagnosticó un trastorno bipolar, anteriormente conocido como trastorno maníaco-depresivo. Desde que está medicándose, se siente una persona nueva. Glen me dijo que estaba contento de que su madre no hubiera vuelto a la botella para auto-medicarse por su depresión. En resumen, nos dice: «Estoy muy orgulloso de ella; más que eso, ¡estoy *inmensamente* orgulloso!».

8

Una copa no te convierte en un bebedor

Cómo los mentores llegaron a determinar si podían
volver a beber alguna vez

Dale una copa a un antiguo «alcohólico» y volverá a beber como
cuando lo dejó; ¿acaso no es un hecho? Si bien es cierto que la inmensa mayoría de los mentores sienten que es mejor no probar el
alcohol, hay también unos cuantos que son capaces de beber con
moderación. Aproximadamente una docena toma pequeñas cantidades de alcohol en raras ocasiones sin que les cause problemas.
No estoy sugiriendo que beber con moderación o incluso de vez en
cuando sea una meta que daba alcanzar la mayoría de personas con
serios problemas con la botella. Pero este grupo selecto de mentores son una prueba fehaciente de que, al menos para algunas personas, una copa no hace que uno sea, necesariamente, un bebedor.

A decir verdad, dudé en plantear el tema de «volver a beber»
—en parte porque es controvertido y arriesgado, pero también porque muchos mentores han hecho la firme promesa de la abstinencia—. En realidad, todos me han dicho que durante años intentaron
beber con moderación sin conseguirlo. La mayoría diría que es más
sencillo no volver a probarlo.

Sin embargo, el reducido número de mentores que *beben* con moderación o en ocasiones especiales, junto con los estudios que demuestran que para algunos ex bebedores es posible beber con moderación, me convenció de que sería un gran descuido no hablar del
tema al presentar los múltiples criterios que existen para enfrentarse

215

a los problemas con el alcohol. De hecho, aunque las investigaciones demuestran que las personas con graves problemas con la bebida se rehabilitan principalmente mediante la abstinencia, un buen número de pruebas también indican que aquellos que tienen problemas de menor gravedad los resuelven con más frecuencia de lo que se piensa aprendiendo a beber menos y a controlarse bebiendo.

La historia de Nolan H.

Nolan H. era el tipo de muchacho que prefería tomar siempre el camino más difícil; fue adicto al alcohol y a la cocaína cuando tenía unos 25 años. Ahora es un padre de 46 años que va a la iglesia y un hombre casado responsable; todavía va en moto y esquía a una velocidad superior a los 96 kilómetros por hora, y ha encontrado nuevas formas de «colocarse» que han sustituido a las drogas y al alcohol. Hace ya doce años que resolvió su problema con el alcohol, pero no de una forma habitual. Es uno de los pocos mentores que han sido capaces de volver a beber sin pasarse.

Hace más de una década, tras el nacimiento de su segundo hijo, Nolan sabía que tenía problemas cuando salía por la noche con sus amigos hasta la madrugada. «Una noche, a las dos, colocado por la cocaína y la cerveza, entré en la sala de estar con el corazón acelerado, todavía a muchos kilómetros por hora; entonces me di cuenta de que lo que estaba haciendo no era normal.» Al no estar dispuesto a expresar abiertamente sus emociones, esa mañana Nolan le dejó una nota a su mujer anunciándole que iba a iniciar un tratamiento y que no tenía intención de echarse atrás. Tras llevarle aproximadamente un mes ordenar sus asuntos de negocios (y tener los últimos devaneos con las drogas y el alcohol), ingresó para seguir un mes de tratamiento en un centro de rehabilitación de lujo. Asistió a las reuniones de AA durante los seis primeros meses después del tratamiento y no se ha vuelto a emborrachar desde entonces.

Al principio no le era fácil estar alejado de sus amigos drogadictos y de los bares, pero el Nolan de 1,86 de estatura pronto descubrió el placer de correr. «Cuando dejé de beber, engordé hasta pesar más de 107 kilos, así que empecé a correr para adelgazar y volver a sentirme bien. Las ventajas de no beber empezaron a pesar más que las desventajas. Las desventajas incluían renunciar a un par de horas de placer, si es que llegaba a eso. El lado bueno era que cuando me levantaba por la mañana me sentía muy bien conmigo mismo, con mi cuerpo y con mi familia. Me sentía bien sin beber.» Y no volvió a probarlo durante ocho años.

«No dejo que las situaciones me condicionen a tomar una copa»

Hace cuatro años, Nolan empezó a preguntarse si se podría tomar un vaso de vino o una cerveza, y procedió a probarlo. Desde entonces ha sido capaz de beber con moderación, pero lo hace sólo en actos sociales, nunca en casa. Puede que se tome dos o tres cervezas a lo largo de una semana y luego pase semanas enteras sin probar el alcohol. Nolan no siente deseos de beber, a menos que esté en un restaurante o con los amigos, o después de un partido. Admite que se ha intoxicado —lo que para él en estos momentos significa sobrepasar los límites legales para conducir—, pero en muy raras ocasiones, quizás una vez en todo el verano. «Si me doy cuenta de que me empiezo a colocar, lo dejo. Sencillamente no quiero emborracharme.»

¿Cómo consigue controlarse? Nolan explica: «He sido etiquetado como "alcohólico" y todos los hombres de mi familia lo son. De modo que siempre lo tengo presente en el fondo de mi mente. Si muchas personas te dicen que tienes un problema, tarde o temprano tendrás que plantearte si es cierto. No me lo tomo a la ligera. Me diré: "¡Eh, compañero, ya te has tomado unas copas esta semana, ya vale!". A veces, cuando siento el impulso de beber, pienso en mi mujer y mis hijos y me pregunto: "¿Es esto lo que debo hacer"». Nolan también mencionó que no permite que ninguna circunstancia le obligue a beber, como estar enfadado, asistir a una fiesta o que alguien le incite o le imponga que tiene que tomar una copa. «No utilizo excusas para beber; si quiero tomarme una, me la tomo. Pero no dejo que sean las situaciones las que me controlen.»

Para aquellas personas que duden de que un ex alcohólico puede beber con moderación, debo añadir que hablé con la esposa de Nolan (con su permiso) para confirmar que realmente es capaz de controlar su consumo de alcohol. Ella no suele estar con él cuando bebe, pero su cálculo de la cantidad que toma coincide con la descripción que hace él. Aunque a ella le preocupa que beba algo debido a sus antecedentes, sus hábitos actuales de bebida no han tenido consecuencias negativas en la familia.

Cuando le pregunté a Nolan cómo puede controlar lo que bebe, éste respondió: «No quiero volver a sentirme de ese modo, esa terrible sensación de llegar siempre a casa borracho y colocado por las drogas, y luego cómo me sentía por la mañana, el sentimiento de culpa». A esto añadió: «Dime que no puedo hacer algo y te demostraré que sí puedo. Si quieres triunfar en la vida, no permitirás que el alcohol y las drogas te controlen».

Los mentores que beben con moderación o en ocasiones especiales

La historia de Nolan conduce a lo que probablemente sea la mayor controversia en el ámbito de la rehabilitación: el tema de si los bebedores empedernidos pueden volver a beber alguna vez sin poner en juego su sobriedad, es decir, en cantidades moderadas, sin que ello les cause problemas. La respuesta de la escuela de pensamiento tradicional es que la única solución para el problema del alcohol es no volver a probarlo nunca, porque una copa inevitablemente conduce a otra y a otra. La cuestión es, según dicen en AA, evitar esa bebida que puede reiniciar el ciclo.

Entonces, ¿cómo explicamos la situación de los veinte mentores que *permiten* que el alcohol roce sus labios, al menos de vez en cuando? Seis de ellos se consideran bebedores moderados y no consumen alcohol más de una vez a la semana. Los diez restantes son casi abstemios, lo que significa que rara vez toman un sorbo o una pequeña cantidad. Quince de esos veinte bebedores ocasionales o catadores cuentan con al menos diez años de sobriedad. (Casi la mitad de ellos no dieron datos sobre cuánto tiempo hacía que tomaban algo de alcohol. Entre ellos, sólo unos pocos indicaron que llevaban muchos años haciéndolo, y algunos más que hacía poco tiempo que bebían con moderación.)

Para empezar podríamos alegar que estas personas no son «alcohólicas». Pero algunas consumieron grandes cantidades de alcohol y la mayoría tuvo graves problemas debidos a la bebida. En su peor etapa, Nolan H. podía beber entre diez y doce copas en una noche. Sin embargo, él no se considera un «alcohólico» y siente que su peor problema era su adicción a la cocaína.

En resumen, a continuación tenemos las historias de otros mentores que han dejado de beber sin problemas.

■ Murray K. resolvió su problema con el alcohol hace seis años, gracias a los principios de SMART Recovery y Rational Recovery. Hasta entonces «bebía cualquier cosa que me cayera en las manos; si tenía que robar o vender cosas para conseguir el suficiente dinero como para comprarme un litro de cerveza, lo hacía». Murray nos cuenta que durante los tres primeros años de sobriedad fue totalmente abstemio. «Pero en los tres últimos años he podido salir y tomarme algunas copas, espaciadas en períodos de meses. Cuando salgo, no bebo en exceso. Es muy raro que me pase por la cabeza el pensamiento de beber.»

■ Chico W. dejó de beber hace diez años con la ayuda de AA y sigue asistiendo a las reuniones dondequiera que se encuentre cinco veces a la semana. Durante los primeros cuarenta años de su carrera como bebedor, bebía sin tener «demasiados problemas». Pero después, cuando empezaron a surgir los conflictos en casa y en el trabajo, bebía mucho más. Cuando estaba peor, bebió durante meses al menos casi dos litros de vodka al día. Al recordar esa etapa señala: «Intenté muchas posibles soluciones —la religión, la psicoterapia, curanderos— para poder beber con "normalidad"». Al final se desintoxicó sometiéndose a un tratamiento; luego fue a AA. Fue totalmente abstemio durante años, pero ahora se toma una copa de vez en cuando. «Por ejemplo, con mis amigos más íntimos que no son alcohólicos, puede que beba un vaso de vino en un acontecimiento especial.»

■ Pat A. superó su problema con el alcohol hace casi una década; fue a AA durante los primeros siete años. En su etapa más grave bebía «una botella de vino, a veces más» al día. La arrestaron dos veces por conducir bajo los efectos del alcohol y eso la condujo a AA. De ese período nos dice: «En aquella época, quería la seguridad que garantiza estar estrechamente vinculada a una organización». Pero después de siete años sin beber, Pat empezó a asistir a las reuniones de Moderation Management (véanse las páginas 345-347) y ahora se permite beber cinco veces a la semana, desde una a tres copas seguidas. «Para mí el alcohol es un elixir al que quiero hacerle un sitio en mi vida», nos dice, observando que sus reuniones en MM la han hecho responsable.

En la categoría de mentores casi abstemios se encuentra Rebecca M., que dejó de beber por su cuenta y ahora asiste a las reuniones de AA; a veces toma un par de sorbos de alguna bebida alcohólica en ocasiones especiales. El miembro de AA Omen H., de 43 años de edad, toma de vez en cuando un sorbo o una pequeña cantidad de alcohol en algún día festivo o en una cena especial. Sandy V., que solía esconder botellas de alcohol por su casa, para que nadie se enterara de su problema, ahora ha descubierto que después de veinte años de no beber puede tomarse dos copitas en ocasiones especiales. Luego tenemos a Clare J., que tomará algo de alcohol en

¿Quién puede beber moderadamente después de haber tenido un problema con el alcohol?

Los expertos coinciden casi por unanimidad en que beber con moderación o de manera controlada no es una opción para la mayoría de las personas con problemas graves. Entonces, ¿qué tipo de persona es más probable que tenga éxito en beber con moderación? Los estudios que incluyen tanto a las personas que han dejado de beber por su cuenta como a las que lo han hecho a través de un tratamiento indican que la mayoría de los individuos que han abusado del alcohol y que luego son capaces de beber con moderación tenían problemas relativamente menos graves o que eran personas (como los bebedores universitarios) que cuando «maduraban» dejaban de excederse con la bebida al convertirse en adultos responsables. En general, las investigaciones indican que los bebedores controlados que tienen éxito suelen ser mujeres y menores de 40 años. Por otra parte, también se trata de problemas con el alcohol de menor duración (menos de diez años).

Al final, los individuos que tienen éxito y consiguen beber con moderación suelen tener las siguientes características:

—Son psicológicamente estables.
—Tienen una buena educación.
—Poseen un empleo fijo.
—No se consideran a sí mismos como «alcohólicos» o «bebedores problemáticos».
—No aceptan el concepto de que los problemas con el alcohol sean una enfermedad.
—Creen que beber con moderación es posible.
—Desarrollan alternativas a la bebida como medio de hacer frente al estrés.

«las cenas donde probar las bebidas alcohólicas o el vino es una muestra de cortesía para los anfitriones».

No cabe duda de que un sorbo de alcohol o una sola copa de vez en cuando no es lo mismo que beber con regularidad o casi. Sin embargo, ser capaces de tomar aunque sólo sean pequeñas cantidades de alcohol periódicamente va en contra de la idea más difundida de que cualquier cantidad de alcohol es tabú para un «alcohólico rehabilitado (o en rehabilitación)».

Curiosamente, varios de los mentores que en algunas ocasiones especiales tomaban algo de alcohol se encontraban entre los que afirmaban que beber con moderación no les había funcionado. La antigua miembro de AA Rose M. reconoce: «Intenté beber con moderación y eso no hizo más que empeorar las cosas». Hoy en día afirma: «Puede que tome un sorbito de cava en alguna festividad, como en una ceremonia de graduación o una boda». Lucy L., que dejó de beber tras leer un libro con «una descripción gráfica sobre las consecuencias del alcoholismo», dice que intentar beber menos no le funcionó. Después de tres años de abstinencia, se dio cuenta de que «a veces podía comprar una botella de vino de tamaño normal (de las de 3/4 de litro, *no* de las de 2 litros)» y bebérsela a lo largo del fin de semana. «Mi cuerpo parece decir que no después del primer o segundo vaso. A veces compro una botella y me olvido de que está en la nevera.» En los últimos años, se mueve entre beber con moderación y la abstinencia.

¿Qué significa con exactitud «beber satisfactoriamente»?

Cuando los expertos hablan sobre una persona que ha vuelto a beber satisfactoriamente, suelen referirse a alguien que puede beber con moderación sin que ello le cause problemas en su salud, conducta o relaciones. Pero ¿cuánto alcohol supone eso? ¿Son las varias copas de Pat A. cinco veces a la semana o las dos o tres cervezas dos veces a la semana y luego nada de Nolan H.? ¿Quizá se acerque más al vaso de vino en las ocasiones especiales de Chico W.? De nuevo, se pueden establecer directrices para beber con moderación, tal como hacen los profesionales de la salud: no más de una copa al día para las mujeres y dos para los hombres.

Uno de los problemas es que no existe una buena definición de lo que significa beber satisfactoriamente. Los programas para las personas que quieren beber con moderación ofrecen directrices especiales para limitar el consumo de alcohol y evitar la borrachera. Moderation Management, por ejemplo, recomienda no tomar más de seis copas a la semana y un máximo de tres en un mismo día en el caso de las mujeres; y no más de catorce a la semana o hasta cuatro en un mismo día para los hombres.

Además de las cantidades de alcohol consumidas, se ha de reflexionar sobre el alcance que tiene el alcohol en tu vida. ¿Cuánto tiempo y energía mental son necesarios para realizar un esfuerzo por controlar la bebida? Durante los primeros años después de volver a beber, Nolan H. tuvo que hacer bastantes esfuerzos para limitar su consumo de alcohol. En relación con ese momento, dice: «Siempre estaba vigilando y la pregunta "¿Debo hacer esto?" rondaba constantemente por mi mente».

La psicóloga R. Lorraine Collins, del New York's Research Institute on Addictions de Búfalo, denomina a estas personas «bebedoras reprimidas». Nos explica: «Los bebedores reprimidos han de hacer un esfuerzo considerable para controlar lo que beben y luchar contra el impulso de beber. Por el contrario, un verdadero bebedor *social* es alguien para quien el alcohol no representa demasiado problema, si es que le presenta alguno; no dedica mucho tiempo a pensar en él y no tiene problemas para tomarlo o no». La doctora Collins añade: «Algunos ex bebedores problemáticos que optaron por volver a beber hacen las paces con el alcohol y ya no tienen que preocuparse por él».

Actualmente, a los cuatro años de su retorno a la bebida, Nolan dice: «No pienso tanto en ello como cuando empecé a beber de nuevo. Y ahora cuando bebo tengo más confianza. No me cabe duda de que soy un bebedor social». La doctora Collins observa que, igual que Nolan, algunas personas que al principio tienen que hacer un esfuerzo para controlar lo que beben se pueden convertir en bebedoras sociales. «Otras oscilan entre ser bebedoras reprimidas y bebedoras sociales. Para alguien que parece ser que tiene muchos problemas para controlar la bebida, es el momento de reconsiderar la abstinencia.»

Además de considerar el tiempo y la energía emocional que puede que tengas que invertir, has de examinar cualquier problema que el alcohol te esté causando a ti y a quienes te rodean para determinar si puedes beber satisfactoriamente. Nolan parece pasar la prueba de beber sin problemas, tal como afirmó su esposa.

Los que intentan volver a beber han de enfrentarse a largos conflictos

Los mentores que pueden volver a beber no están solos; por lo que indican los estudios sobre personas que han resuelto sus problemas con la bebida por su cuenta, casi una quinta parte bebe con moderación, una cifra basada en datos recopilados en tres países diferentes. El National Institute on Alcohol Abuse and Alcoholism también ofrece algunas visiones diferentes que implican a más de 4.500 personas de la población general que una vez fue catalogada como alcohólico-dependiente. En el momento del estudio, casi la mitad del grupo había tomado una copa o más el año pasado, pero no se podía considerar que estuvieran dentro de lo que podría clasificarse como bebedores problemáticos.

Sin embargo, hemos de tener presente que un año no representa una vida de alcoholismo. Las personas alcohólico-dependientes pueden regresar a períodos en los que beben dentro de los límites de «seguridad», pero beber con moderación y sin problemas durante mucho tiempo no parece ser muy normal. Esta idea está respaldada por el trabajo de George Vaillant, de la Universidad de Harvard, que ha estudiado a dos grupos de hombres con problemas con el alcohol en el transcurso de su vida de adultos. A los 60 años, sólo el 11% de estos hombres eran bebedores controlados, es decir, que tomaron más de una bebida al mes durante al menos dos años sin tener ningún problema. El doctor Vaillant concluye diciendo: «Volver a beber con moderación durante mucho tiempo era un resultado raro e inestable».

Pero el hecho de que uno de cada diez antiguos bebedores problemáticos pueda volver a beber moderadamente resulta destacable a pesar de todo, y sugiere que existen mayores probabilidades de las que se suelen predecir. Sin embargo, parece que la mayoría de las personas que resuelven con éxito sus problemas con la bebida deciden no beber en absoluto, lo cual sería la vía más segura, tal como afirma la mayoría de los expertos y mentores.

Cuando no se consigue beber con moderación

Puesto que no hay prueba que determine si tendrás éxito bebiendo con moderación o si eres de ese tipo de personas para las cuales el intento puede acabar en tragedia, hay quien considera que lo mejor para *todos* los bebedores problemáticos es la abstinencia. Un miembro de AA dice: «Beber con moderación es como dormir con un dragón. Mientras el monstruo está dormido, no te pasa nada. Pero cuando se despierta, tienes problemas».

De hecho, la mayoría de las personas con problemas serios con la bebida no está de acuerdo con las cantidades de alcohol consideradas aceptables en los programas para beber con moderación, como atestiguan los siguientes comentarios de algunos de los mentores que no consiguieron controlar lo que bebían:

■ «Moderation Management no me sirvió de nada. Puede que tomara una o dos copas durante unos días, pero *muy* pronto había vuelto a pasarme.» Amy D. (dejó de beber con la ayuda de la psicoterapia y de SOS hace seis años).

225

■ «Ningún tipo de moderación me ha funcionado jamás.» Evan J. (dejó de beber hace diez años confeccionándose su propio programa con «el principio básico de "No beber"»).

■ «Intenté beber únicamente en sociedad durante tres años. Pude controlarlo durante un tiempo, pero *siempre* llegaba un momento en que bebía más de lo que pretendía y empezaban los problemas. Cuando por fin lo dejé, tuve que recordarme que los demás podían beber, pero que para mí era veneno. Visualizaba una calavera y dos huesos cruzados sobre cualquier botella de alcohol que veía.» Karen M. (dejó de beber rezando y yendo a AA; todavía asiste después de catorce años).

■ «La moderación no funcionó; dejé mi "dieta" muy rápido.» Barney K. (dejó de beber gracias a AA hace catorce años).

■ «Cada día intentaba controlar lo que bebía. Nada funcionó. Tras seis años de abstinencia, intenté beber con moderación una vez y me emborraché. Después de eso, supe que la abstinencia total era mi única salida. Una vez que siento el efecto del alcohol, ya no quiero dejar de beber.» Echo T. (dejó de beber con la ayuda de AA durante ocho años).

■ «No conseguí beber con moderación, no podía controlar una enfermedad. También intenté beber sólo vino y aun así seguía emborrachándome.» Marguerite E. (dejó de beber con la ayuda de AA hace nueve años).

■ «Después de tres años de abstinencia, tomé un vaso de vino en una boda, lo cual me condujo a una lenta progresión, de una bebida una vez al mes a una bebida a la semana cuando comía. Mi bebida controlada se convirtió en un aumento del consumo de alcohol y al final volví a recaer. Durante los dos años que tardé en acudir a un centro de rehabilitación ya había vuelto a beber como una alco-

226

hólica, medio litro de vodka al día.» Jessica C. (dejó de beber hace quince años y es un miembro activo de Women for Sobriety).

■ «No conseguí racionarme la bebida, porque siempre podía justificar "Sólo esta vez, un poquito más".» Thomas V. (se ha mantenido sobrio durante seis años con la ayuda de AA y de SOS).

La mayoría de los mentores estaría de acuerdo con Randall N., que dice: «Dios bendiga a quienes pueden beber con moderación o en ocasiones especiales. Creo que están jugando con fuego».

Unos cuantos mentores cuentan que volvieron a caer en la bebida después de leer sobre las personas que podían beber con moderación. Jessica C., cuyo único vaso de vino fue el comienzo de una larga recaída, dice que una de las razones por las que volvió a beber de nuevo después de tres años sin probar el alcohol fue que le había impresionado un estudio realizado en esa época en el que «un grupo de control de hombres que eran bebedores empedernidos utilizó un plan de bebida controlada y parecía que había tenido éxito».

Asimismo, Heather F. llevaba más de cinco años durante los cuales «beber era impensable» y su vida de abstinencia le iba bien. Luego, tras leer sobre antiguos bebedores problemáticos que fueron capaces de volver a beber, quiso hacer un intento. «Decidí ver si podía conseguir tomarme unas copas los fines de semana por la noche. Empecé bien, pero a finales de mes estaba justo como cuando me pasaba con los martinis. Lo cierto es que no quiero beber con moderación. Si no puedo tomarme más de dos o tres copas no vale la pena. Al cabo de unas pocas semanas, Heather reconoció que lo mejor para ella era dejarlo por completo de nuevo, y así lo hizo.

El problema de la abstinencia para todos

Obligar a todas las personas que tienen problemas con la bebida a la abstinencia supone pasar por alto el hecho de que este tipo de

Beber con moderación: ¿atracción peligrosa o alternativa realista?

Cuando estaba escribiendo este libro, un incidente que tuvo mucho revuelo lanzó el tema de beber con moderación a un debate nacional. En el mes de marzo de 2000, Audrey Kishline, la fundadora de Moderation Management, un programa de apoyo para las personas que han tenido problemas leves o moderados relacionados con el alcohol y que quieren reducir el consumo o dejarlo por completo, conducía en dirección contraria por una autopista interestatal y provocó una colisión frontal que le costó la vida a un hombre y a su hija de 12 años de edad. Según las noticias, Kishline fue hallada inconsciente dentro de su ranchera con una botella de vodka medio vacía en el asiento contiguo al conductor. Dos horas después, su nivel de alcoholemia marcaba 0,26 —más de tres veces el límite legal permitido en el Estado de Washington, donde tuvo lugar el accidente—. Kishline se declaró culpable de los dos cargos de homicidio por accidente de tráfico y el 11 de agosto de 2000 fue sentenciada a cuatro años y medio de cárcel.

Algunos defensores de la abstinencia alegaron que el accidente de Kishline era un ejemplo del fracaso de las tendencias hacia

conflictos existen dentro de un continuo, y son desde leves hasta peligrosos para la propia existencia. Veamos el caso de Enrico J.: cuando tenía aproximadamente 20 años, fue sancionado tres veces por conducir borracho y obligado a asistir a un programa de rehabilitación de varios meses basado en la abstinencia, además de asistir semanalmente durante un año a las reuniones de AA. Cuando protestó diciendo que no era un «alcohólico», sino que formaba parte de un grupo que se reunía para ir de juerga y que abusaba del alcohol, se le dijo que estaba negando su realidad. «No estaba dispuesto a dejar de beber y en realidad no lo necesitaba; lo que me hacía falta era ser más responsable con lo que consumía.» Ahora, diez la moderación en el caso de los bebedores problemáticos. Sin embargo, en el momento del accidente Kishline ya no asistía a MM. Varios meses antes había anunciado que, puesto que no era capaz de someterse a las directrices del grupo, había cambiado su «meta de rehabilitación y que prefería la abstinencia a la moderación», según el consejo de MM de que sus miembros tienen que abstenerse si no son capaces de moderarse. Anunció que estaba asistiendo a las reuniones de AA y que también pensaba ir a otros programas basados en la abstinencia. Sin embargo, según el *New York Times*, Kishline afirmó que cuando fracasó con la moderación y la abstinencia, estaba demasiado avergonzada como para buscar ayuda y se «rindió».

De hecho, no se debería culpar a ningún programa por la tragedia de Kishline. «Las recaídas son normales, sea cual sea la opción que escoja el bebedor», así lo expone un eminente grupo de expertos en una declaración conjunta publicada entre todas las noticias que se difundieron sobre el accidente en esos días. Es decir, aunque las personas asistan a programas basados en la abstinencia, la recaída es bastante común, pero no se puede responsabilizar a ningún programa —tanto si defiende la abstinencia como la moderación— de una falta individual.

años después, puede beber y dejar de beber a su antojo. Alguna vez se toma un par de cervezas, pero disfruta saboreando la bebida en lugar de tomarla para colocarse. Según el experto en alcoholismo y abogado Stanton Peele, «la mayoría de los infractores borrachos no son "alcohólicos", sin embargo en Estados Unidos representan uno de los grupos más extensos de personas obligadas a asistir a programas basados en la abstinencia».

Hay una serie de expertos en la vanguardia de las investigaciones sobre el alcoholismo que creen que habría más personas que harían algo respecto a su problema con la bebida en una fase temprana si al principio se les ofreciera la oportunidad de escoger entre la abstinencia y beber con moderación. Heather F. admite que aunque ella supiera que posiblemente le iría mejor con la abstinencia, no estaba dispuesta a comprometerse de por vida con ella cuando abordó por primera vez su problema con la bebida. «Si los terapeutas que al principio me permitieron beber con moderación me hubieran exigido la abstinencia, habría salido por la puerta y no hubiera vuelto. Debido a que pude experimentar y tomar mis propias decisiones, al final me di cuenta de que la abstinencia era la mejor opción para mí.»

El doctor Alan Marlatt señala que Canadá, Australia y algunos países europeos suelen ofrecer programas para beber con moderación, que es probable que atraigan a bebedores problemáticos que no estén interesados en la abstinencia. Tal como rezaba una columna del *US News & World Report*, «al decir que la abstinencia es la única cura, estamos garantizando que el problema del alcoholismo en Estados Unidos, que cuesta cien mil millones de dólares al año, no se resolverá». Si alguien opta por beber con moderación y no le funciona, entonces podrá recurrir a la abstinencia.

Algunos estudios sugieren que las personas a las que al principio se les ofrecen opciones para beber con moderación es muy probable que tengan más éxito que aquellas a las que se les ofrecen programas basados en la abstinencia. Quizás el más famoso de esos estudios sea el realizado por los psicólogos Mark y Linda Sobell en los años setenta. Era un estudio efectuado con varones «alcohólicos» que fueron asignados al azar a tratamientos basados en beber con moderación o a un programa tradicional centrado en la abstinencia. Según el doctor Mark Sobell, «A los tres años del tratamiento se descubrió que los que siguieron el método de beber con moderación tuvieron más éxito. Curiosamente, incluso gozaron de más días de abstinencia que aquellos a los que se les dijo que debían abstenerse».

Beber con moderación también puede formar parte de un plan de rehabilitación que comienza con un período de abstinencia, continúa con una prueba de moderación, e implica un regreso a la abstinencia si finalmente beber con moderación no funciona. Heather F.

recuerda: «Mi primer terapeuta sobre dependencias químicas me hizo empezar con tres meses de abstinencia, seguidos de un período de prueba en el que bebí con moderación. Cuando mi consumo de alcohol volvió a subir, me di cuenta de que probablemente algún día tendría que dejar de beber para siempre».

Si a las personas *se les permite* escoger entre beber con moderación y la abstinencia, ¿no se decantarán todas por la opción que les permita beber? Curiosamente los estudios sugieren que cuando las personas están entrenadas para beber con moderación, aquellas que son alcohólicodependientes optan por la abstinencia. El psicólogo Marc Kern dice que eso es justamente lo que hace la mayoría de los participantes del grupo Moderation Management que él dirige tras la pausa recomendada de treinta días sin beber. «Algunas personas descubren que, tras un mes sin beber, es más sencillo seguir así, y continúan con la abstinencia.»

El doctor Sobell es de la misma opinión: «La mayoría de las personas con problemas serios dirá "Quiero dejar de beber para siempre", porque no quieren arriesgarse a sufrir más consecuencias. De vez en cuando, alguien optará por una meta que evidentemente no será la más indicada, pero la frecuencia con la que esto se produce es muy inferior a la que uno podría esperar». Los doctores Kern y Sobell están respaldados por otros expertos que creen que cuando a las personas se les da una oportunidad, suelen elegir metas correctas para sus situaciones.

Cómo se marcan los límites los mentores de la moderación

Los mentores que deciden beber esporádicamente emplean varias estrategias para asegurarse de que no se descontrolan. Sus experiencias certifican la observación de los expertos de que los bebedores problemáticos que logran una moderación estable no sólo beben menos, sino que cambian sus hábitos de bebida. Por ejemplo, cambian a una bebida alcohólica que no es su favorita, ya no salen con amigos bebedores y beben en lugares o en circunstancias distintas. Nolan H. cambió su círculo de amistades y sus actividades de ocio para no estar tanto bajo la influencia de la cultura del bar y de las drogas. También lleva la cuenta de la frecuencia con la que bebe en un período de tiempo determinado. Bill L., que en el pasado «abusó del alcohol en privado», afirma: «Ahora sólo bebo en público, donde soy muy cauteloso con mi conducta y con mi aspecto. Pero mi estrategia más importante es planificar con tiempo. Al ser mayor y más consciente, ahora planifico activamente cuánto voy a beber. Fijo límites tanto del tiempo que voy a beber como del número y la clase de bebidas que voy a tomar. También visualizo cómo me voy a presentar ante los demás cuando bebo».

Ed Shaw, un bebedor moderado y mentor que es productor y copresentador del mundialmente conocido programa de radio *The Ruth and Ed Shaw Show*, tiene una serie de condiciones establecidas para beber. Nos explica: «Planifico cuándo voy a beber; es un acto consciente, no accidental. Normalmente no bebo más de una vez a la semana y nunca tomo cerveza, porque para mí "sólo una" es una mierda. También intento evitar a los grandes borrachos que necesitan compañía, y me alejo de las fiestas del día de san Patrick, donde lo único que se hace es beber».

Los mentores que beben con moderación no sólo confían en ciertas estrategias que limitan la cantidad de alcohol que consumen, sino que también se preocupan de su bienestar emocional a fin de evitar volver a las andadas. Por ejemplo, Nolan H. ha prometido no volver a beber por «circunstancias» como estar enfadado. Ha encontrado nuevas formas de sentirse bien haciendo ejercicio, ejerciendo de entrenador de sus hijos en los equipos de atletismo, disfrutando de las actividades de ocio y prosperando en su carrera. Con más de una década de sobriedad y cuatro años bebiendo con moderación, Nolan todavía evalúa los pros y los contras de la bebida. «Hace poco rechacé la oportunidad de pasar un día fuera de casa con los amigos porque sabía que eso supondría todo un día de bebida. No tenía ningunas ganas de encontrarme mal a la mañana siguiente. La diversión que obtienes al beber en una situación como ésta, ya no me compensa cuando pienso en las consecuencias.»

La bebedora moderada Pat A. no sólo asiste a las reuniones de Moderation Management y no deja entrar el alcohol en su casa, sino que además está siguiendo una terapia con un psicoterapeuta para resolver los problemas iniciales que la condujeron a beber demasiado. Intenta controlar su ira a través del ejercicio, y no de la bebida y ha aprendido a hablar en su propia defensa. «No dejo que una bebida me haga hacer algo que no va conmigo», afirma.

Por último, está bastante claro que, a pesar de que no son abstemios, estos mentores *se han* comprometido a cambiar a largo plazo su relación con el alcohol, al igual que han hecho otros mentores con su compromiso de abstinencia. Jack B., que tardó quince años en resolver su problema con la bebida y ahora toma una cerveza o un vaso de vino al día, volvió a visitar la cultura del bar con sus «distintos aspectos», que tanto añoraba al principio de su sobriedad. «Después de regresar a los bares de una forma mucho más controlada, me di cuenta de que las personas que una vez me parecieron fascinantes en realidad estaban taradas, destrozadas, abatidas; fue una dolorosa revelación y una reafirmación más de mi compromiso de *no* volver a desviarme por ese camino.»

Conseguir ayuda bebiendo con moderación

«El problema —señala el doctor Marlatt— es que la mayoría de las personas que intentan beber con moderación lo hacen por sí solas, sin ninguna herramienta. Si se les ofreciera ayuda profesional y contaran con los medios adecuados para controlar su progreso, beber con moderación no tendría por qué acabar en fracaso.» De hecho, pocos mentores dijeron haber contado con algún apoyo profesional cuando intentaron reducir su consumo de alcohol. Ese tipo de ayuda puede resultar difícil de encontrar en Estados Unidos. Un estudio de mediados de los noventa puso de manifiesto que más de tres cuartos de los doscientos programas de rehabilitación seleccionados al azar contemplaban el hecho de beber con moderación como una meta inaceptable. Los programas externos no ponían tantas objeciones a esta opción como los que requerían un ingreso, según el mismo estudio, pero aun así casi la mitad de ellos consideró esa posibilidad como inviable. Al describir este estudio, la publicación del gobierno de Estados Unidos *Alcohol and Health* dice: «En general, los responsables de los programas mostraron su falta de voluntad para negociar las metas de los tratamientos con sus clientes».

Si quieres probar a beber con moderación, será mejor que lo intentes dentro de un programa como Moderation Management u otro mencionado en el apéndice, DrinkWise, y/o bajo la supervisión de un profesional que tenga experiencia en evaluar la gravedad de los problemas de alcoholismo, así como en los programas para beber con moderación. De este modo puedes hacerte una idea de si eres un buen candidato para beber con moderación, tendrás acceso a distintos métodos que te pueden resultar útiles y recibirás ayuda si fracasas en tu intento de controlar lo que bebes. Para una información más detallada sobre estos programas, así como sobre libros que traten este tema, véase el apéndice, páginas 345-348. Para tener unas pautas sobre cómo puedes hallar profesionales de la salud mental, véanse páginas 326-329.

Otra perspectiva: la historia de John A.

Quisiera acabar diciendo que existe una gran diferencia entre intentar beber con moderación como una primera acción para hacer frente a un problema con el alcohol y volver a beber después de un período de abstinencia satisfactorio. Cierto, algunos mentores pueden beber de nuevo tras haber sido abstemios. (Se podría decir que todos sus años sin beber les han concedido el suficiente «tiempo para estar sobrios» como para hacer las cosas como es debido en otras áreas de la vida, de modo que pueden beber sin que les cause proble-

Qué hacen los mentores para controlar el alcohol

Cuando los mentores tuvieron que decidir si querían volver a beber alguna vez y cuándo, consideraron si los alimentos que consumían contenían alcohol entre sus ingredientes. También tuvieron que considerar si tomaban sustitutos de bebidas alcohólicas, como la cerveza sin alcohol y el mosto, que a veces llevan algún grado de alcohol. Al igual que con muchos aspectos de la rehabilitación, el mensaje de los mentores respecto al uso de estos productos es que has de encontrar lo que a ti te funciona.

Sin embargo, es interesante observar que todavía quedan unos cuantos mentores totalmente abstemios que no son tan estrictos y que ingerirán comidas que lleven algo de alcohol o se permitirán sucedáneos de la cerveza y el vino, lo cual pone de nuevo en entredicho la idea de que el alcohol se ha de evitar a cualquier precio para mantener la sobriedad.

A continuación presento un resumen de lo que hacen los mentores con dichos alimentos y bebidas:

Alimentos que contienen alcohol. Cuando se les preguntó específicamente si tomaban postres, guisos y otros alimentos hechos con bebidas alcohólicas, casi tres de cada diez dijeron que sí, mientras que el mismo número respondió que no. La respuesta más habitual fue que eso dependía de factores como la concentración de alcohol, o si la comida había sido cocinada y el alcohol se había evaporado. De los que eran totalmente abstemios, casi una cuarta parte indicó que consumía alimentos que contuvieran alcohol; un 40 % tomaba dichas comidas si estaban cocinadas o si la concentración de alcohol era mínima. Las respuestas afirmativas solían proceder de los mentores que se rehabilitaron con métodos atípicos; casi la mitad de los miembros de AA también respondió lo mismo.

Así que algunos mentores no consumirán nada de alcohol, mientras que otros no creen que esas diminutas cantidades les hagan volver a la botella. A Liz P., que no toma alimentos que contengan alcohol, le preocupa que «el sabor de una bebida alcohólica conocida le despierte de nuevo el deseo. Me plantearía mi propio compromiso con la sobriedad si conscientemente consumiera esa comida. Además no estoy segura de que realmente se evapore todo el alcohol». Por el contrario, Arnold C. dice que toma alimentos preparados con alcohol porque las cantidades suelen ser pequeñas y a menudo se evapora. (La verdad es que el contenido de alcohol de las comidas varía; depende de la cantidad de alcohol añadido, del tipo de bebida y del tiempo de cocción. El vino tiende a evaporarse más que un licor, y los alimentos que se cuecen durante más tiempo conservan menos alcohol.) Arnold añade: «El mito de "una copa, un borracho" impide a algunas personas ver lo que es obvio y utilizar el sentido común». De hecho, muchos de los mentores sencillamente usan el sentido común, como Phil Q., que afirma: «Intento no ser obsesivo. Si la comida sabe a alcohol, no repetiré».

Lilith V., que al principio no consumía nada que contuviera alcohol porque no quería sentir el deseo de volver a beber, adopta una actitud razonable con los medicamentos para la tos y los resfriados que llevan alcohol. Alguna vez toma «una medicina o tintura» que lleva alcohol y nos dice: «Vigilo mis motivaciones, mis respuestas emocionales y las instrucciones —una cucharadita de café *no* es una cuchara sopera; ¡si con una basta, *no* hacen falta dos!».

Cervezas sin alcohol y mostos. Dos tercios de los mentores indicaron que no consumían cerveza sin alcohol ni mostos, mientras que otro tercio sí lo hacía. Para los que eran totalmente abstemios, casi tres de cada diez consumían estas bebidas. Los solitarios que se abstenían sin ayuda tenían una mayor tendencia a tomar cervezas sin alcohol ni mostos que los que se habían rehabilitado con ayuda o estaban en ese proceso, lo que podría reflejar la tendencia de los grupos de rehabilitación.

Las razones de los mentores para no consumir bebidas sin alcohol son diversas. A algunos simplemente no les gusta su sabor. Otros creen que pueden notar los efectos de las ínfimas dosis de alcohol que puedan contener. Por ejemplo, Leslie T. afirma: «Las he tomado, pero tuve algunos síntomas que me sobresaltaron —euforia, rubor facial— y ahora temo que las bebidas sin alcohol puedan conducir a las alcohólicas. De modo que he dejado de tomarlas y bebo agua, soda o cualquier otra cosa». Amy P. dice que prefiere mantenerse alejada de las cervezas sin alcohol y los mostos, porque no quiere que le recuerden su sabor. Para George M., «las bebidas no alcohólicas son de lo más insulso, son como hacer el amor sin llegar al orgasmo, fumar sin nicotina, la bulimia o comer sin comer».

Por el contrario, la facilidad de encontrar bebidas sin alcohol ayuda a algunos mentores a mantenerse sobrios. Cuando Rosa L. siente el impulso de beber, a veces se relaja con una cerveza sin alcohol o un vaso de mosto. Paul V., que nos dice que bebe «pseudocerveza» —por ejemplo, en una comida de negocios donde se sirva alcohol—, observa que muchas personas «normales» hacen lo mismo.

Vino en la comunión. Aunque rara vez surgió el tema (y yo no lo pregunté directamente), algunos mentores dijeron lo que hacen cuando se sirve vino durante la comunión. El coordinador de SMART Recovery, Arnold C. dice: «A veces voy a misa los domingos, aunque sólo sea por los viejos tiempos. En la comunión tomo un sorbo del vino consagrado, sin que me cause efecto alguno de "pérdida del control"». Judy K., antigua miembro de AA (dieciocho años), dice: «Bebo una diminuta copita de vino cuando recibo la comunión los domingos. Al principio me sentía muy cohibida al respecto. No es porque sintiera que quería más, sino por mi profundo deseo de no volver a probarlo, e incluso esa ínfima cantidad, por pequeña que fuera, *era* alcohol. Al cabo de un tiempo ya no sentía eso. Ahora ni siquiera lo considero alcohol, sino lo que realmente es: la sangre de Cristo». (AA carece de una norma oficial respecto al vino que se toma en la comunión; deja esta decisión al libre albedrío de las personas.)

Tras catorce años sin beber, Phil Q. le dijo recientemente a su hija de 12 años que había tomado una copa un domingo. «Fui a una reunión de un coro de chicos al que había pertenecido hacía cuarenta y cinco años —fue la primera misa católica a la que asistía en mucho tiempo— y decidí tomar el vino de la comunión, en memoria del maestro del coro al que estábamos homenajeando.» Cuando se lo dijo a su hija, ésta le miró preocupada y le preguntó: «¿Qué quiere decir eso, qué va a suceder?». Phil respondió: «Bueno, no creo que vaya a pasar nada. Pero no voy a poder decir que no he tomado una copa en catorce años». La reacción de su hija fue afirmar sin dudarlo: «Claro, eso no contará». «Muy bien, estoy contigo —le aseguró Phil—. Eso no cuenta.»

mas.) *No obstante, es arriesgado intentar moderar lo que se bebe si has sido abstemio voluntariamente durante bastante tiempo.*

John A., que ahora trabaja profesionalmente en el campo de la rehabilitación, es un caso aparte. Al igual que Nolan, John intentó «experimentar» con el alcohol —en su caso, después de dieciocho años sin probarlo—, pero llegó a una conclusión diferente. En el transcurso de seis meses, nos dice: «Mis experimentos incluyeron cosas como tomarme un vaso de vino mientras cenaba, tomarme entre dos y seis copas en los actos sociales e incluso beber para experimentar la embriaguez». «En todas las ocasiones —nos cuenta— pude decidir las condiciones y circunstancias para dicho uso y jamás utilicé más de la cantidad que me había fijado. Nunca perdí el control o tuve consecuencias negativas, aparte de la resaca.»

A raíz de sus experimentos, John extrajo las siguientes conclusiones:

1. No soy «impotente» frente al alcohol, a pesar del hecho de que una vez fui alcoholicodependiente. No tengo por qué temer una recaída.
2. La magia ha desaparecido. Aunque experimenté cierta euforia en un par de ocasiones, generalmente estaba embriagado o me encontraba mal. También me preocupaba que hacia fi-

nales de esa época mi tolerancia fuera en aumento y apenas sintiera nada despúes de tomarme un par de copas.

3. Sería absurdo y sin sentido volver a beber alcohol regularmente. Las supuestas recompensas en realidad no existen.

4. Al menos para mí, la abstinencia es lo más sensato porque:

   a) Es más fácil, se requiere un esfuerzo considerable para controlar el alcohol.

   b) Es lo más seguro, la única garantía de no tener consecuencias negativas es no beber nunca.

5. Por último, aunque no por ello menos importante, tener la mente clara y ser eficaz son una recompensa en sí mismas.

Durante varios años desde sus experimentos, John ha vuelto a ser abstemio, salvo cuando ha tomado alguna medicación que contuviera alcohol o ha bebido un sorbo de cava en una boda. «Sencillamente, no creo que consumir alcohol con regularidad sea una buena idea para mí. Además, tengo muchas otras cosas que hacer con mi tiempo y energía con las que obtengo más placer y que me resultan más gratificantes.»

John cuenta con distintos medios y recursos que puede que no estén al alcance de otras personas que están volviendo a experimentar con la bebida, y no todo el mundo tiene semejante autocontrol. Para muchas personas —especialmente las que una vez tuvieron graves problemas con la bebida—, si la puerta hacia el alcohol se abre de nuevo después de muchos años de abstinencia, puede resultarles difícil volverla a cerrar.

9

No basta con dejar de beber

Cómo hacen frente los mentores a los altibajos
de la vida sin el alcohol

En AA se suele decir: «Sigue asistiendo a las reuniones y no bebas». Uno de los principios de SOS es «No bebas, pase lo que pase». Según la filosofía de RR, una vez has aceptado que no puedes volver a beber, es probable que tus otros problemas se debiliten y desaparezcan. Pero ¿es así de sencillo? ¿Permanecerías sobrio si lo único que haces es comprometerte a no beber?

Los mentores revelan que resolver problemas serios con el alcohol conlleva mucho más que «sencillamente» dejar de beber en exceso. Mantener la sobriedad a largo plazo implica ser capaz de hacer frente a cualquier acontecimiento de la vida —los buenos y los malos— sin tener un vaso de vino, una cerveza o una copa de licor en la mano.

Lo que más encuentran a faltar los mentores de sus días como bebedores es la forma en que el alcohol les permitía escapar, ocultarse o conseguir un alivio momentáneo de las situaciones dolorosas, los problemas y los sentimientos, de modo que no debe sorprendernos que su principal dificultad en los primeros tiempos de sobriedad —muy por encima de las demás— sea controlar las emociones, los asuntos personales y los problemas sin el alcohol.

Sin embargo, una y otra vez, los mentores explicaron cómo aprendieron a hacer frente a la montaña rusa que significa la vida sin el recurso de la botella. Además, los testimonios de algunos mentores prueban que a corto plazo tener algún desliz con el alcohol no implica necesariamente una recaída formal; tampoco es necesario que empieces a contar tu tiempo de sobriedad a partir de cero cada vez que tomas una copa.

La historia de Leslie T.

Desde recién cumplidos los 20 hasta los 30, Leslie T. pasó de ser la reina de la fiesta de estudiantes y una licenciada en una prestigiosa universidad a ser una bebedora solitaria de casi un litro de vodka al día, que vivía en un apartamento donde sólo había un colchón en el suelo y un calendario en la pared. Cuesta reconciliar este escenario con la Leslie educada y con éxito de 53 años de hoy en día, que cuenta ya con veinte años de sobriedad y goza de una vida profesional y personal muy rica.

Como miembro de una familia adinerada y religiosa del Sur, Leslie se metió en líos a una edad muy temprana debido a incongruencias de la vida, que gradualmente alimentaban su desesperación interna, la cual acababa anestesiando con el alcohol. Cuando ingresó en la universidad, no le costó mucho darse cuenta de que el alcohol podía proporcionarle alivio y ayudarla a escapar de todo tipo de problemas, emociones e inseguridades. Leslie había empezado a asociar la bebida con el sentimiento de estar desinhibida socialmente, con tener relaciones sexuales estupendas y con paliar los problemas físicos y psicológicos de este modo.

«Mi adicción a la bebida alimentaba mi desesperación existencial, que a su vez alimentaba mi energía creativa»

Cuando terminó los estudios universitarios, Leslie, que entonces bebía casi a diario, se enamoró de un compañero de clase con el que se casó. «El matrimonio estuvo lleno de conflictos y yo solía em-

242

borracharme para olvidar las peleas. También bebía para aliviar el dolor que me dejaban las heridas causadas por mis sentimientos cuando él rechazaba mis muestras de afecto y mis proposiciones amorosas.» Cuando consiguió un trabajo en una organización para los derechos civiles, «trabajé con un grupo de escritores que bebían en las comidas y a veces seguían bebiendo por la tarde; por la noche salían y también bebían. Yo también seguía su ritmo. Utilizaba el alcohol para todas las ocasiones "normales"; después de un duro día de trabajo o como parte de la diversión de un día de playa. También bebía para animarme cuando tenía que pasar alguna prueba en el trabajo y para sentirme más cómoda en los actos sociales. Bebía porque estaba en contra de mi ciudad natal, en contra de la guerra del Vietnam, en contra de la injusticia social y del racismo —la inhumanidad del ser humano con el ser humano—. La bebida estaba vinculada a mis habilidades creativas —el alcohol alimentaba mi desesperación existencial, que a su vez alimentaba la energía creativa».

Cuando Leslie tuvo un romance con un compañero de trabajo, su matrimonio se disolvió; a partir de entonces cambió constantemente de empleo y tuvo numerosas y arriesgadas relaciones sexuales. También se puso a sí misma y a los demás en peligro por conducir borracha. Al final, vivía de la ayuda económica temporal que le pasaba su ex marido, trabajaba en una tienda de ropa y se gastaba todo lo que tenía en vodka, tabaco y la comida justa para sobrevivir. Con el tiempo dejó de presentarse al trabajo. Lo único que le quedaba era el colchón donde estuvo tumbada durante dos semanas con su vodka y su tabaco antes de decidirse a acudir a un abogado para declararse insolvente. Éste le sugirió que se sometiera a un tratamiento, a lo cual asintió con tal de sacarse de encima a sus acreedores. Se marchó a los cuatro días de estar ingresada en un centro de rehabilitación por voluntad propia, desoyendo los consejos médicos, pero sí aceptó asistir a un programa externo de un grupo de psicoterapia basado en AA sólo para mujeres. Eso también duró poco.

«Veía que tenían una serenidad que a mí me faltaba»

Sin embargo, en algún momento de esta experiencia Leslie empezó su viaje hacia la rehabilitación. Las conexiones que había creado con el alcohol tardarían años en romperse, pero pasar por la desintoxicación y un breve período de tratamiento la ayudó a darse cuenta de que probablemente era una «alcohólica» y que la mayoría de sus problemas estaban provocados por el alcohol. Por medio de la «voluntad pura y dura» hizo la promesa de no beber.

Empezó a dar los pasos necesarios para rehacer su vida y propiciar la sobriedad. En primer lugar, ya no podía pagar el alquiler, por lo que aceptó una oferta que se le propuso: dormir durante el verano en el porche de la casa de un hombre que la había hecho fumigar para acabar con las termitas. También asistió a varias reuniones semanales de AA, que a pesar de que no le atraían intelectualmente, sí lo hacían en otros aspectos. «Vi que las personas que estaban en AA respiraban serenidad, una comodidad con su sobriedad que yo no tenía. AA también me ayudó a sentirme menos aislada, vi que no estaba sola en muchas de las vergonzosas conductas de mi pasado.»

El aspecto intelectual de Leslie la seguía conduciendo a la biblioteca, donde leía todo lo que podía encontrar sobre la naturaleza de los problemas con el alcohol. Ahora nos dice: «Saber que había una explicación científica para mi dependencia del alcohol me ayudó a aceptar mi enfermedad, a sentirme menos sola y a tener la esperanza de que un día habría una cura para el alcoholismo». También leía «cualquier cosa escapista», veía culebrones y caminaba durante horas por la cálida ciudad costera en la que vivía.

La sobriedad le resultó fácil al cabo de un año, cuando se enamoró de Sam, un hombre algo mayor que ella con tres hijos de un matrimonio anterior. «Él me dio amor y una forma de vida por la que valía la pena esforzarse», nos cuenta. A los tres meses de haberse conocido se casaron y todavía están juntos.

Poco más de un año después de haberse sometido a su primer tratamiento, cuando Leslie estaba de luna de miel, su antigua forma de hacer frente a los problemas se adueñó de ella. Una discusión con Sam desencadenó una recaída fuerte, que duró menos de una semana y terminó con un regreso a AA.

«Para enfrentarme al conflicto, sabía que tenía que actuar de otro modo»

La relación dio un giro importante, cuando uno de los tres hijos adolescentes de Sam fue a vivir con ellos hacia finales del segundo año de sobriedad de Leslie. «Mi hijastro era un plasta y no siempre estábamos de acuerdo en cómo tratarle.» Tras otra discusión con Sam, Leslie tuvo una nueva recaída; ésta también duró menos de una semana, pero fue lo bastante seria como para que acabara en el departamento de urgencias de un hospital con un nivel de alcoholemia tan elevado que casi acaba con ella. Optó por volver a someterse a un tratamiento formal como paciente externa, para poder estar con su hijo adoptivo, y luego regresó a AA, pero con más frecuencia.

Leslie no volvió a beber a lo largo de otro año, y luego tuvo un último flirteo con el alcohol, esta vez como protesta por la negativa de su esposo a tener un hijo con ella. Pero tras probar un sorbo de vino, lo dejó. «Por primera vez desde la infancia —explica— me arrodillé ante un poder superior que el de la botella y que yo misma. Tenía que existir algo más grande que el alcohol: ¿mi mejor yo?, ¿la razón?, ¿Dios?»

Entonces vio claramente que iba a tener que aprender otras formas de solventar los problemas de la vida, de modo que no volviera a recaer. A partir de ese momento se convirtió en una persona capaz de resolver sus problemas activamente, en lugar de seguir recurriendo a la botella para encontrar falsas soluciones. «Sabía que para hacer frente al conflicto tenía que actuar de forma diferente. Por ejemplo, recuerdo una discusión en la que Sam rompió todos los platos que había en los armarios de la cocina. En vez de beber, lloré y fui a una reunión de AA.» Al reconocer que necesitaba algo más que

AA para resolver los conflictos de su matrimonio y con su hijo adoptivo, Leslie buscó la ayuda de un terapeuta especializado en lo que ahora se conoce como terapia cognitivo-conductista. También asistió con su esposo a terapia para parejas y llegaron a un acuerdo sobre cómo educar a su hijo.

Leslie no ha vuelto a beber desde su recaída, que tuvo lugar hace diecisiete años. Siguió asistiendo regularmente a AA durante casi siete años, pero ahora ya no tiene ninguna relación con dicha asociación. Cuidó a dos de sus hijastros en sus últimos años de instituto y no hace mucho le dieron las gracias por «aportar a los muchachos el único orden que habían conocido». Leslie trabaja para el gobierno de Estados Unidos, sigue estando felizmente casada con Sam, hace ejercicio con regularidad, le gusta ir a la ópera y al teatro, se le cae la baba con su nieto recién nacido e incluso se está planteando estudiar medicina.

Reconocer las conexiones entre «la bebida y...»

Para no volver a caer en el alcohol, Leslie tenía que aprender a hacer frente a las pruebas de la vida sin recurrir al mismo, un proceso que duró años, porque tal como ella dice: «El alcohol estaba presente en todos los aspectos de mi vida y todos los aspectos de mi vida estaban relacionados con el alcohol». Para Leslie, era beber y...

—pasar un buen rato,
—tener confianza en sí misma,
—sentirse desinhibida con los hombres,
—sentir alivio del dolor físico,
—sentir alivio del dolor emocional,
—hacer frente a los problemas sociales,
—sentirse desinhibida sexualmente,
—sentirse gratificada tras un duro día de trabajo,
—controlar la angustia respecto a la vida en general,

—liberar sus sentimientos,
—ser capaz de escribir con creatividad,
—calmar las heridas provocadas por los sentimientos,
—controlar los conflictos y la ira.

Asimismo, la mentora Michele D. describe sus conexiones con la bebida del siguiente modo: «En cualquier acto social, en cualquier momento, cuando mi marido y yo queríamos celebrar algo o cuando estábamos deprimidos, bebíamos. No sabíamos cómo divertirnos sin el alcohol».

Para alguien que quiere dejar de beber, el proceso de controlar los altibajos de la vida con mayor eficacia empieza por reconocer sus propias conexiones entre la «bebida y...». Pregúntate: «¿Cuándo empecé a beber y por qué? ¿Qué hizo por mí el alcohol y qué hace por mí ahora?».

Separar el alcohol de las «cosas de la vida»

El mayor problema de utilizar el alcohol para hacer frente a los avatares de la vida es que tiene un efecto bumerán. Dorothy C. explica: «Tengo una acentuada miopía y llevo gafas con cristales muy gruesos; me sentía como un patito feo. Cuando bebí por primera vez, el alcohol hizo que no me sintiera tan fea. También era una persona triste; de niña sufrí abusos sexuales por parte de mi padrastro, así que vivía con miedo, lágrimas y vergüenza. Cuando bebía me olvidaba de todas estas cosas y me sentía de maravilla. Sin embargo, cuando empecé a excederme me entraban ganas de llorar y *tenía muchos* temores, justo todo lo que intentaba evitar cuando empecé a beber. Debido a lo que hacía cuando bebía, estaba avergonzada y tenía remordimientos. Para olvidarme de todo, tenía que tomar otra copa». Dado que el alcohol actúa como un depresivo, se había establecido un círculo vicioso. En resumen, George M. dice: «Cuando bebía, todos mis problemas parecían desvanecerse, pero luego regresaban para vengarse».

Los aspectos negativos de la vida no son los únicos que están relacionados con la bebida; los buenos momentos también suelen ir acompañados del alcohol. «Al principio las celebraciones eran un problema, pues me divertían», nos cuenta Michele D., respecto a su primera etapa de abstinencia. «Durante años todo se había celebrado con alcohol. Aprender a divertirse sin alcohol fue muy duro y todavía trabajo para asimilarlo.» Marguerite E., después de nueve años sin beber, cree que las celebraciones y los momentos de euforia siguen siendo las situaciones más peligrosas.

Si alguien deja de beber y no llena, al menos en cierta medida, parte del vacío que ha dejado la ausencia del alcohol, probablemente el resultado será que vuelva a beber otra vez. Según Michele D., «dejar de beber y no llenar ese gran vacío que ocupaba la bebida no funciona».

Para enfrentarse a las pruebas del día a día y a las tribulaciones de la falta de alcohol, una serie de mentores dijeron que primero aprendieron a separar las emociones, los sentimientos y los problemas de la bebida. Becky H. dice: «Aprendí a separar las "cosas de la vida" de la bebida, de modo que cuando sentía una emoción que no fuera felicidad, me podía decir a mí misma: "Esto no tiene nada que ver con la bebida"». Billy R. añade: «Cuando dejé de beber, la parte más dura fue convencerme a mí mismo de que por muy deprimido, furioso o asustado que estuviera iba a soportar cualquier cosa que me presentara la vida siendo abstemio. Me preguntaba "¿Qué es lo peor que puede suceder?", y luego decidía que era mejor que volver a beber». Los mentores han aceptado, como hizo Frank L. que «beber no hará que ningún problema resulte más fácil de resolver, ni que ningún resultado sea mejor».

A continuación expongo algunas ideas de los mentores para separar el alcohol del resto de la vida.

Identifica los sentimientos, las emociones y los problemas

Jackie D. dice: «Cuando bebía, nunca imaginé que mis sentimientos se pudieran separar e identificar, lo que significaba que nunca había hecho nada que fuera apropiado respecto a los mismos. La parte más difícil de los comienzos de la rehabilitación fue que tuve que aprender a reconocer lo que estaba sintiendo, a diferenciar la tristeza de la ira, de la incomodidad, de la ansiedad y a permitirme experimentar felicidad». Enrico J. explica que no había estado en contacto con sus emociones hasta que se sometió a un tratamiento. «Me preguntaban cómo me encontraba y automáticamente respondía: "Bien". Entonces me decían: "¿Cómo te sientes *realmente*?", y me daban una larga lista de palabras para etiquetar las emociones. Al final había algo que me llamaba la atención: "¡Oh, sí, *estoy* triste!".»

Intenta averiguar por qué *sientes lo que sientes*

Identificar tus sentimientos te ayudará a determinar qué es lo que provocó ese estado mental. Marjorie A., que al principio lo pasó muy mal viviendo «sin anestesia», dice: «Ahora, cuando tengo necesidad de beber, reflexiono sobre la razón por la que siento ese impulso, qué sentimiento quiero encubrir —miedo, tristeza, ira— y sé cómo hacerle frente de una forma saludable».

Exprésate

En lugar de guardártelo todo dentro, intenta sacar los sentimientos y hablar de los problemas —a tu pareja, amistades o compañeros de los grupos de ayuda—. Kerry G. dice: «Comparto mis sentimientos y saco todo lo que se me pasa por la mente, incluyendo temas antiguos. Antes, siempre ocultaba mis sentimientos detrás de una máscara y bebía para escapar de toda mi carga emocional. Ahora me aseguro de que no se me amontone». Su consejo para las personas que quieren dejar de beber es «compartir y expresar todo lo que debas manifestar —gritar, llorar, escribir en un diario—. Haz cuanto necesites para eliminar la confusión y no te preocupes por la locura que todo ello pueda parecerles a los demás».

Practica la prevención

Karen M. dice: «En AA hay un acrónimo denominado "HALT";* significa que procures no estar demasiado hambriento, iracundo, solitario o cansado. Creo que estas cuatro cosas son fantásticas para recordarlas como tácticas de control de los prejuicios, puesto que en el pasado muchas veces fueron lo que me condujeron de nuevo a la botella».

Acepta los sentimientos incómodos como parte de la vida

Kemp M. dice: «Cuando aprendí a vivir en paz con mis problemas no resueltos, ya no necesité el alcohol». Pat A. añade: «Poco a poco voy aprendiendo a no preocuparme si en algunos momentos no estoy de buen humor». Recuérdate también que los sentimientos molestos pasarán, tal como hace Sarah N.: «Me ayuda darme cuenta de que sólo porque hoy me sienta mal, no tengo por qué estar deprimida mañana. Me enfrento a los sentimientos en lugar de evitarlos con el alcohol».

Hallar soluciones que funcionen

Tras su último flirteo con el alcohol, para mantenerse sobria, Leslie T. tenía que aprender a manejar con eficacia las tensiones con su esposo e hijastro. «Con la psicoterapia descubrí habilidades para po-

* En inglés «HALT» son las iniciales de *hungry* («hambre»), *angry* («ira»), *lonely* («solitario»), *tired* («cansado»), y la palabra *halt* significa «parar, detener, alto». (*N de la t.*)

ner en práctica la aserción, controlar la ira y comunicarme con sinceridad. Por ejemplo, aprendí a hablar sin sarcasmo y a escuchar lo que Sam me estaba intentando comunicar. Luego, cuando discutíamos tenía más oportunidades de hacer frente al conflicto sin beber.»

Leslie es una de las muchas mentoras (y mentores) que han dicho esto; tras haber dejado de beber, han aprendido a enfrentarse mejor a los problemas. Jackie D. dice que uno de los pasos más importantes que dio para mantenerse alejada de la bebida fue «atacar los problemas de cara y observar el progreso». Ahora afirma: «Puedo expresar mejor los problemas, no dejo que nada pueda conmigo y estoy decidida a no permitir que las cosas se queden por resolver. Uno de los secretos de la sobriedad es avanzar hacia aquello que nos hace sentir incómodos y resolver los problemas antes de que se vuelvan insuperables».

Aunque el hecho de hacer frente a los problemas fue importante para muchos mentores, otros se dieron cuenta de que apartarse de la vía del dolor también era una buena forma de controlar las dificultades, así que se alejaron de las situaciones problemáticas que podían hacerles caer de nuevo en la bebida. Por ejemplo, antes de que Krista O. dejara de beber, nos cuenta: «Tenía un trabajo de mucha responsabilidad y muy estresante que no era adecuado ni para mi personalidad, ni para mi rehabilitación». Dejó ese trabajo y ahora tiene un puesto más «sencillo, sin estrés», más adecuado para ella y más viable para mantenerse sobria.

Los mentores han encontrado soluciones para un montón de problemas comúnmente asociados a la bebida.

Depresiones y cambios de humor

Sea cual fuere la causa de la depresión, se puede convertir en una forma de vida para los bebedores problemáticos y suele requerir al menos una resolución parcial cuando se deja de beber. La estrategia más común de los mentores para enfrentarse a los momen-

251

tos bajos es (tan obvia como suena) hacer algo para sentirse mejor —por ejemplo, hablar con alguien, realizar alguna actividad física o recurrir a la religión—. Muchos mentores han recurrido a la psicoterapia y a otros métodos, y casi una veintena han tomado antidepresivos; unos cuantos toman hipérico, un remedio de fitoterapia que se dice que ayuda a moderar la depresión leve. Amy P. dice: «Tengo un largo historial de depresiones, incluso anterior a mi problema con la bebida, y he tomado muchas veces antidepresivos durante mi vida de adulta». Unos pocos mentores han mencionado que ahora que están sobrios no tienen tantos altibajos emocionales.

Para controlar la depresión han utilizado las estrategias siguientes:

■ «Duermo, leo o hablo con los amigos y sé que todo esto pasará.» Rebecca M.

■ «Gracias a la meditación y al ejercicio, mi estado de ánimo es muy bueno y estable.» Charles G.

■ «Si siento que mi vida se viene abajo, hablo con mi psiquiatra.» Amy P.

■ «He de apartarme físicamente de la presencia de los demás; lo que suelo hacer es dar una vuelta en coche y dejar que salga la verdad. También me ayuda muchísimo escribir mis pensamientos en un papel.» Lilith V.

■ «Tomo antidepresivos, hago ejercicio, estoy en contacto con gente que me apoya, sigo una buena dieta y leo obras interesantes.» Dorothy W.

■ «Hago ejercicio, paso tiempo al aire libre, al sol, y cuido de mi adorable perro.» Zoe A.

En lugar de recurrir al alcohol, muchos mentores hacen algo que les alivie realmente su estrés. Bastantes han mencionado el ejercicio físico como medio para reducirlo, mientras que otros han utilizado las técnicas de relajación o de meditación. Otros me han dicho que han rezado o se han decantado por la religión. Las investigaciones sugieren que la cantidad de estrés que los bebedores problemáticos experimentan en sus vidas no es necesariamente lo que determinará si volverán a la botella, sino la forma en que lo intentan controlar.

A continuación veremos algunos de los métodos personales que emplean los mentores contra el estrés:

■ «Me desahogo compartiendo mis preocupaciones y escuchando los consejos, en lugar de perder el tiempo quejándome. Me hago limpiezas de cutis, masajes, manicuras y me voy de viaje con mis amigas.» Nancy B.

■ «Hago algo físico; generalmente cambio los muebles de sitio.» Jordan L.

■ «Repito una oración corta para encontrar alivio. Respirar también me sienta muy bien; un par de respiraciones profundas devuelven un cierto grado de serenidad a mi mente y liberan las tensiones de mi cuerpo. Si todo esto falla, me tomo una infusión de manzanilla y me meto de nuevo en el armario hasta que se me pasa.» Lilith V.

■ «Trabajo y hago tai chi.» Wayne W.

■ «Me sumerjo en la música y el baile.» Rafael P.

Las respuestas más frecuentes de los mentores sobre cómo controlar la ira estaban relacionadas con la forma de hacer frente a la situación de manera adecuada y directa, es decir, expresando su ira o hablando de ella.

■ «Pego puñetazos a los cojines, doy paseos estimulantes, escribo y digo lo que me preocupa.» Denise T.

■ «Intento controlar la ira antes de que alcance niveles superiores.» Sarah N.

■ «Ando y subo escaleras.» Camille G.

■ «Me enfado y LO SUELTO TODO.» Jeanne F.

■ «Utilizo técnicas de relajación progresivas.» Clarence C.

■ «Escribo cosas para manifestar mis protestas.» Amy P.

■ «Expreso mi ira (apropiadamente) a la persona adecuada.» Rod R.

■ «Hago respiraciones profundas y salgo a dar una vuelta. El ritmo de mi paso al andar y el aire fresco dispersan todos los malos sentimientos.» June R.

■ «La última vez que me enfadé de verdad me marché a casa, me tendí en la cama y dejé que las oleadas de rabia subieran y bajaran por mi cuerpo. Al cabo de un rato me quedé dormido, hice una siesta estupenda y me levanté renovado.» Herbert Z.

■ «Normalmente, llamo a una amiga o a mi hermana para desahogarme.» Nancy B.

■ «Intento pasear o bien darme un baño con agua caliente.» Vincent A.

Llevar bien las «cosas de la vida» no es ni mucho menos una tarea fácil o algo que se consiga de la noche a la mañana. Al igual que Leslie T., muchos mentores han aprendido a manejar estos retos con mayor eficacia con la ayuda de algunos terapeutas privados. De hecho, dos tercios de los mentores dijeron que en algún momento recurrieron a la psicoterapia, y muchos señalaron que ésta les había ido bien, *además de asistir* a algún grupo de ayuda. Muchos hicieron hincapié en que la psicoterapia les ayudó a superar otros temas subyacentes que puede que les estuvieran afectando en su adicción a la bebida.

En el transcurso de su recuperación, Leslie T. ha hecho terapia para ahondar en las causas profundas de su depresión, así como para tratar un trastorno de la alimentación. Eso le ha servido para explorar con su psiquiatra la conexión entre un problema de exceso de peso en la infancia y sus problemas de adulta al atiborrarse y purgarse tanto con la comida como con el alcohol.

Ben H. utilizaba el alcohol para soportar el dolor de los abusos físicos que sufrió por parte de su padre adoptivo durante la infancia, así como para afrontar los temas relacionados con su adopción. Desde que dejó de beber, se ha dado cuenta de que sigue sufriendo mucho. «Pero lo voy sobrellevando sin alcohol —afirma—, haciendo ejercicio, yendo al psicólogo de vez en cuando y tomando antidepresivos.»

Hasta la fecha, aunque no beban, algunos mentores dicen que buscar soluciones conlleva *seguir* buscando ayuda cuando les persiguen los problemas. Por ejemplo, tras nueve años sin beber, Michele D., que en el pasado iba esporádicamente a AA, se dio cuenta de que corría el riesgo de recaer cuando murió el hombre del que estaba enamorada. Volvió a ir a AA y empezó a trabajar con un tutor.

Las respuestas más comunes de los mentores sobre cómo manejar estas experiencias positivas tenían relación con aprender a disfrutar de las mismas sin el alcohol.

■ «Salgo a tomar un café o a comer, doy un paseo o me voy a disfrutar de la naturaleza.» Michele D.

■ «Me gusta limpiar la casa, pruebo una nueva receta, experimento con un nuevo restaurante de cocina extranjera, hago algo para alguien o compro flores para la mesa.» Zoe A.

■ «Me recuerdo que la forma más rápida de echar a perder ese momento es tomar una copa.» Clare J.

■ «Acudo a las reuniones de AA y hablo de lo feliz que soy.» Marguerite E.

■ «Me recompenso con un libro nuevo, un masaje, música o quizá con un poco de chocolate.» Ann M.

■ «Me encantaba el cava. Ahora celebro las cosas salpicándolas con mosto gaseoso —crea un ambiente festivo y tiene burbujas—.» Amy P.

■ «Salto y canto.» Jay J.

Aceptar que la vida sigue, a pesar de la confusión

Sólo porque los mentores hayan aprendido a enfrentarse mejor a la montaña rusa de la vida cotidiana, eso no significa que cese su confusión. Martha B. (cinco años) se ha dado cuenta de que, en muchos sentidos, los últimos tres años han sido más estresantes que ninguna otra etapa de su vida. Durante este tiempo se trasladó para estar con su esposo, y con ello tuvo que cambiar un empleo con una remuneración de 54.000 dólares anuales por otro a horas con un salario muy bajo. También dejó a sus amistades de muchos años y a su familia y todo su sistema de apoyo. «Sin embargo, me estoy enfrentando a todo ello y he elegido no beber —afirma—. En gran medida es pura fuerza de voluntad, pero le pido ayuda a Dios regularmente.» Además va a psicoterapia y a AA tres o cuatro veces a la semana.

Una persona que haya abusado del alcohol durante mucho tiempo puede padecer algún problema personal, físico y material provocado por la bebida, y tal vez necesite cierto tiempo para solventarlo. Chico W. descubrió que cuando dejó de beber por primera vez, le costó volver a recobrar el respeto de su familia, sus amistades y su jefe. «Pensé equivocadamente que todo volvería a la normalidad, pero tardé cuatro años en recuperar mi matrimonio, y cambiaba de trabajo casi cada quince meses.» Tal como dice Becky E., después de tener una de las peores relaciones de su vida como abstemia: «Sencillamente eso sucede para demostrarte que *no* beber no crea un *nirvana* instantáneo o te hace un trasplante de personalidad».

Algunos mentores se están curando de heridas del pasado en medio de su lucha por mantenerse sobrios. Durante su rehabilitación, Denise T. recordó los graves malos tratos físicos que sufrió de pequeña. Aunque continúa progresando para superar su doloroso pasado, con la ayuda de AA, otros programas de autoayuda, psicoterapia y antidepresivos, las heridas de su niñez aún no han cicatrizado del todo. A causa de ellas, sintió que tenía que dejar su trabajo para ayudar a padres agresivos y a sus hijos maltratados. «Estaba motivada para mantenerme sobria gracias a mi fe en un poder superior y a la satisfacción de aprender a vivir plenamente *a pesar de mi pasado*, en lugar de vivir con miedo intentando huir del mismo.»

Por fin, Leslie T. toca el tema de que no siempre es posible llenar todos los huecos cuando dejas de beber. En su caso, no ha podido sustituir por completo el alivio del estrés que el alcohol le ofrecía; tampoco ha vuelto a lograr esa sensación de desinhibición al hacer el amor que tenía cuando bebía. Quizá lo más difícil de aceptar sea que sus habilidades creativas en la escritura nunca han vuelto a ser tan buenas como cuando estaba bajo los efectos del alcohol. No obstante, afirma que estos «beneficios» de la bebida no compensaban en absoluto los estragos que el alcohol causaba en su vida. «Creo que también es bueno saber que no has de resolver necesariamente todos los problemas para poder funcionar bien y disfrutar de la vida sin beber, como me sucede a mí la mayor parte del tiempo.»

Neil H. es un testimonio vivo del hecho de que es posible seguir sobrio sin resolver los problemas. Nos dice que no tiene relaciones con mujeres ni vida sexual, que según él esto le convierte en una persona «extraña» y se describe como alguien que está siempre «enfadado». En respuesta a las preguntas sobre cómo reacciona ante la depresión y la felicidad, sencillamente dice: «Beber no entra en mis planes». Neil hace más de diez años que no bebe.

Hacer psicoterapia cuando todavía se está bebiendo

Aunque muchas personas creen que no puedes llegar a ninguna parte con la psicoterapia hasta que hayas dejado de beber, algunos mentores se beneficiaron de la terapia cuando todavía bebían. (Eso es más fácil que funcione si el problema con el alcohol no es demasiado grave.) Michele D., que se presentó un «tanto bebida» a su primera sesión de psicoterapia, visitó a un psicólogo durante cuatro años antes de dejar de beber definitivamente. Éste le dijo que no la seguiría ayudando si continuaba presentándose en la consulta bajo los efectos del alcohol y siempre le preguntaba qué cantidad bebía. (Ella dice que era sincera con él.) Michele y su terapeuta pudieron trabajar sus relaciones con su padre y luego con su esposo (también un bebedor con problemas), al ayudarla a entrar en contacto con sus sentimientos y a controlar su ira y su sensación de abandono. De

258

modo que incluso aunque ella seguía bebiendo, pudo realizar parte del trabajo que al final la ayudaría a ser abstemia y a seguir siéndolo durante nueve años.

Por el contrario, durante tres años Heather F. fue a un psicólogo que le dijo que cuando hubiera resuelto su depresión dejaría de beber. «Fue justo al revés; si hubiera dejado de beber, no sólo me hubiera sentido más animada, sino que hubiera podido trabajar todos los temas escondidos en mi subconsciente de una forma más directa y eficaz», protesta ella. Es decir, para realizar un progreso óptimo, al final has de hacer las paces con la bebida. Si la persona abusa del alcohol, la abstinencia puede ser esencial para realizar *cualquier* progreso.

Emplear el pensamiento positivo

Bastantes mentores han comentado la importancia de utilizar el pensamiento positivo o de cambiar su forma de pensar respecto a la sobriedad. Algunos, como Leslie T., fueron formalmente instruidos —ya fuera a través de un grupo de ayuda o de terapia— en la utilización de una técnica conocida como reestructuración cognitiva. Con la reestructuración cognitiva, primero las personas aprenden a reconocer los pensamientos negativos que las pueden llevar de nuevo a la botella, luego tratan de examinarlos críticamente y por último se atreven a desafiarlos y convertirlos en algo positivo o constructivo, sustituyendo de ese modo a la bebida.

Así es como algunos mentores combatieron sus escenarios de autoderrota.

Profecías que se cumplen: hacer que te pase algo repitiéndote que va a suceder

Regina S., una coordinadora de SMART Recovery, afirma: «En mi interior se libraba una batalla cuando intentaba dejar de beber.

Me decía a mí misma: "No puedo dejar de beber; a mí me pasa algo". Los profesionales de la rehabilitación me decían que no lo conseguiría sin AA». Al final, con la ayuda de diferentes estrategias cognitivas, empezó a decirse: «Por supuesto que puedo hacerlo. Puedo hacer muchas cosas. Nadie me pone la botella en la mano. No hay ninguna mano que salga desde el bar intentando agarrarme para que entre a tomarme una copa».

Pensamiento catastrófico: creer que te va a suceder lo peor

Cheryl T., miembro de SOS, dice: «Toda mi vida he tenido miedo a las situaciones sociales, de modo que pensaba: "Voy a hacer el ridículo, y necesitaba beber para poder adaptarme. Ahora me recuerdo que no necesito beber, porque mis temores jamás se harán realidad; siempre termino pasando un buen rato y puedo hacerlo sin la bebida».

Racionalizar: buscar excusas que te permitan seguir bebiendo

Regina S.: «Aproximadamente una semana después de haber dejado de beber para siempre pensé: "Realmente no te ha ido muy bien este año". Tuve unas cuantas recaídas. "Puedes beber un par de copas antes de tomártelo verdaderamente en serio." Entonces plantaba cara a esa idea diciendo: "Sólo porque siempre hayas hecho esto no significa que tengas que seguir haciéndolo". También pude acordarme de que aunque no hubiera estado sobria al cien por cien ese año, había hecho grandes progresos».

Las frases en condicional: lamentaciones o creencias
respecto a obligaciones que tienen poca o ninguna base

Cheryl T.: «Solía obsesionarme con los encontronazos que tenía en el trabajo y me machacaba una y otra vez, siempre con el mismo tema: "Debería haber dicho esto o aquello otro". Y ya estaba bebiendo de nuevo por esas cosas. Ahora me pregunto: "¿Qué importancia tendrá este asunto dentro de diez años?". Cuando considero las cosas con una visión más amplia, me calmo y puedo relativizarlas».

El pensamiento de todo o nada: ser un perfeccionista
respecto a perseguir metas inalcanzables

Leslie T.: «Cuando tenía problemas con mi hijastro, me decía: "No estoy hecha para ser madre". Mi terapeuta me ayudó a poder decirme: "No tengo que ser capaz de hacerlo todo a la perfección o de tener soluciones para todo para ser una buena madrastra"».

Pobre de mí: autocompasión

Bryce G., miembro de SMART Recovery, señala: «Tras mi primer año y medio de abstinencia, me encontré haciendo conexiones entre mi pasado y mi presente. En el proceso, me enfadaba con mis padres por ser incompetentes y abandonarme. Hacía frente a estos pensamientos preguntándome: "¿Dónde está escrito que debía tener a Ozzie y a Harriet como padres o bien muchas personas deban tener padres así?"». Esto le ayudaba a permanecer sobrio porque en el pasado la ira le había conducido a la bebida.

La mentora Marjorie A. comparte un ejercicio cognitivo que hizo cuando estaba dejando de beber: «Cada vez que tenía pensamientos negativos los sustituía por afirmaciones que mi terapeuta y yo escribíamos juntos. Escribía las afirmaciones en tarjetas y las colgaba por toda la casa. Poco a poco se convertían en realidades antes de que surgieran los pensamientos negativos».

Un desliz no significa volver a caer

Las «cosas de la vida» son las que pueden hacer que una persona vuelva a caer en la bebida. Leslie T. no fue la única en flirtear con el alcohol cuando tenía problemas con su marido. Bastantes mentores dijeron que habían tenido una recaída en alguna fase de su proceso de rehabilitación.

Las experiencias de los mentores apoyan lo que demuestran las investigaciones: para la mayoría de las personas, volver a la antigua conducta forma parte del proceso de rehabilitación. De modo que en vez de considerar los deslices como fracasos, los mentores intentan verlos como experiencias de aprendizaje. Tal como afirma Karen M., «cada desliz que tuve durante esos tres dolorosos años, cuando intentaba dejarlo, me enseñó alguna cosa».

El truco es evitar que los deslices breves se conviertan en recaídas largas. Leslie T. lo hizo buscando ayuda enseguida, regresó a AA la primera vez y volvió a seguir un tratamiento; luego, la segunda vez, volvió a AA, y siguió leyendo sobre la naturaleza de su problema. En la tercera recaída, «además de rezar, reconocí que estaba pasando una crisis, intenté identificar qué era lo que la había ocasionado, me recordé mis anteriores éxitos, reforcé mi asistencia a AA y recurrí a los amigos que allí tenía. Al poco tiempo, busqué ayuda profesional para hacer frente a mis problemas familiares». En esencia, Leslie siguió los pasos que sugieren muchos expertos para controlar un regreso a la bebida: contempla el desliz desde fuera, intenta averiguar qué es lo que lo ha provocado, haz algo al respecto rápidamente y busca soluciones para evitar otros deslices en el futuro.

Para los mentores que han vivido esta experiencia, ello no ha supuesto necesariamente tener que volver a empezar la cuenta de sus días de sobriedad. Al igual que Leslie, algunos pueden adoptar una visión más amplia. «Tras cada una de mis recaídas, recuerdo haber afirmado que no podía y no iba a recorrer de nuevo todo el camino hacia atrás hasta el principio de mis días de abstención. Hoy puedo decir que hace veinte años que no bebo, salvo por dos breves pero serias recaídas.» Igualmente, Rosa L. pasó algunos fines de semana bastante duros cuando dejó el tratamiento; en el transcurso de sus diez años de sobriedad se ha tomado «una cerveza en México y en otra ocasión un martini. Cuento mis años de sobriedad desde el día en que inicié el tratamiento, porque a pesar de mis recaídas veo todo esto como un proceso, como un largo intento para estar sobria».

Cómo evitaron los mentores que los deslices se convirtieran en recaídas

Algunos mentores me explicaron cómo aprendieron a manejar sus devaneos con el alcohol. Las estrategias son algunos ejemplos de prevención de recaídas y han sido desarrolladas por expertos en alcoholismo como Alan Marlatt y Judith Gordon.

En lugar de llamar recaída o fracaso a una vuelta a la bebida a corto plazo, considéralo como un lapsus o un error del que puedes aprender. Aunque la experiencia de Phil Q. no sea un ejemplo de beber intencionadamente, podía haber permitido que su desliz accidental con el vodka y la tónica cuando ya estaba bien encaminado hacia la sobriedad le hubiera conducido de nuevo a la botella. Al principio tuvo miedo, pero luego consiguió decirse que realmente fue un error y que no era una excusa para empezar a beber de nuevo.

Darse cuenta de que la abstinencia o el control sólo se encuentran a un paso, en lugar de tener una visión fatalista después de un desliz; la sobriedad se pierde, pero se puede volver a recobrar. Clarence C. se negó a adoptar la última visión: cuando ya hacía seis años que no bebía, una tarde volvió a probar el alcohol. Nos cuenta: «Estaba solo en un viaje de negocios y volví a mi anterior conducta: salí por la noche». Al día siguiente volvió a dejar de beber. A los seis años de su desliz, lo ve en su contexto, y cuando mira hacia atrás se da cuenta de que hace ya doce años que no bebe.

Examina la cadena de acontecimientos que conducen a ese lapsus. Esto es exactamente lo que hizo Leslie T. en cada una de sus recaídas o casi recaídas: se dio cuenta de que los conflictos en su fa-

Sin embargo, muchas personas —incluidos los profesionales de la rehabilitación del alcoholismo— ven *cualquier* retorno a la bebida, aunque sólo se trate de una copa, como una auténtica recaída. June R., que asiste a AA, dice: «Recuerdo que si tomo un sorbo, echo a perder ocho años de sobriedad y he de empezar de nuevo».

milia eran los desencadenantes de su deseo de beber y aprendió a controlar esos conflictos. Tal como aconseja Jessica F.: «Observa el denominador común en tus recaídas. Rompe el hilo».

Renueva tu compromiso: en lugar de regodearte con los sentimientos de desesperanza y remordimiento después de un desliz, rebobina y evalúa los pros y los contras de no beber. Dorothy C. pasó por este proceso cuando, después de veintitrés años de sobriedad, la muerte de su esposo la indujo a una recaída formal, que detuvo a los nueves meses. «Al principio —nos cuenta— me sentía sola, odiaba a Dios y perdí el contacto con otros alcohólicos, quería huir de la herida.» Pero regresó a AA y reflexionó: «Había aprendido lo que era vivir una vida sin alcohol y después de volver a beber durante nueve meses tomé una decisión: no quería vivir borracha, ni morir». (Cuenta su tiempo de no beber del siguiente modo: «Me gusta decir que hace treinta y nueve años menos nueve meses».)

Haz un plan inmediato para la rehabilitación. Cuando Echo T., de AA, volvió a beber durante un día, nos cuenta: «Decidí que un programa progresivo podía empezar tan bien al día siguiente como meses más tarde. Sabía que no quería volver al infierno sobre la Tierra». Según el doctor Marlatt, «el tiempo es la esencia; cuanto antes te comprometas con un plan de acción inmediata, mayores son las posibilidades de no seguir bebiendo». El plan puede conllevar eliminar todo el alcohol que haya en casa, evitar actos sociales donde haya alcohol y planificar actividades alternativas a la bebida (como ir a dar un paseo a la hora de beber). Éste es también el momento de buscar ayuda; en lugar de avergonzarse, regresar al grupo de ayuda, hablar con parientes y amigos comprensivos sobre lo sucedido o acudir a un profesional de la salud mental.

Casi la mitad de los mentores compartieron esta visión radical de blanco o negro. (Estas respuestas estaban equitativamente divididas entre las personas que utilizaron métodos tradicionales y las que utilizaron los atípicos, pero los solitarios eran los que menos solían responder de ese modo. Esto nos da a entender que algunas personas que consideran que el consumo de cualquier pequeña cantidad de alcohol supone una recaída pueden sacar esta idea de los programas de rehabilitación.) Louise L., que una vez tuvo una gran dependencia del alcohol, expresa gráficamente esta perspectiva: «Cuando recaí, mi grupo de SOS nunca lo llamó un desliz. Como grupo no usamos eufemismos. Borracho es borracho, sobrio es sobrio, recaída es recaída y muerte es muerte».

El problema con la noción de que un momento de flaqueza te puede devolver a los peores instantes de tu adicción puede convertirse en una profecía que se cumple a sí misma: si crees en esto y te tomas una copa, puede que sigas bebiendo. Según el doctor Alan Marlatt, la gente que cree que beber cualquier cantidad de alcohol es una recaída y que luego tiene un desliz, es mucho más probable que sufra una *grave* recaída que aquellas personas a las que se las ha preparado para asumir esos deslices y controlarlos adecuadamente. El doctor Marlatt explica: «Cuando un compromiso de abstinencia funciona, funciona. Pero cuando alguien que no se ha comprometido del todo tiene un momento de debilidad y no ha sido adecuadamente preparado, sufre un gran fracaso».

Identifica tus puntos vulnerables

María S., de WFS, comparte los sentimientos de varios mentores cuando hace hincapié en lo siguiente: «Es importante darse cuenta de que una recaída es un proceso y que no viene de ninguna parte. Es de vital importancia saber cuáles son nuestros puntos vulnerables. Todos los tenemos, momentos en que hemos de tener especial cuidado con nosotros mismos». Para ella, uno de los puntos vulnerables que desencadenaron sus recaídas fue la «depresión, ya no me preocupaba de nada, tenía demasiado estrés laboral y la ira que sentía ya no la podía reprimir».

En esta misma línea, varios mentores definen la recaída como una forma de pensar y de comportarse que tiene lugar *antes* de

266

que alguien vuelva a beber. Jason T. observa: «Una recaída es dejar de hacer lo necesario para permanecer sobrio. La recaída se produce antes de que tengas la copa en tus manos». Sue H., también de AA, está de acuerdo con esto: «El pensamiento llega antes que la bebida. Las viejas actitudes, el sentido de culpa, la autocomplacencia y dejar de ir a las reuniones. Nosotras lo llamamos "pensamiento apestoso" [...] Aferrarse a los resentimientos y a la ira, todos esos sentimientos que hemos retenido durante años».

Irónicamente, Heather F. descubrió que era vulnerable cuando en la vida todo le iba bien. «Mi última recaída tuvo lugar cuando las cosas no podían irme mejor. Le dije en broma a un amigo: "Ahora verás cómo lo estropeo todo bebiendo". Al poco tiempo así lo hice.» Pero aprendió con ello, y por tanto fue su última recaída. «Al principio era consciente de la conexión que existía entre el hecho de que todo me fuera bien y el deseo de beber, pero no podía comprender por qué. Entonces, poco después de la última recaída, tuve una discusión con mi padre en la que me gritó: "¿Qué derecho tienes a ser feliz?". En ese momento todo cuadró: vi que me volcaba en el alcohol cuando todo me iba bien, porque toda mi vida había recibido el mensaje de que no merecía ser feliz. También me di cuenta de que existía una conexión entre haber aprendido a negar los sentimientos de felicidad y mi necesidad de sabotear los buenos momentos.»

Conocer tus puntos flacos puede evitar recaídas y deslices. Heather F. dice al respecto: «Ahora puedo enfrentarme a una recaída diciéndome que tengo todo lo que necesito para ser feliz y que no he de sentirme culpable cuando mi vida marcha bien. Ya no tengo que echar a perder el momento tomándome una copa».

Leslie T., tras veinte años sin beber, se ha dado cuenta de que tiene algunos puntos débiles, pero admite que «escapa de ellos leyendo» tras un duro día de trabajo, costumbre que adquirió desde sus primeros tiempos de sobriedad. «Últimamente, la música y el ejercicio se han sumado a la lista de remedios para mis males cotidianos, y en algunas ocasiones, cuando regresaba del trabajo, me ponía el reproductor de CD y me situaba en posición fetal. En algún nivel de mi interior la ira sigue estando presente, pero sé que mi vida está llena de amor y de recompensas laborales.»

10

Recuerda el pasado, vive en el presente

Cómo conservan los mentores su motivación

Una cosa es dejar de beber —la mayoría de los bebedores lo han hecho—, y otra bien distinta es no romper el voto. ¿Cómo *mantienen*, pues, los mentores su sobriedad? Al principio utilizaron todo tipo de tretas para evitar un descuido: hallaron múltiples formas de limitar su exposición al alcohol y controlar las situaciones de riesgo. Muchos de ellos todavía usan esas estrategias, pero ¿cómo conservan su voluntad?

Puedes imaginar que los mentores siguen motivados al estar en contacto con otras personas que se han rehabilitado, ayudando a otros bebedores problemáticos, recurriendo a un «poder superior» o asistiendo regularmente a las reuniones de los grupos de rehabilitación. Aunque estos aspectos de la rehabilitación sean importantes para muchos, hubo otras explicaciones mucho más comunes sobre cómo los mentores consiguieron mantenerse alejados de las recaídas.

Estos mentores aclaran que se necesita mucha voluntad para soportar la abstinencia. Se produce un cambio más profundo. Una y otra vez me dijeron que seguían motivados al no *permitirse olvidar nunca el pasado*. Ésta es la razón más poderosa y coherente incluida en toda la información que nos han transmitido y la hemos encontrado en todos los métodos de rehabilitación. Siete de cada diez mentores, tanto si se habían deshabituado mediante sistemas tradi-

269

cionales como atípicos, o independientemente de si eran solitarios o partidarios de los grupos, dijeron que mantenían fresco el recuerdo del pasado.

Los mentores compensan los recuerdos negativos de su adicción teniendo muy claros los beneficios de no beber. Aunque recuerdan el pasado, muchos han progresado y se consideran *rehabilitados*, no en *rehabilitación*, desafiando el concepto de que un «alcohólico» que deja de beber siempre se está «rehabilitando».

La historia de Phil Q.

Desde los últimos años de su adolescencia hasta mitad de los cuarenta, Phil Q. bebía cada noche hasta emborracharse, a la vez que prosperaba en una carrera en la que ostentó diversos cargos en prestigiosas revistas nacionales, que terminaron en la vicepresidencia de una gran compañía. Parecía llevarlo bastante bien, bebía lo que quería con aparentemente pocas consecuencias, la imagen perfecta de un «alcohólico» altamente operativo. Incluso su jefe, que era un buen amigo suyo, se quedó sorprendido cuando Phil fue derivado a un centro de rehabilitación para el alcoholismo. Phil me dijo: «Aproximadamente desde los 32 hasta los 44 años sabía que era un alcohólico, pero podía funcionar razonablemente bien a pesar de ello, y por eso seguía bebiendo».

Sin embargo, tras dos humillantes arrestos por conducir bebido, Phil fue derivado a un centro de rehabilitación. Una vez que hubo estado un tiempo alejado del alcohol, empezó a darse cuenta de lo que hacía con él la bebida y de lo bien que se sentía sin ella. Ahora hace catorce años que es abstemio. Phil enumera las tres cosas más importantes que hace para evitar regresar a la botella:

1. Recuerdo lo desagradable que fue empezar a temblar y a vomitar cada tarde.
2. Recuerdo lo bien que me sentía cuando dejé de beber.

3. Recuerdo que nunca estaba satisfecho con una sola copa o con sólo cuatro. Siempre tenía que beber hasta emborracharme, y al saber eso me doy cuenta de que la moderación no es para mí.

A medida que su carrera medraba y seguía emborrachándose por las noches, nadie parecía saber que tenía un grave problema con el alcohol. Sus primeras sospechas llegaron en la forma de síndrome de abstinencia —náuseas, sensación de ahogo y temblores cada día a las cinco de la tarde—. «Fue entonces cuando me di cuenta de mi dependencia física y psicológica del alcohol —nos cuenta—. Mi cuerpo lo necesitaba y tener estos síntomas fue una increíble fuente de bochorno, porque sin duda los otros los notaban.»

Phil tomaba casi medio litro de bourbon cada noche con zumo de naranja y bitter, luego se pasaba al vino en la cena y terminaba con casi medio litro de scotch unas tres o cuatro horas antes de irse a dormir. Hacia los 35 años, también empezó a beber durante el día. Pero si la gente se daba cuenta, a nadie parecía importarle. Su esposa se iba a la cama pronto, mientras él se quedaba despierto bebiendo. «Estaba muy eufórico o muy bajo de ánimo. En la etapa en que más bebía, el alcohol estaba empezando a arruinar mi matrimonio y a interferir en mi rendimiento laboral.»

«Si tenía que curarme o mejorar, sería por mi propio esfuerzo»

Tras su segundo arresto por conducir borracho, cuando el juez le ofreció la oportunidad de someterse a un tratamiento de un mes de duración, Phil aceptó para evitar la cárcel. Tras dos miserables días en la unidad de desintoxicación, pasó la mayor parte del tiempo en el centro de rehabilitación «sintiéndome como un niño que tenía que aprobar todas esas absurdas pruebas». Ni siquiera el recuerdo del suicidio de su madre tirándose desde el tejado cuando él tenía 17 años le sirvió de ninguna ayuda. Sin embargo, hubo un inciden-

271

te que resultó revelador: cuando le preguntaron sobre sus sentimientos hacia su hijo adoptado de 9 años, entonces Phil «lloró copiosamente».

Una noche, después de varias semanas de tratamiento, Phil se empezó a preguntar: «"¿Cuándo me voy a sentir mejor?". Entonces me di cuenta de que si tenía que curarme o mejorar, había de ser con *mi* propio esfuerzo». Dejó el tratamiento y no asistió a AA más que los seis meses requeridos por el tribunal. «Las reuniones me parecían carentes de alegría —explica—. Estaba realmente contento de haber dejado de beber. Pero soy una persona orientada hacia el éxito y ambiciosa, y no tenía una historia triste que contar.»

«No creo en las señales, pero me estaban sucediendo cosas increíblemente buenas»

Phil empezó a reconocer los cambios cotidianos que reforzaban su deseo de seguir sobrio. «Observé que la cuchara ya no me temblaba en la mano. Ir a dormir, que era algo que me aterraba y exigía un ritual desde los 17 años, pronto se convirtió en una tarea fácil. Pero lo mejor de todo era no sentirme tan mal al final del día. Empecé a estar más conforme conmigo mismo. Los amigos que no sabían que había tenido un problema con la bebida me decían que era una persona mucho más agradable, ahora que estaba sobrio.»

Al principio también había un aspecto negativo en el hecho de no beber. «Durante los seis primeros meses —explica—, me sentía muy vulnerable y desnudo, como si me estuvieran observando con un microscopio. Tuve que reaprenderlo todo: a ser padre y a ser esposo.» La parte más dura de dejarlo fue lo que ello supuso para la imagen que tenía de sí mismo: «Tras seis o siete copas, me consideraba bastante sociable, divertido, espontáneo, creativo, un poco maniático, atractivo e inteligente. Cuando estaba sobrio, me sentía increíblemente aburrido y pesado. Echaba de menos el Phil que ya no era».

Sin embargo, pronto tuvo una motivación para estar sobrio. A los seis meses, tras finalizar el tratamiento, su esposa y él iniciaron el proceso de adopción de unos hermanos coreanos, un niño y una niña, algo que ella se había negado a hacer mientras él siguiera bebiendo. Cuando estaban esperando la llegada de los niños, la esposa de Phil se quedó embarazada. Estaban encantados, ya que les habían dicho que no podrían tener hijos biológicos. «No creo en las señales, pero me estaban sucediendo cosas increíblemente buenas en la vida», dice Phil.

Aunque había llegado a temer que «todo se vendría abajo» cuando dejara de beber, Phil se encontró con que «la vida era más satisfactoria». Entre los mejores placeres de su vida se encuentran «ser el mejor de los padres, nada es más importante que estar con mis hijos. Disfruto siendo un padre de 58 años que está bastante en forma y un hombre de negocios extraordinariamente responsable y seguro de sí mismo, soy bueno en mi trabajo y eso es estupendo». Pero su principal fuente de motivación es «mi estado general de bienestar. Estoy alcanzando en mi vida ese estado casi extático que buscaba en el alcohol. No siempre, pero sí bastante a menudo. Ahora las ventajas de no beber superan a las desventajas, no hay razón alguna para que vuelva a hacerlo».

Mantener fresca la memoria

Cuando pregunté a los mentores «¿Qué hacéis para seguir motivados? ¿Qué es lo que evita que volváis a la bebida?», la respuesta más frecuente fue —con diferencia de las otras— la misma que la de Phil: mantener vivo el recuerdo de cómo era su vida cuando bebían.

■ Lilith V., de AA, recuerda: «Al día siguiente, la culpa y la vergüenza de despertarme en un lugar desconocido, desnuda al lado de un extraño, el miedo a las consecuencias, reales o imaginarias».

■ Neil H., de SOS, sigue motivado «recordando el increíble dolor del síndrome de abstinencia y el sentimiento de desesperación total, la sensación de estar perdiendo la cabeza o de haberla perdido ya, de haber manchado la imagen que tus seres queridos tenían de ti».

■ Charles S., que dejó de beber hace catorce años con la ayuda de AA, sigue motivado con «un vívido recuerdo, casi cinematográfico, de lo mal que me sentía cuando bebía y cuando pasé un largo y doloroso síndrome de abstinencia».

■ Heather F., que se deshabituó en gran medida gracias a la psicoterapia, cita una recomendación que oyó una vez en una reunión de AA: «Bebe conscientemente desde que tomas el primer sorbo hasta el final». A lo cual ella añade: «Yo voy más allá de eso, pienso en lo que me espera en el otro lado».

■ Jane W., que lo dejó sin ayuda y luego empezó a asistir a WFS, dice: «¡Recuerdo cómo me dejaban las resacas!».

Para mantener su motivación, algunos mentores que beben de forma moderada recuerdan los momentos en que bebían demasiado; así no vuelven a su antigua conducta. Edgar J., que toma una copa de *moonshine** o brandy unas tres veces al año y alguna que otra copa cuando sale a cenar, afirma que sigue motivado para no volver a sus casi dos litros de licor fuerte al día recordando «el dinero y el tiempo que malgasté cuando abusaba del alcohol». Otros mentores piensan en cómo la bebida afectó a sus parientes que también tenían graves problemas con el alcohol. Karen M. dice: «Recordé la herencia que arrastraba. Todas mis hermanas, mi hermano, mis padres y mis abuelos tuvieron problemas en el pasado». Sarah F., que en su peor etapa bebía mucho menos que la mayoría de los mentores, pien-

---

* Bebida alcohólica destilada ilegalmente. (*N. de la t.*)

sa en las muertes a causa del alcohol de sus dos tías, una de las cuales «literalmente explotó, dejando sangre seca por todas partes», debido a una cirrosis hepática. Sarah dice: «Me di cuenta de que esto también me podía pasar a mí. Reflexiono sobre el hecho de que mi padre todavía bebe y yo fácilmente podría ser como él: violenta, furiosa, amargada y fría. ¡Justo todo lo que no soy!».

Para algunos mentores, las reuniones de los grupos de ayuda sirven de recordatorio de las consecuencias de la bebida. Edgar J., que dejó de abusar del alcohol por su cuenta hace catorce años y que no pertenece a AA, dice: «Una vez al año asisto a propósito a alguna de las reuniones más sórdidas de AA que haya por mi zona, sólo para no olvidarme y ver dónde podría acabar [...] ¡Eso le podría pasar a cualquiera!».

Celebrar la sobriedad

Casi al mismo tiempo, Phil Q. comenta que nunca olvida su historia: «Celebro la sobriedad. Recordar lo rica y plena que es mi vida es un gran refuerzo positivo que uso con frecuencia. Estoy vivo. Mi esposa se quedó conmigo. Tenemos cuatros hijos fantásticos. No tengo secuelas físicas del síndrome de abstinencia. Soy más eficaz en mi trabajo. Estoy más sano».

De hecho, el segundo tema más común que surgió en las respuestas de los mentores a la pregunta sobre su motivación es *apreciar lo buena que es la vida sin beber*. Otros mentores describen lo que les gusta del hecho de vivir sin beber.

■ «En mi última etapa como bebedor, cuando tenía 47 años, me sentía más mayor que ahora que tengo 73. El sexo es estupendo. La vida me ofrece todo tipo de posibilidades: gente a la que conocer y con la que trabajar, libros para leer, lugares para visitar.» Emerson A.

275

■ «Finalicé mis estudios con matrícula de honor. Tengo una mente clara y puedo tomar decisiones racionales, soy un buen modelo para mi hija y mis sobrinas y sobrinos. Puedo lograr cualquier cosa que para mí sea lo bastante importante. Tengo la intuición y la confianza que nunca tuve mientras bebía. Vivo en el presente, no en otro mundo; puedo responder cuando mis seres queridos me necesitan.» Karen M.

■ «Me *gusta* la sobriedad. Siento respeto hacia mí mismo, razono mejor, disfruto más del placer, no tengo sentimientos de culpa y poseo la capacidad de apreciarme a mí mismo y a los demás.» Clay R.

Phil Q. nos habla de sus tres nuevos hijos en su primer año de rehabilitación: «Se convirtieron en una celebración». Esto refleja otra respuesta común a mi pregunta sobre la motivación: bastantes mentores hicieron hincapié en la importancia de las relaciones con la familia, los hijos y los seres queridos.

Al final, una poderosa motivación para estar sobrio es nada más ni nada menos que sentirse mejor con uno mismo. Muchos mentores dijeron que tenían más autoestima y que se sentían más seguros y felices que cuando bebían. Bastantes mencionaron su buena salud. Y muchos sencillamente afirmaron que su vida era mejor, más rica, plena y tranquila. Recibí numerosos comentarios respecto a tener más oportunidades, más posibilidades y más control sobre sus vidas que antes.

¿Rehabilitado o en eterna rehabilitación?

Aunque la mayoría de los mentores siguen motivados al reflexionar sobre las imágenes dolorosas del pasado, muchos también nos dijeron que se ven a sí mismos como personas que han superado para siempre sus problemas con el alcohol, lo cual contradice la visión predominante de que los bebedores problemáticos nunca se han de considerar curados. Esto es lo que algunos compartieron:

■ «Estoy rehabilitada, no rehabilitándome, tal como insisten los "expertos" en alcoholismo. Ni siquiera pienso en el alcohol en términos personales y hace muchos años que no lo hago. No todos los ex alcohólicos tienen que hacer de su rehabilitación una tarea de por vida.» Rose S. (dieciséis años, dejó de beber sin ayuda).

■ «Tras veintiún años de sobriedad, sinceramente nunca pienso en beber bajo ninguna circunstancia y, por consiguiente, me considero rehabilitada.» Violet F. (dejó de beber con la ayuda de AA, ahora está con SOS).

■ «Puesto que no tengo un problema con la bebida, no necesito ayuda. Se ha terminado.» Arnold C. (dejó de beber hace quince años, a los 60; fue autodidacta y empleó varios métodos de rehabilitación).

■ «Solía tener un problema con el alcohol, pero ahora ya no lo tengo.» Jackie A. (once años, lo dejó sola tras probar varios programas de rehabilitación).

■ «Veo mis abusos con el alcohol y las drogas como un mal hábito que he superado.» Cheryl T. (cinco años, lo dejó con la ayuda de terapia de grupo, SOS y ejercicio).

No obstante, algunos mentores me reprendieron por buscar a personas que hubieran resuelto por completo sus problemas graves con la bebida. Denise T. expresó un pensamiento popular sobre el tema cuando escribió: «Las personas que entienden de esto comprenderán que un adicto o alcohólico *nunca* se rehabilita del todo. El alcoholismo no se cura». Dorothy C. añade: «Si he de hablar por mí misma, siempre siento que estoy en período de rehabilitación. Me resultaría peligroso pensar que estoy recuperada».

Phil Q. parece adoptar una postura intermedia en este debate cuando dice: «No me considero *ni* rehabilitado *ni* en rehabilitación, nunca utilizo estas palabras. No tienen mucho sentido para mí, como tampoco lo tiene toda la historia de que el alcoholismo es una enfermedad. Para mí todo eso es como sacar las cosas de sitio. Lo único que sé es que si un día decido volver a beber, no tomaré sólo una copa». Si la hija de Phil, de 12 años de edad, oye decir a su padre que es un alcohólico, le corrige con firmeza diciéndole: «*Eras* un alcohólico». Él le responde: «No, cariño, todavía lo soy, sencillamente ya no bebo. Sea lo que fuere lo que me hizo ser irresponsable respecto al alcohol, todavía está conmigo y siempre lo estará».

Sin embargo, Phil es muy claro cuando dice que no quiere que la rehabilitación sea el centro de su vida. Ésta es una de las razones por las que rechazó a AA. «La gente que está en los grupos de ayuda se suele centrar en el alcohol; soy consciente de que voy a tener que reprimir el deseo de beber durante el resto de mi vida, pero no quiero pensar en ello todos los días.»

«Cuantas más reuniones, ¿más posibilidades de seguir sobrio?»

Las experiencias de los mentores tampoco corroboran la idea bastante común de que has de asistir a las reuniones de por vida si quieres permanecer alejado del alcohol. Uno de los eslóganes que a menudo se oyen en las reuniones de AA es: «Cuantas más reuniones, más posibilidades de seguir sobrio; cuantas menos reuniones, más difícil seguir sobrio; sin reuniones, no se consigue la sobriedad». De hecho, de los 222 mentores, sólo la mitad dijo que iba a las reuniones. No es de extrañar, pues, que los mentores que se han rehabilitado a través de los doce pasos sean más proclives a asistir que los que lo hicieron a través de grupos de ayuda no tradicionales. Unos cuantos dijeron que no asistían con mucha frecuencia, que iban esporádicamente o «cuando lo necesitaban».

Muchos mentores (cuarenta y seis) que una vez recibieron ayuda formal, principalmente de grupos de rehabilitación, dijeron que habían dejado de ir a las reuniones. Sarah N. (siete años) hizo de moderadora en WFS durante años, pero «se quemó». Dice: «Ahora quiero utilizar mi energía para librar otras batallas».

De los noventa y siete que se rehabilitaron con la ayuda de AA, veintiséis han dejado de ir a las reuniones. Sin embargo, catorce de estas personas siguen los principios de AA. Las otras doce dicen que ya no van porque no les gusta AA o porque no siguen sus principios. Tom C. (trece años), por ejemplo, dejó de ir a las reuniones hace unos cinco porque ahora se «siente cómodo en su rehabilitación», sin necesidad de las reuniones. Anne H. (veinte años) dice que ya no asiste porque tiene la «bendición de no sentirse "sedienta"». Nos explica que «no beber se ha convertido tanto en mi identidad como solía serlo antes el ir de fiesta».

Las decisiones de estos mentores coinciden con el libro de AA *Viviendo sobrio*, que fomenta la asistencia a las reuniones «siempre que se disfrute con ellas, se obtenga algún beneficio y mantengamos en equilibrio el resto de nuestra vida». John L., que se describió como «señor AA» durante los cinco primeros años de su rehabilitación, ahora dice que asiste a las reuniones de esta asociación sólo una vez cada dos meses: «AA ya no forma tanto parte de mi vida, desde que la he llenado con trabajo y con un hijo».

Algunos mentores todavía van a los grupos de ayuda más con el fin de apoyar a los nuevos que para sí mismos. Un antiguo miembro de AA dijo: «Cada vez que estoy a punto de dejar la asociación, alguien se me acerca y me dice: "Eso es justamente lo que necesitaba oír". Cuando tengo estos incentivos, sigo asistiendo».

Liberarte de la tentación

Al hallar diferentes formas de limitar su exposición al alcohol y de enfrentarse a situaciones difíciles que puedan desencadenar el impulso de beber, los mentores han descubierto que lo más sencillo es estar motivado. Estas estrategias resultaron especialmente útiles al principio de su etapa de abstinencia, pero muchos todavía las utilizan.

Por ejemplo, Phil Q. dice: «Me alejaba de los lugares donde solía beber. También evitaba ciertas situaciones, no porque fueran tentadoras, sino porque me hacían sentirme incómodo. Hasta la fecha, permanezco alejado de actos donde la mayoría de los participantes beben demasiado, o me marcho si yo soy uno de ellos».

Uno de los mayores desafíos cuando se deja la bebida es controlar los deseos de beber, que suelen desencadenarse mediante la visión, los olores o las personas, lugares, sentimientos y pensamientos asociados con el alcohol. Según Louis S., «has de cambiar los sitios donde haces deporte, tus compañeros de juegos y tus actividades lúdicas». Los mentores comparten numerosos ejemplos de cómo llegaron a hacerlo o todavía lo hacen:

■ Para Louise L. (diez años), escuchar música de sus tiempos como bebedora continúa desencadenando su deseo de beber. «Sencillamente tenía que permanecer alejada de los clubes y no escuchar la misma música que cuando bebía.»

■ Michele D. (nueve años), que solía beber tras cumplir con estresantes fechas de entrega en su trabajo, dice que, al principio, conducir de casa a la oficina le recordaba la bebida. Tuvo que tomar diferentes caminos para romper esa asociación.

■ Karen N. (cinco años) habla de sus primeros tiempos de sobriedad: «Tiré todo el alcohol que había en casa y mi compañero de bebida se marchó; tuve que dejar de verle durante bastante tiempo. También evité salir a comer a restaurantes y bares con amigos por el temor a caer en la tentación». Todavía sigue alejándose de los bebedores y el único alcohol que conserva en casa es «tan repulsivo» que no siente ningún deseo de tomarlo.

Los mentores han desarrollado estrategias creativas para hacer frente a los momentos difíciles, especialmente al principio de su sobriedad.

Enfrentarse a la hora de la copa y pasar el tiempo que antes se empleaba bebiendo

Muchos mentores —con historias de rehabilitación tradicionales y atípicas— dijeron que uno de sus principales métodos para permanecer sobrios era (y en muchos casos todavía es) *encontrar actividades que puedan suplir a la bebida*. Leslie T. dice: «Llenaba mis días con diversiones absurdas. Por ejemplo, caminaba casi 13 kilómetros al día, incluyendo algunos paseos a horas un tanto extrañas». Heath M. dice que para romper con su ritual de la «hora del cóctel» de muchos años «comía muchos palitos de zanahoria, y probé innumerables formas de diversión, como ir a la biblioteca, la jardinería, asistir a las reuniones vespertinas de AA y mejorar mis habilidades como cocinero». June R. recuerda: «Hice limpieza de un montón de cajones y armarios».

Al igual que Heath M., otros mentores pasaban los momentos difíciles del día en los grupos de ayuda. Para superar su anterior «hora de empezar a beber» de las seis de la tarde, Herbert Z. iba a un programa de rehabilitación externo justo después del trabajo y se quedaba allí, «seguro en la sobriedad de las sesiones de psicoterapia». Cuando llegaba a casa, «los momentos más vulnerables quedaban atrás y estaba tan embebido de pensamientos de no beber que podía superar la noche». Karen M. habla de sus primeros momentos de sobriedad: «Me acababa de divorciar y tenía un hijo de 3 años. No tenía trabajo. Así que entré en AA, participé activamente en el programa —dirigía las reuniones, ayudaba a otros, leía y estudiaba todos sus libros—. Decidí que tenía que permanecer alejada de los bares y no salir con gente que bebiera. Estaba muy ocupada en actividades en las que no había alcohol».

Enfrentarse a funciones sociales en las que hay alcohol

Muchos mentores, tanto en sus primeros tiempos de abstinencia como en la actualidad, evitan sencillamente las circunstancias que les tientan a beber. Para Kerry G. (quince años), tener una vida social le resultaba especialmente difícil al principio, puesto que ella dejó de beber a los veintipocos, cuando iba a la universidad, lo que significaba que «ya no podía participar en las actividades normales de una chica de 21 años. Tuve que dejar de ir a las fiestas de la universidad y distanciarme de mis amistades. Sentí que era el fin de mi mundo. Lo sobrellevaba escribiendo un diario y compartiendo con otros cómo sentía la ira, la depresión, la soledad». También asistía a las reuniones de AA, se mantenía ocupada y tomaba «montones de zumos de naranja, chocolate y café».

Tan sencillo como suena: la principal respuesta de los mentores respecto a cómo se enfrentaban a las fiestas, bodas, cenas de negocios y viajes es la siguiente: tomar algún tipo de bebida no alcohólica. Si Phil Q. no puede evitar asistir a un cóctel, por ejemplo, tomará un zumo de arándanos con soda y lima. Duane L. dice: «Tomo algo que no sea alcohólico y mantengo el vaso lleno. Si falla todo lo demás, le digo a la gente que he de conducir». Zoe A. se irá si es necesario a la tienda de la esquina y se comprará su propia soda u otra bebida no alcohólica. En las fiestas y bodas, Katherine A. permanece alejada del bar, brinda con agua y no se sitúa cerca del vino que ya se ha puesto en las copas, porque no quiere olerlo.

Otra regla estricta es evitar situaciones en las que la actividad principal gire en torno a la bebida, es decir, un cóctel o una cata de vino. Phil Q. afirma: «A menos que mi ausencia resulte extraña, procuro evitar los cócteles».

Qué hacer con los compañeros de juerga

Casi uno de cada cuatro mentores se tomaron la molestia de destacar la importancia de deshacerse de los compañeros de juerga y hallar otros que no abusen del alcohol. Algunos sencillamente se apartaron de sus antiguos compañeros. Phil Q. afirma: «Hay ciertos amigos que sólo me conocían en mi faceta de bebedor y que en la actualidad apenas me reconocen». El militar Clarence C. añade: «Cuando dejé de beber, me di cuenta de que no tenía amigos que no fueran bebedores. Me sentía como un extraño en el trabajo, y me quedaba en casa con mi familia por las noches y los fines de semana. Algunos de mis compañeros de juerga intentaban poner a prueba mi promesa, pero mi compromiso con la abstinencia era demasiado fuerte, y al final desaparecieron de mi vida».

Asimismo, Annie B. se aseguró, durante sus días de bebedora, de que sus amistades fueran igual que ella y así su conducta era la norma. Cuando dejó de beber, entre los pasos más importantes se incluían «dejar a los amigos bebedores». Eso fue especialmente duro, porque en aquellos tiempos su marido era su compañero de bebida. Su relación acabó disolviéndose. Ahora ella tiene amigas de WFS, se siente más próxima a sus nietos y dice: «Me gusta que entre gente nueva en mi vida».

La historia de Cal T. ilustra lo que puede suceder si estás dentro de un grupo que va de jarana. En una etapa más temprana de su vida, dejó de beber durante cuatro años. Pero como agente de policía se dio cuenta de que «había mucha bebida en su entorno y juergas *after hours*. También estaba la sensación de riesgo y de ayudarse el uno al otro, y beber formaba parte de esa cultura». De modo que durante un tiempo «fingió» que bebía. Al final descubrió que era más «fácil volver a la bebida». Años después, cuando lo dejó para siempre, nos cuenta: «Dejé a todo un grupo de amigos bebedores del trabajo». Admite que era muy difícil salir de ese grupo, pero que cuando se separó del mismo, se acercó mucho más a su esposa, que también dejó el alcohol al mismo tiempo que él. «Eliminé las relaciones de bebida no funcionales —explica—, y ensalcé mi relación con mi esposa, mi familia y mis compañeros de aficiones.»

Algunos mentores descubrieron que sus amistades basadas en el alcohol no eran lo que ellos pensaban. Cuando Marjorie A. dejó de beber, se dio cuenta de que: «A excepción de un amigo que también había dejado de beber, el resto de mis amistades me dieron la espalda. Pasé muchas noches sola acompañada del periódico y buena música. Iba al cine sola y daba largos paseos». Gradualmente, fueron apareciendo nuevas relaciones a través de su trabajo. Inició estas amistades con actividades específicas, y nunca iba a ningún club, restaurante o fiesta donde pudiera haber alcohol. Ahora que hace once años que no bebe, le encanta estar sola, tiene sólo tres o cuatro buenas amistades y ya no se siente incómoda en los bares o restaurantes.

Enfrentarse al alcohol en casa

Cuando pregunté a los mentores si vivían con alguien que bebiera, cuatro de cada diez respondieron que sí, y casi la mitad tenía bebidas alcohólicas en casa. (Algunos las tienen para sus parejas o amistades, otros las usan para cocinar.) Phil Q. dice: «Mi esposa toma un par de copas al día. Eso no supone un problema para ninguno de los dos». Guardan algo de vino y otras bebidas alcohólicas a mano para ella y los invitados.

Para algunas personas no es difícil vivir con un bebedor social, siempre que esa persona sea discreta con la bebida. Heather F. explica: «No me importa si mi marido se toma su gintonic nocturno, siempre que no me diga que se va a preparar uno. Prefiero no saber dónde guarda la ginebra. Cuando tenemos compañía, les pido que no dejen las bebidas alcohólicas a la vista». Dado que el olor del alcohol es un «gran detonante» para Jack T., siempre ha establecido las siguientes reglas con las personas con las que comparte su hogar: «Bebe, pero enjuaga tu vaso para que no pueda olerlo. No dejes botellas o latas abiertas».

Es importante hacer hincapié en que casi todos los mentores cuentan al menos con cinco años de sobriedad; ahora ya les puede resultar más fácil tener alcohol en sus casas que al comienzo de su rehabilitación. Sin duda, cuando no beber es una novedad, puede ser más sencillo vivir con personas que no beben, que están dispuestas a dejar el alcohol durante un tiempo o que beben sólo cuando la persona que ha dejado de beber no está presente. Como es na-

Qué hacen los mentores en las situaciones de negocios

La tentación de beber puede ser mucho más fuerte si estás en un trabajo en el que tienes la presión de los compañeros para beber, es decir, que implique viajes o ventas. A continuación expongo algunas de las formas en que los mentores se enfrentan a estas situaciones.

■ Dorothy W. pone inmediatamente su copa de vino boca abajo y se concentra en las personas que tiene a su alrededor. Cuando se va de viaje de negocios, se lleva los teléfonos de personas que pueden ayudarla y le gusta asistir a las reuniones de AA en sitios nuevos.

■ Clarence C. se excusa de las reuniones cuando se han cerrado los negocios, antes de que empiece la fiesta posterior.

■ Rechazar la invitación con un «tengo un problema médico» le funciona muy bien a Frank L.

■ Marguerite E., que se dedica a las ventas y al marketing, a veces dice: «Esta noche no bebo». Otras veces «se escabulle con gracia de la situación». En los hoteles, no coge la llave del minibar.

■ Cuando Alison D. dejó de beber, se aseguró de no volar en primera, porque allí las bebidas alcohólicas son gratis, y les dijo a sus colegas y conocidos que estaba tomando antibióticos y que por eso no podía beber. Ahora ya no necesita tomar estas medidas.

tural, a alguien que esté intentando evitar el alcohol la vida le resulta más sencilla si no tiene bebidas alcohólicas en casa. Hasta la fecha Liz P. (dieciséis años) no tiene alcohol: «Si me entran ganas de beber, tendré que salir a la calle para comprarlo. De ese modo tengo la esperanza de que, antes de conseguirlo, tenga tiempo para

Cómo evitan los mentores a las personas que les incitan a beber

Ceder ante la presión social es una de las causas más comunes de recaída. Entre las personas que incitan a beber te puedes encontrar con las que no creen que tengas un problema con el alcohol, aquellas que no quieren perder a un compañero de copas o las que sencillamente carecen de sensibilidad. A continuación hay algunas estrategias que utilizan los mentores contra este tipo de personas:

Sencillamente decir no. Sin duda, la respuesta más común cuando alguien incita a beber a los mentores es un sencillo, educado, pero firme «No, gracias». Zoe A. me dijo: «Simplemente digo "no". Fin del asunto». Dorothy W. explica: «Digo "No, gracias" con firmeza y me doy cuenta de que la presión es por culpa suya, no una flaqueza por mi parte».

Decir: «No bebo». Charles S., «con firmeza y educación» dice: «Ya no bebo». Emerson A. le dice a la gente: «No, gracias». No siente que tenga que dar explicaciones.

Explica que tienes o que has tenido un problema con la bebida. Algunos mentores son tremendamente sinceros respecto a por qué no beben. Janet C. dice: «Si me siento muy forzada, les digo que soy una alcohólica». Según Lance L., «si no conocen mi historia, les hago un resumen rápido». Las palabras de Fern J. son: «No, gracias. Soy un alcohólico no practicante». Elise C. dirá: «Ya tuve bastante hace años».

Échale la culpa a un problema de salud. Rebecca M. simplemente dice que beber le sienta mal. Otros mentores dicen que son alérgicos al alcohol. Andrew A. explica: «Tengo una alergia, el alcohol hace que me salgan granos».

Márchate de ese lugar. Annie B. afirma: «Si me incitan, me voy». Asimismo, Marguerite E. se marchará ante una situación «peligrosa».

Pídele a la persona que deje de incitarte. Violet F. les dice: «¿Por qué es tan importante para ti que yo beba?». Cuando alguien le pregunta a Muffy G. por qué no bebe, le detiene en seco diciéndole: «¡Porque cuando bebo, suelo sacarme la ropa y bailar sobre las mesas y a mi marido no le gusta!».

cambiar de opinión; no creo que sea necesario tenerlo en casa para los invitados». Por el contrario, después de doce años sin beber, Janet C. se da cuenta de que puede tener cualquier tipo de licor, salvo por una excepción: «No tengo ningún ingrediente para hacer un martini. Eso es lo único que podría tentarme».

Por último, a algunas personas les resulta útil deshacerse de cualquier artículo que asocien con la bebida, como los vasos de whisky o de vino. Phil Q. piensa: «Una vez tuve un vaso de whisky que era grande y pesado. Fácilmente cabían cuatro raciones, de modo que podía decir que me había tomado un par de whiskys antes de cenar, cuando en realidad me había tomado ocho.

»Me encantaba ese vaso, pero cuando dejé de beber, no había ningún sitio que me pareciera el adecuado para guardarlo. Al final acabé tirándolo. Estaba muy decidido a terminar mi relación lúdica con ese querido amigo».

Hemos de tener presente que suele haber diferencias entre el antes y el después en el modo en que los mentores resisten la tentación. Es decir, que solían hacer cosas cuando empezaron a dejar de beber que puede que ya no necesiten hacer. Por ejemplo, Rick N. ensayaba antes de ir a las bodas o a fiestas para poder resistir la presencia del alcohol. Ahora ya no tiene necesidad de hacer esto. Al principio, Annie B. no tenía alcohol en casa y evitaba las fiestas. A los seis meses se dio cuenta de que podía tener todo tipo de bebidas alcohólicas menos vino, su favorita. Al cabo de tres años, podía tener cualquier bebida alcohólica a mano, y ahora incluso puede asistir a fiestas.

Las historias de los mentores nos demuestran que en todas las reglas de rehabilitación del alcoholismo hay una excepción, que nos hace volver al mismo tema: has de encontrar lo que funciona para ti. George W. eligió no cambiar su estilo de vida cuando dejara de beber. Al terminar el tratamiento, sencillamente tomó la decisión de «no beber» y recibió mucha ayuda por parte de su esposa y de su familia. Su posición ante los actos sociales y con relación a la bebida es la siguiente: «No voy a quedarme encerrado en una habitación para evitar situaciones donde haya alcohol». La última vez que hablé con George, acababa de regresar de un viaje con «tres colegas que bebían como esponjas». Él se ofreció como conductor: «Así conseguí que me absolvieran». Este método le ha funcionado durante once años. *No obstante, para la mayoría de las personas es más sencillo seguir motivadas si no se involucran en situaciones que les tienten a beber.*

11

Con o sin un «poder superior»

Cómo ven los mentores la espiritualidad

Dado el papel principal que tiene la espiritualidad en los programas de los doce pasos, no es de extrañar que otro elemento importante en la rehabilitación de muchos mentores sea la espiritualidad, ya se trate de creencias religiosas tradicionales, de recurrir a un «poder superior» o de hallar la paz fuera del contexto religioso. Cuando pregunté a los mentores si habían experimentado algún crecimiento espiritual desde que resolvieron sus problemas con la bebida, casi dos de cada tres respondieron afirmativamente.

Lo que me sorprendió dada la importancia que tiene el concepto de un «poder superior» para el programa de AA, es las pocas personas que utilizaban estas palabras para describir su espiritualidad. Aunque la espiritualidad sea esencial para muchos mentores, adopta distintas formas según las personas, y no necesariamente bajo el concepto de la guía de un «poder superior». De hecho, muchos mentores tienen un tipo de espiritualidad que no encaja en modo alguno con la visión tradicional de los doce pasos de que para dejar de beber has de entregar tu voluntad y tu vida a «Dios sea como fuere que cada uno lo conciba». Quizá, para algunos mentores, lo más sorprendente sea que la espiritualidad poco o nada tiene que ver con la rehabilitación.

La historia de Charles G.

Charles G. se considera como un «cristiano que no va a la iglesia tan a menudo como debiera». A pesar de todo, sus prácticas de orar, leer la Biblia, meditar y hacer ejercicio son esenciales para su rehabilitación y su calidad de vida. Curiosamente, hasta que resolvió su problema con la bebida la religión no tuvo demasiada prioridad en su vida de adulto. En su proceso de dejar de beber, hace ya más de seis años, Charles se interesó por varias religiones, incluidos el zen y el budismo, antes de regresar al cristianismo de su juventud. Pero como coordinador de grupo de SMART Recovery, no utiliza la espiritualidad del «poder superior» de AA para estar sobrio; en vez de eso basa la mayor parte de su estrategia de rehabilitación cotidiana en el pensamiento racional.

A diferencia de la mayoría de los mentores, cuyo consumo de alcohol alcanzó serias proporciones cuando eran adolescentes o jóvenes adultos, Charles dice: «No tuve un problema con el alcohol hasta llegar a los cuarenta. Se convirtió en una mala costumbre durante muchos años». El alcohol pasó a formar parte de su vida profesional como ejecutivo de una importante empresa de importación y acabó participando de la tradición de la compañía de terminar el día de trabajo en la sala de juntas, que tenía su propio bar. Charles recuerda: «Bebía como el resto de mis colegas: unas cuantas copas en el despacho, otras tantas en casa y quizás unas más después de cenar. Era frecuente que cada noche acabara con seis o siete copas». Pero hubo también un cambio gradual, no sólo en la cantidad que bebía sino en su excusa para beber. «Empecé a beber para anestesiarme, sobre todo cuando tenía problemas laborales.» Cuando la empresa para la que trabajaba cerró «me deprimí mucho y bebía todo el día».

«Decidí ponerme en forma y gracias a este cambio obtuve más energía»

Durante casi un año Charles se bebía una botella de scotch al día. Nos describe esa época como sigue: «Estaba deprimido, letárgico, tenía sobrepeso, problemas para dormir e hipertensión. Mis relaciones con mi esposa y mis dos hijos era malas. Por la mañana necesitaba una copa para "calmarme los nervios" e intentar funcionar. No me gustaba a mí mismo y era una pesadilla interminable». En lo que a la espiritualidad se refiere, Charles afirma: «Llevábamos a nuestros hijos a los servicios obligatorios de los días festivos, pero no había pensado mucho en la religión desde que era niño».

Al final, ante las peticiones de su esposa, Charles empezó a acudir a AA, y aunque dejó de ir en varias ocasiones, a veces participaba activamente en el programa y una vez estuvo sin beber durante un año. Sin embargo, cuando se metió en un nuevo negocio que requería viajar bastante y estar expuesto al alcohol, volvió varias veces a la bebida. La última vez llegó hasta el extremo de que su mujer se enfrentara a él: «Déjalo o hemos terminado».

Entonces Charles se sometió a un tratamiento de un mes de duración basado en los doce pasos como paciente interno, donde obtuvo grandes beneficios de la terapia personal con un psicoanalista y de la camaradería con las demás personas que estaban en su misma situación. «Era muy relajante, era como estar de camping», recuerda. Mientras seguía el programa, empezó a hacer ejercicio y a leer varios libros sobre rehabilitación.

Al poco tiempo de haber finalizado su tratamiento, su esposa oyó hablar de Rational Recovery, y ambos empezaron a buscar algún grupo en su localidad, que luego se convirtió en SMART Recovery cuando las dos organizaciones se separaron. Charles no sólo sintió que se podía abrir mejor en estas reuniones que en las de AA, sino que las ideas del grupo le atraían más. Pronto empezó un ciclo positivo que se había iniciado con el tratamiento. «Decidí ponerme en forma, y con este cambio de costumbres y de ritual, conseguí más energía. Esto me ayudó a prosperar en un nuevo negocio y a tener éxito.»

«Utilizo las prácticas de mi ritual para sacar los problemas de mi mente»

A Charles también le fue útil ir a la biblioteca de su zona y pasar horas hojeando y leyendo libros sobre religión, rehabilitación de las adicciones, meditación y superación personal. Sus viajes al Lejano Oriente y a Oriente Medio, así como su relación con un amigo que practicaba budismo zen, le habían despertado su interés por las religiones orientales. Pero al final se sintió más atraído por la Biblia y el cristianismo.

Al observar que todo lo que leía sobre espiritualidad resaltaba la importancia de encontrar un «momento de quietud, un tiempo para reflexionar», Charles instauró un importante ritual matutino, que ocupó el lugar que una vez tuvo la bebida, que anteriormente le había servido para «tranquilizarle» y ayudarle a relajarse tras un duro día de trabajo. «Me levanto a las 5 de la mañana —explica— y paso un rato leyendo la Biblia y rezando, con lo que consigo estar en silencio, centrado en mí mismo y en mis necesidades y objetivos internos. Luego levanto pesas y corro varios kilómetros con auriculares para centrarme en la música. Al final medito entre 15 y 20 minutos.» Él describe su meditación como «conseguir una mente clara, a veces es intentar no pensar en nada; otras puede que me siente a observar la llama centelleante de una vela». Para él estas actividades son «una misma cosa, encontrar tiempo para calmarte y centrarte, mientras que en el pasado el alcohol era el ritual que utilizaba para lograrlo».

Charles cree que es importante establecer este tipo de rituales nuevos cuando se deja el alcohol, para sustituir la costumbre de beber y de todo lo que eso conlleva. «Ahora entro a trabajar a las 9 con menos angustia, mientras que antes me levantaba a las 7.30 y salía corriendo; también llego a casa menos estresado. Utilizo las prácticas de mis rituales para eliminar mis problemas y veo todos los temas que antes me hacían saltar por nada y me conducían a la botella.»

En esta fase de su sobriedad otro de los puntales para mantenerla es participar semanalmente en el grupo de SMART Recovery, aunque Charles no se ve asistiendo a estas reuniones de por vida. En cuanto al papel de la espiritualidad explica: «Sin duda, la religión ha sido importante en mi rehabilitación. Pero mi relación con Dios no es de humildad y penitencia, yo me encuentro más en la onda de "Dios ayuda a quienes se ayudan a sí mismos". Lo que pienso es que has de encontrar a Dios a mitad de camino. SMART me ha ayudado a tomar las riendas de mi vida, a cambiar mis costumbres y rituales y a recordarme las consecuencias de lo que puede pasarme si vuelvo a beber. ¡Me siento bien y tengo el control de mi vida y de mi destino!».

Los mentores y la espiritualidad

La historia de Charles G. no sólo me llamó la atención porque ilustra lo importante que es la espiritualidad para muchos bebedores que han resuelto su problema, sino porque emplea una serie de técnicas espirituales, los «pilares de sobriedad», como él los llama, que también utilizan muchos otros mentores. No es la tradicional espiritualidad de los doce pasos que vemos en la seguidora de AA Michele D., que piensa que has de establecer «un contacto espiritual con un "poder superior" a ti [...] admitir que no tienes el control». Pero tanto Charles como Michele se encuentran entre los numerosos mentores que dijeron que su espiritualidad fue primordial para su recuperación.

Los comentarios relacionados con la espiritualidad se encontraban entre las respuestas más frecuentes a las preguntas sobre las cosas que hicieron para dejar de beber y seguir sin probar la bebida. Más de la mitad de los mentores tradicionales dieron respuestas de este tipo, mientras que sólo el 14 % de los mentores atípicos lo hizo. Clarence C. (doce años), por ejemplo, que dejó AA a principios

293

La espiritualidad de AA

«AA es un programa espiritual y una forma de vida espiritual.» Así empieza el *Llegamos a creer...*, un libro de AA que habla de las experiencias espirituales de sus miembros. Lo que este libro quiere transmitir es que la «espiritualidad» de AA no se ha de confundir con la «religiosidad»; AA no está vinculado a una doctrina teológica y está pensado para representar a «una amplia gama de convicciones en las que está implicado "Dios tal como cada uno lo entiende"».

Esto no quiere decir que al programa de AA le falten influencias religiosas. Sus propios *Doce pasos y doce tradiciones* afirman que los principios del grupo fueron «extraídos principalmente del campo de la religión y de la medicina», y las reuniones semanales se suelen iniciar y cerrar con plegarias como el *Padrenuestro*.

Creer en algo trascendental, en un «poder superior» que se halla fuera del individuo, forma parte del programa, y la oración y la meditación se contemplan como medios principales de tomar contacto directamente con este «poder superior». La idea no está demasiado relacionada con orar a Dios pidiéndole ayuda para salir

de su rehabilitación, dice que la religión y buscar la guía de Dios en su vida fueron esenciales para su recuperación y que ahora asiste regularmente a la iglesia.

Clarence, cuando mira hacia atrás dice: «Nunca me había sentido aceptado hasta que empecé a beber. Con Dios siempre me siento aceptado tal como soy. No he de cambiar y ¡eso me gusta! Sólo soy una persona que intenta vivir el día a día, que halla la fuerza en el Señor en lugar de en una reunión para hablar sobre el último problema que haya tenido alguien con el alcohol. Me dirijo a Dios y le pido su perdón y guía en los momentos difíciles. Y siempre acude en mi ayuda».

Muchos de los mentores que no habían estado implicados en AA hablaron de conversiones espectaculares. Marie E., que hace doce del alcoholismo, sino con la *humildad* —«hacer limpieza para que la gracia de Dios pueda entrar en nosotros y erradicar la obsesión»—. A los miembros de AA se les pide que hagan una evaluación de sus puntos débiles y «reparen» los errores cometidos con otras personas y que «oren correctamente»: no que imploren «Otórgame mis deseos», sino que digan «Que se haga tu voluntad».

Los *Doce pasos y las doce tradiciones* de AA hacen hincapié en que AA no exige que se tenga ninguna creencia: «Sus doce pasos no son más que sugerencias». Sin embargo, el paso tres dice que la eficacia del programa de AA reside en el afán que sus miembros hayan puesto en «intentar llegar a la decisión de "entregar su voluntad y sus vidas al cuidado de Dios tal *como cada uno de ellos lo entiende*"». Aunque los propios pasos afirman: «Si lo deseas, puedes hacer que AA sea tu "poder superior", siguen hablando sobre cómo el que duda, pero que considera a su grupo de AA como su «poder superior», acabará «amando a Dios y llamándole por su nombre». Por consiguiente, para algunas personas es difícil no ver AA como un programa religioso, aunque otros —incluidos algunos mentores que son ateos o agnósticos— se sienten cómodos con el mismo y hayan encontrado la forma de hacer que a ellos les funcione.

años que no bebe, dijo que pasó «siete años de infierno» con la bebida «durante los cuales hacía votos, lloraba y rezaba, pero nada funcionaba». El momento decisivo llegó una noche cuando «fui a la iglesia, me arrodillé y recé con la esposa del pastor. Lo puse todo en manos de Dios. A la mañana siguiente, cuando desperté, el deseo había desaparecido, nunca he vuelto a tomar una copa o a fumarme un cigarrillo ¡ni una sola vez!». Ahora dice: «Rezo, leo la Biblia y medito cada día para estar cerca de Dios. Él es mi fortaleza».

Sandy V., que lleva ya más de veinte años de sobriedad, bebió en exceso durante años después de que a su hija le diagnosticaran un extraño tipo de cáncer y muriera. Una noche tuvo lo que ella denomina «una especie de experiencia extracorporal y Dios me hizo ver lo que me estaba haciendo a mí misma y a mis otros hijos». Desde entonces no volvió a abusar del alcohol y sigue siendo devotamente religiosa, a pesar de sufrir muchas otras recaídas y problemas médicos personales.

Casi el 40 % de los mentores dijo que solía rezar para tener la fuerza necesaria para dejar de beber, una técnica bastante recomendada por personas que se han rehabilitado con métodos tradicionales. Una cuarta parte toman algún tipo de medicación que les ayuda a no beber. Algunos utilizan técnicas de meditación, pero otros meditan con libros que tratan de la rehabilitación, como las publicaciones de AA. Becky H. dice: «Rezo y medito cada mañana para centrarme, para tener unos pocos momentos de serenidad y "recargarme"». Borden S., miembro de AA, afirma: «Medito sobre el sentido de la vida y cómo otras personas viven satisfactoriamente o fracasan. Busco la simplicidad en lo que considero que es complejo». Kathryn N., de WFS, practica yoga y medita regularmente: «Al levantarme, sigo teniendo la costumbre de ir a mi rincón y leer algunas ideas positivas antes de iniciar el día».

Algunos mentores se adhieren a la forma de espiritualidad menos tradicional; tienen creencias como las de Richard D.: «Me siento muy cerca de nuestro universo». Nancy B., de WFS, describe su evolución espiritual de este modo: «Todavía soy atea, pero busco la paz y la tranquilidad».

Algunos mentores destacan las diferencias entre religión y espiritualidad. La veterana de AA Lilith V. dice: «La religión no responde a ninguna de mis preguntas, no alivia ninguna de mis cargas, ni suaviza ninguno de mis pesares. Sin embargo, la *espiritualidad* es mi principal soporte. Aunque no asista regularmente a las reuniones de AA, continúo practicando los principios de la rehabilitación a través de los doce pasos. Sigo buscando un camino espiritual, una forma de evolucionar, el modo de acercarme a ese "Dios según como yo lo entienda"». Para ella la espiritualidad tiene más que ver con el proceso de «ser una persona íntegra» y hallar «nuevas verdades» en la vida, que con practicar una religión formal.

Comoquiera que cada uno lo defina, hay muchas pruebas de que la implicación espiritual o religiosa está asociada a un riesgo menor de consumo de alcohol y de drogas, que puede degenerar en problemas e incluso dependencia, según el doctor William Miller, que estudió la relación entre la espiritualidad y el alcohol y las drogas en el diario *Addiction*.

Ocho vías diferentes mediante las que la espiritualidad ha ayudado a los mentores

Para comprender las distintas formas que puede adoptar la espiritualidad y los modos en que puede ayudar a resolver los problemas con la bebida, veamos las maneras en que ocho mentores describen su espiritualidad.

De una autodenominada miembro «no fanático» de AA

Marie S. (cinco años) afirma: «He intentado adoptar lo que a mí me funciona de AA, como esa parte de espiritualidad de mi vida. Mientras bebía, me proclamaba atea. Ahora ya no. Aunque no es muy probable que vuelva a la iglesia, creo en Dios y la espiritualidad es una parte central de mi vida. La oración y la meditación son esenciales, me han mostrado mi interior, me han ayudado a descubrir más belleza en la vida y en nuestra existencia colectiva».

De una mentora que tuvo una experiencia «de renacimiento y despertar espiritual» cristiana

Zoe A. (diez años) fue a AA durante los cinco primeros años de su rehabilitación, y descubrió que eso le ayudó a cruzar el puente entre «el caos del alcoholismo y la paz espiritual». Con el tiempo,

297

sintió la necesidad de «mantener una relación espiritual con Dios más centrada y clara. Entonces entregué mi vida a Jesucristo y volví a nacer como cristiana. Ahora mi relación personal con Jesús es lo que me mantiene sobria».

De un miembro de AA con un concepto no tradicional de «poder superior»

George M. (cinco años) escribió: «Antes no tenía vida espiritual. Creo que buscaba la espiritualidad en la botella. Ahora es la parte más importante de mi vida. Todavía siento un gran resentimiento respecto a mi educación católica y me he esforzado por hallar un concepto de "poder superior" que pueda aplicar en mi vida. Me he creado un recuerdo lejano de mi infancia, cuando estaba sentado con mis padres en la sala de estar. El sol entraba, iluminando los dibujos de la alfombra y bañándolo todo con un brillo centelleante. De pronto fui consciente de que percibía intensamente mi sentido de la existencia. Para mí ése fue un momento en que tuve "conciencia de Dios". Hoy, este poder me hace seguir vivo».

De una mentora que se rehabilitó con la ayuda de la psicoterapia, WFS y un grupo de ayuda con un programa de dieciséis pasos

Maddie M. (ocho años) dice: «Creo que mi problema con la bebida se debe en gran medida a mi pérdida de conexión con Dios —"mi poder superior"—, sea cual sea la palabra que cada cual prefiera. Ahora voy a una iglesia católica y creo en muchas de sus enseñanzas. También practico la oración para centrarme, que constituye una forma de meditación. Me abro a la presencia de Dios».

De una agnóstica unitaria que se rehabilitó con la ayuda de AA

Jackie D. (diez años) afirma que AA la ayudó a conectar con su fe y su vida espiritual, que ella no define como «"Dios" sino como una conexión con la naturaleza y un orden en el mundo. Soy muy consciente de la naturaleza y de la tierra como algo superior a mí y eso me ayuda a ver mi vida objetivamente».

De una mentora que asiste frecuentemente a AA pero que ha explorado muchos caminos espirituales

Denise T. (catorce años) dice: «Con el tiempo, sobre todo cuando bebía, perdí el contacto conmigo misma y con Dios. Cuando conocí los doce pasos, vi muy claro que tenía que recobrar mi conexión con Dios y con mi yo espiritual. Ahora sigo varios caminos que proceden del cristianismo, de religiones orientales y de la New Age. Mi camino espiritual ha sido de vital importancia para resolver mi problema con la bebida. Me ha ayudado a darme cuenta de que no estoy sola, que existe una ayuda de una entidad más poderosa que yo misma y que tengo un poder creativo y de sanación para ayudarme en mi rehabilitación».

De una miembro de AA que se considera espiritual pero no necesariamente conectada con un grupo religioso

Marie F. (siete años) dice: «Mi "poder superior" es una energía que trasciende toda definición; lo único que sé es que cuando he intentado conectar con la misma, toda mi vida ha cambiado. Esta conexión me ha permitido adquirir una experiencia más profunda de la bondad, del crecimiento y del amor infinitos que este poder nos puede ofrecer».

De una mentora que rechazó el concepto de «poder superior» de AA, en parte porque necesitaba un tipo de espiritualidad que le diera más fuerza

Marisa S. (siete años) dice: «No soy una persona religiosa y no creo en Dios. Pero creo firmemente en la santidad de la vida, del planeta y del universo. Personalmente no necesito humillarme, sino tener ánimos. Para mí la espiritualidad es la clave para cultivar la salud, la felicidad y la sobriedad; la espiritualidad en el sentido de creer en mí misma y en todo lo que es bueno en el universo».

Para algunos, la espiritualidad no es la clave

Hubo bastantes mentores que no mencionaron que la espiritualidad hubiera desempeñado algún papel en su rehabilitación; algunos afirmaron que ésta no tuvo nada que ver. De hecho, la razón más común que dieron los mentores que rechazaron AA fue que ellos no aceptaban la idea de un «poder superior» o que les desagradaba la orientación religiosa o espiritual de AA.

John C., de SOS, asistió a AA al inicio de su rehabilitación; hace dieciocho años que dejó de beber y dice: «La espiritualidad no tuvo nada que ver en mi rehabilitación. Más bien tuve que luchar para ser una "persona de un paso" en un mundo de doce pasos. El predominio de la espiritualidad en los primeros tiempos de mi abstinencia fue un obstáculo para impulsar mi fuerza personal y reconstruir mi autoestima. Dado que yo era humanista, la responsabilidad de mi rehabilitación era mi principal fuente de fuerza. Estudié a fondo los libros sobre rehabilitación y adopté todo lo que me pareció práctico e inteligente para mí, a fin de potenciar mi capacidad para estar sobrio. Mi mejor modelo fue la presencia de otras personas que se habían rehabilitado sin un dios o sin la espiritualidad. En las reuniones de AA me consideraban agnóstico y yo les confirmé mi creencia de que la rehabilitación era un plan y una responsabilidad muy personales».

Incluso algunos miembros de AA admiten que la espiritualidad no ha sido un factor decisivo en sus rehabilitaciones. Jane R., miembro de AA durante diecinueve años, afirma: «Intenté tener una experiencia espiritual o religiosa, pero no lo conseguí. La espiritualidad no es lo primordial en mi rehabilitación; soy demasiado científica. Voy a la iglesia una vez cada dos años y me resulta una experiencia agradable, pero eso es todo. Supuse que una experiencia religiosa volvería a definir quién soy, que me provocaría una catarsis emocional y que a partir de entonces Dios me ayudaría a salir del embrollo que era mi vida. Nunca me sucedió nada parecido». Jane nos dice que finge aceptar el «poder superior» de AA dando gracias por las noches cuando se acuerda de hacerlo. «Eso es todo —afirma—. Sigo los formalismos, y cuando las cosas no van bien intento imaginar que "Dios" tiene otros planes para mí. Eso lo hago sólo para sentirme mejor.»

Rick N. (veintiún años), líder de un grupo de SMART Recovery, dice: «El término "espiritualidad" es tan amplio que no tiene mucho sentido, y por eso no me agrada. Cuando la mayoría de las personas lo utilizan, creo que más bien están describiendo un sentimiento que a una entidad que tiene una existencia propia. Es el sentimiento de asombro que se apodera de nosotros cuando contemplamos un amanecer o una puesta de sol, un cielo estrellado, el ciclo del nacimiento y de la muerte, el cambio rítmico de las estaciones o las fuerzas implacables de la naturaleza. Cuando contemplo estas cosas me siento conectado con el universo en un sentido muy real. Pero desde luego no creo que para rehabilitarse haga falta la experiencia de un "poder superior". La filosofía de los doce pasos sugiere que las personas no poseen esta habilidad, el poder de tener éxito y que este poder ha de venir de algo ajeno a ellas. Muchas personas, religiosas o no, sencillamente no pueden aceptar esta abdicación del yo. No me hubiera podido rehabilitar si para ello hubiese tenido que entregar mi vida y mi voluntad a una deidad benevolente o a una fuerza mágica en cuya existencia no creo».

Es evidente que muchos mentores ven la espiritualidad como un factor importante en sus recuperaciones. Para algunos significa «entregarse» al «poder superior» de AA; para otros es más una unidad con la naturaleza y el universo. Algunos mentores son religiosos, pero hacen más hincapié en la fuerza del individuo. Por último, para otros está claro que es perfectamente posible dejar de beber sin la religión, un «poder superior» o algún otro tipo de espiritualidad.

12

No falta nada

Cómo disfrutan los mentores sin el alcohol

Cuando la mayoría de las personas que tienes a tu alrededor beben sin problemas, cuando en las películas y las vallas publicitarias se ensalza el licor y cuando los anuncios hacen que te sientas como si te faltara algo si no te puedes tomar una cerveza helada, ¿cómo puede alguien que una vez sintió un gran placer con el alcohol compensar esa pérdida? Tras aceptar que los placeres de la bebida no compensan el precio que se paga por ellos, ¿no tienen a menudo los mentores el sentimiento de que las cosas no son tan divertidas, de que les falta algo en su vida?

Sin embargo, no beber tampoco parece ser la dura prueba que podías esperar. Los mentores parecen sentirse felices respecto a la riqueza y plenitud de sus vidas sin el alcohol: disfrutan de la vida sin abusar de la bebida y hallan plenitud y placer en su ausencia.

La historia de Marisa S.

En comparación con otros mentores, Marisa, de 34 años, cuenta con una rehabilitación del alcohol de película. Su problema era grave y le costó mucho tiempo resolverlo. Al principio rebajó su consumo de alcohol notablemente durante tres años; luego dejó de beber, y no lo ha hecho en siete años. Tras explorar muchos métodos para rehabilitarse, Marisa dice: «Poco a poco fui aprendiendo que cuando me preocupo lo suficiente de mí misma y presto atención a lo que es bueno para mí, no bebo. Lo más importante fue encontrar personas con las que estuviera bien y que tuvieran un efecto positivo en mí, así como dejar de sentirme obligada a escuchar a las que no se encontraban en esta categoría. Me di cuenta de que era indispensable confiar en mis instintos y disfrutar de las cosas que me gustan». Los temas recurrentes de la historia de la rehabilitación de Marisa están relacionados con el hecho de confiar en sus instintos, descubrir lo que realmente le causaba placer y plenitud en la vida, darse permiso para hacer esas cosas y deshacerse de los «condicionales» que tanto influyeron en su pasada conducta y propiciaron su abuso del alcohol.

Marisa fue la mayor de dos hijas de una familia «alcohólica», según sus propias palabras. Como alumna destacada dice de sí misma: «Fui la niña buena que mantenía en orden las cosas. Siempre tenía que hacerlo todo bien». Su «única forma de rebelarse» era el alcohol. En su primer año en la universidad, era bastante normal que bebiera cada noche y también que se tomara una copa o dos antes de comenzar las clases por la mañana. Ese año la expulsaron de la universidad. Sus amigos, que estaban preocupados, hablaron con los padres de Marisa y se reunieron con ella para hablar de su problema con el alcohol.

Para probar que en realidad ese problema no existía, Marisa decidió no beber durante un tiempo. Sin embargo, para su sorpresa se dio cuenta de que le resultaba difícil permanecer alejada del alcohol, así que buscó ayuda e inició un tratamiento. Después, nos cuenta: «Puse toda mi dedicación en mantenerme sobria, me convertí en una buena chica de AA. Volví a la universidad y me gradué con honores».

Marisa empezó una carrera muy exitosa en la trepidante industria de la informática, con un trabajo muy lucrativo que sin embargo odiaba. Poco a poco fue regresando a la bebida. «Bebía casi medio litro de vodka al día; siempre llevaba botellitas de vodka en mi bolso, y por tanto nunca me veían tomar más de dos copas en un acto social. Siempre me preocupaba el olor de mi aliento y cambiaba de tienda para comprar los licores, ya que generalmente lo hacía una o dos veces al día.»

«Pasa de las reglas y haz lo que creas que es correcto»

Durante ese período Marisa conoció al hombre que sería su marido. Una serie de problemas con esta nueva relación y un segundo arresto por conducir bebida le sirvieron para darse cuenta de que tenía un problema serio con la bebida y que debía esforzarse para no beber. Inició un torbellino de tres años de duración con fases de embriaguez y de sobriedad, asistiendo y dejando de asistir a programas de rehabilitación y visitando a distintos psicoterapeutas. Todos y todo la conducían a AA. Tras sus arrestos por conducir borracha, nos cuenta: «Me ordenaron asistir a AA». De esa época, recuerda: «Realmente quería dejar de beber e hice lo que se me ordenó: asistía diariamente a las reuniones de AA y tenía una tutora con la que hablaba todos los días. Pero todo lo que hacía para permanecer sobria no servía más que para alimentar mis flaquezas: buscar el perfeccionismo y hacer lo que me decían los demás. En las reuniones de AA se me dijo: "Siéntate, cállate y escucha; no confíes en ti misma, ni en tu mente". La filosofía de los doce pasos alimentaba mi profunda creencia de que yo no era lo bastante buena —no daba la talla como hija, esposa o empleada—. Lo que necesitaba era confiar en mí misma y en mis propios sentimientos, y dejar de buscar la aprobación en los demás».

En esos momentos, Marisa se sentía impotente, desesperada y con ganas de suicidarse, pero en vez de rendirse se dijo: «Pasa de las reglas y haz lo que creas que es correcto». Volvió a leer un artículo que su madre le había dado tiempo atrás sobre Women for Sobriety. Marisa se puso en contacto con ese grupo para conseguir sus materiales, fue a la biblioteca a leer los libros escritos por su fundadora y participó en su programa por correo. Además, cuando se abrió un grupo de SMART Recovery en su zona, empezó a ir a sus reuniones. «En AA me habían dicho que mi problema con el alcohol era astuto y desconcertante y que tenía que pedirle a un "poder superior" que me ayudara a superarlo. Me gustaba el hecho de que tanto en WFS como en SMART Recovery pudiera crear mi propio camino.»

«Aprendí a disfrutar con los pequeños placeres cotidianos»

Mucho antes de que dejara de beber para siempre, Marisa, con la ayuda de un terapeuta, empezó a romper con los «debería» que la acechaban y la precipitaban hacia actividades que la reconducían al alcohol. «Al principio me daba un poco de vergüenza mi pasión por la jardinería y el hecho de tener una afición tan hogareña. Con el tiempo aprendí a dejar de excusarme por mi forma de ser y a dejar de preocuparme tanto por lo que pensaran los demás. Las actividades físicas y al aire libre, así como estar en contacto con la naturaleza, me ayudaban a conectar conmigo misma.»

Marisa también empezó a hacer ejercicio en lugar de beber cuando sentía estrés. «Si hacía ejercicio no podía beber mucho, y después de hacerlo, nunca tenía ganas de beber. Incluso cosas tan sencillas como dar paseos a veces me eran de gran ayuda, pero los ejercicios serios nunca me fallaban.»

Por fin, Marisa se convirtió en líder de grupo de WFS y fundó un grupo en su comunidad, que dirigió durante cinco años. Sigue con su pasión por la jardinería, tiene buenas relaciones con su marido y con toda su familia y adora a sus dos gatos. En su lista de placeres desde que ha dejado de beber se encuentran «los almuerzos con mis amigas; dejar a un lado de vez en cuando mi lista de cosas que hacer y entregarme a la lectura de un libro; comer al lado de la piscina; y viajar —mi esposo y yo hacemos un gran viaje cada año—». Pero Marisa observa que apreciar las «pequeñas cosas de la vida», como los atardeceres, la belleza de una flor, tomar un baño caliente en una noche fría, hacer tonterías con su marido y comer un buen postre de vez en cuando, también requiere tiempo. «Cuando bebía, hacía algunas de estas cosas, pero no podía apreciarlas. Ahora intento ser consciente de los muchos pequeños regalos y placeres de cada día y disfrutar con ellos.»

Construir una vida donde no haya sitio para el alcohol

Marisa S. no está sola en su descripción positiva de la vida sin alcohol. Todos los mentores han compartido historias de renovación. A medida que sus experiencias se iban desplegando, era evidente que la mayoría se había creado vidas donde no cabía el alcohol. Es decir, parecen haber realizado un esfuerzo consciente para construirse una vida donde el abuso del alcohol estuviera fuera de lugar. Sus vidas se llenaron con nuevas fuentes de gratificación, así como con tareas significativas.

Cuando les pregunté cómo buscaban el placer ahora que sus problemas con el alcohol se habían resuelto, me mencionaron las siguientes actividades de ocio.

Leer

Uno de cada cuatro mentores hicieron hincapié en la importancia de la lectura. Marisa S., que aseguraba que no se podía concentrar lo suficiene como para leer cuando tenía «el cerebro enturbiado por el alcohol», ahora lee cada noche. Cuando Ralph C. dejó de beber, «llené el tiempo que pasaba en los bares con mi anterior pasión, la lectura: ficción, no ficción, sobre el tema de la rehabilitación, etc. Cuanto más bebía, más me alejaba de la lectura, no tenía tiempo, al hablar balbuceaba, no podía recordar lo que había leído hacía cinco minutos». Ahora lee entre diez y quince libros al mes.

Aficiones y artes

Muchas personas han mencionado cuánto disfrutan de sus aficiones, como la artesanía, las obras artísticas, la informática, hacer mejoras en su vivienda, ir a conciertos y obras de teatro, etc. Billy H. hace ganchillo como entretenimiento. Sheri L., de 62 años, disfruta escribiendo y acaba de iniciar un curso de literatura infantil. El matrimonio de mentores compuesto por Clare J. y Cal T. observó que una de sus principales fuentes de placer era ir al ballet, a la ópera y a los museos de arte.

Viajar y vacaciones

Marisa S. dice: «¡Las vacaciones son algo maravilloso para el alma!». Heath M., que se considera un «gay maduro», dice de sí mismo y de su compañero de 35 años: «Siempre estamos viajando, pues los dos tenemos miedo a entrar en la madurez sin haber ascendido, probado o saboreado algo en algún lugar remoto del mundo».

La naturaleza y el aire libre

Unos cuantos mentores se refirieron a su afición por la jardinería, los animales, el senderismo, estar al aire libre y a la naturaleza en general. Sarah N. dice que una de las principales formas que tiene para estar motivada a mantener la sobriedad es «mi interés por las cosas vivas y el entorno. Se trata de mantener una conexión espiritual y de ocuparme de una "buena causa"». Rebecca M. dice: «Salgo siempre que puedo, porque tengo un gran aprecio por la naturaleza, los colores, los olores y los sonidos».

Uno de los mayores placeres de la vida para muchos mentores —para uno de cada diez— es la comida. Rebecca M. dice que la comida es su principal placer dentro de la sobriedad: «Sabe mejor, así que preparo más cenas para amigos y familiares». Para Ann T. «un gran trozo de pastel de chocolate es casi lo más placentero que se me ocurre».

Imaginaba que los mentores harían muchos más comentarios respecto a la importancia de la comida y de las bebidas no alcohólicas, dadas las ideas predominantes respecto a la necesidad de azúcar y la adicción a la cafeína entre los «alcohólicos en rehabilitación». También pensé que habría más mentores influidos por libros populares que promocionaran una serie de dietas para la rehabilitación, como las bajas en azúcar y las megadosis de suplementos alimenticios. Sin embargo, muy pocos hablaron de las dietas especiales o de los suplementos y casi ninguno mencionó el deseo o «adicción» a tomar cafeína y azúcar. (A pesar de reivindicar lo contrario, hay pocas o ninguna prueba de que los cambios dietéticos o los suplementos alimenticios influyan en algo a la hora de resolver el problema con el alcohol. Tampoco pude hallar explicaciones científicas para justificar los deseos por el azúcar y la cafeína, que parecen estar más relacionados con las habladurías que con las necesidades fisiológicas.)

Muchos mentores afirmaron que, en general, comen mucho más sano que cuando bebían, toman más frutas y verduras y hacen más comidas regulares. Marisa S. se volvió vegetariana, al igual que otros siete mentores. Karen M. dice: «Ahora tomo comidas mucho más sanas. Quiero estar lo mejor que puedo».

Marisa S. entiende la gran importancia que tiene cuidar de sus necesidades físicas para seguir sin beber. «Hace mucho tiempo aprendí que cuando presto atención a mi salud y bienestar general —me siento bien conmigo misma y con mi vida—, el alcohol no tiene ningún poder sobre mí. Considero muy importante hacer cuanto pueda para

Enfrentarse a los cambios de peso en la sobriedad

Algunas personas, cuando dejan de beber, pueden aumentar, disminuir o seguir con el mismo peso, según su metabolismo. Ganar unos kilos puede ser una ventaja para la persona que está demasiado delgada y en período de rehabilitación, pero puede resultar problemático para otras, como Elise C., que tenía unos cuantos kilos de más cuando inició el tratamiento y de pronto engordó otros cinco. «Le dije al médico que me moría por los dulces y me respondió que había una buena razón para eso. Yo estaba esperando la respuesta médica detallada. Tras una pausa, me miró directamente a los ojos y contestó que era porque sentía lástima de mí misma. También me dijo que no me preocupara, que el problema de mi peso no tenía demasiada importancia en comparación con mi necesidad de tratar de estar sobria. Fue un gran consejo, que recordé cuando posteriormente dejé de fumar.» Entre dejar de beber y dejar de fumar, Elise aumentó bastante de peso, pero luego perdió gran parte de lo que había engordado. Ahora dice: «Sigo pesando demasiado según las tablas. Sin embargo, me siento bien. Quizá sea la edad, quizá la aceptación, pero una talla 44 o 46 ya me parece bien».

Cuando George M. dejó de beber, pesaba 68 kilos y medía 1,82 metros; en realidad estaba desnutrido, hasta tal punto que dice que

controlar lo que como; me aseguro de que hago ejercicio y tomo aire fresco, duermo lo suficiente y me doy un masaje de vez en cuando.»

Hallar satisfacción por el hecho de estar en forma

Una de las grandes sorpresas de mi estudio fue la importancia que daban los mentores al ejercicio. El ejercicio era la segunda forma más común de buscar placer en sus vidas; sólo se encontraban tenía una lesión ocular irreversible. Sin embargo, al cabo de seis meses su peso se disparó y engordó hasta los 95 kilos. «Pasé de no comer a estar siempre comiendo —explica—. Según parece, cuando una persona deja la botella y empieza a trabajar en sus asuntos emocionales y espirituales, el cuerpo se cuida a sí mismo. Creo que se debería dar más importancia al cuidado del cuerpo. Ahora intento hacer ejercicio y siempre estoy librando batallas dietéticas, tomo los alimentos adecuados y la cantidad de comida correcta. Me tomo la presión y mido mi colesterol. Ahora como tres veces al día, intento comer alimentos sanos y vigilo mi peso. Cuido activamente mi salud.»

Pero no todo el mundo engorda cuando deja de beber. Algunos mentores que eran obesos cuando bebían reunieron la fuerza necesaria para adelgazar en la sobriedad. Algunos perdieron peso de forma natural cuando dejaron de beber. Heather F. dice: «Siempre que bebo, bajo la guardia con la comida y como alimentos y cantidades que nunca comería cuando no bebo. Cuando dejé el alcohol, aunque me di permiso para comer casi todo lo que me apetecía para que todo me resultara más fácil, todavía perdí 3,5 kilos, porque ya no me regalaba con banquetes». Igualmente, Marisa S., que mide menos de 1,64, dice que perdió casi 11 kilos en el transcurso de su rehabilitación, y hace diez años que mantiene su peso en 50 kilos.

en primer lugar las relaciones con los seres queridos. El ejercicio fue también una de las diez respuestas más frecuentes a mi pregunta sobre cómo evitaban volver a beber.

El ejercicio figura incluso en la dimensión espiritual de la vida de algunos mentores, como Richard D., que destaca: «Mi espiritualidad y el ejercicio van unidos de la mano. La una sin el otro y viceversa estarían vacíos. Muchas veces, cuando corro, monto a caballo, ando o hago cualquier otra cosa, encuentro placer y me siento agradecido por tener esta habilidad, motivación y tiempo para disfrutar de este modo».

Aunque no se han realizado demasiadas investigaciones sobre el valor del ejercicio para resolver los problemas con la bebida, un pequeño estudio dirigido hace años por Alan Marlatt, de la Universidad de Washington, publicado en 1986, comparó el impacto del ejercicio (correr) y de la meditación en dos grupos de hombres universitarios que eran grandes bebedores. Esas personas dijeron que el experimento era un estudio de los efectos de las formas no químicas para «colocarse». Los que hacían ejercicio bebían menos que los que meditaban y ambos grupos consumían menos alcohol que las personas que estaban en un grupo de control, que no meditaban ni hacían ejercicio.

Los comentarios siguientes de los mentores respecto al papel del ejercicio en su rehabilitación confirman muchos de los efectos conocidos de la actividad física:

■ «El ejercicio se ha vuelto mucho más importante en mi rehabilitación, tanto para "colocarme" como para manejar mis sentimientos.» Jane R. (diecinueve años, miembro de AA).

■ «Hago ejercicio para aliviar el estrés, mejorar mi estado de ánimo, mantener mi peso y mejorar la circulación y mi resistencia —todo ello hace que sea más resistente al estrés, por lo tanto soy menos vulnerable a los ardides de la tentación—.» Zoe A. (diez años, rehabilitación religiosa).

■ «Cuando dejé de beber, andar e ir en bicicleta eran mis dos actividades más importantes. Pensé que las endorfinas* sustituirían al alcohol y así lo hicieron.» Cal T. (once años, lo dejó solo).

* Las endorfinas son como proteínas parecidas a la morfina producidas por el cuerpo. Sirven para aliviar el dolor y posiblemente para controlar el estado de ánimo y responder al estrés. Existen especulaciones sobre si las endorfinas pueden ser las responsables de los denominados «colocones» que experimentan a veces los corredores tras recorrer una larga distancia.

■ «El ejercicio es una de las formas mediante las que busco placer ahora que no bebo. Estar en forma me ha ayudado a sentirme seguro de mí mismo más que ninguna otra cosa.» Stanley K. (veintidós años, miembro de AA).

■ «Paseo regularmente, a menudo con un tutor, y elijo trabajos que incluyan ejercicio físico en el exterior como parte del paquete. Tal como dice uno de mis tutores: "Cuando haces ejercicio, te sientes mejor. Y cuando te sientes mejor, piensas mejor".» George M. (cinco años, miembro de AA).

■ «Hago ejercicio en el momento del día en que solía empezar a beber, después de trabajar. Hacer gimnasia supone una gran transición entre mi trabajo y nuestra ajetreada hora de la cena familiar.» Heather F. (nueve años, rehabilitación ecléctica).

Algunas personas que ya hacían ejercicio mucho antes de dejar de beber como Richard D., han disminuido la intensidad de su ejercicio. «A medida que aumentan los años que llevo sin beber, disminuye mi necesidad de hacer ejercicio. Aunque esté un día o dos sin hacer nada, me siento bien.» Todavía se marca metas competitivas cada año, pero añade: «Sin duda no soy tan obsesivo». Herbert Z. también dice: «Curiosamente hago menos ejercicio ahora que cuando bebía. Entonces mis mecanismos de negación me conducían a excesos atléticos para demostrar mis habilidades, como correr maratones, pedalear 320 kilómetros al día y carreras más largas, y pretendía ser un monstruo de la buena salud. Ahora estoy más relajado».

Todo nos hace volver a la idea de restablecer el equilibrio en la vida, tal como indicaba Heath F., que corrió seis maratones y que cuando bebía nunca dejó de cumplir con su rutina de correr 112 kilómetros a la semana. Aunque todavía hace ejercicio y considera que «éste refuerza todo lo que haces en la vida», también cree que el «equilibrio es importante».

Disfrutar de los pequeños placeres

«Me gustan las flores, plantarlas, cortarlas para tenerlas en casa y en la oficina, pasear e inclinarme a olerlas», dice Marisa S., ilustrando una de las formas en que aprecia los pequeños placeres de la vida, un sentimiento que comparten muchos mentores. Becky H., miembro de SOS y ex bebedora desde hace nueve años, dice: «Empecé a hacer lo que considero que fue como tejer el tapiz de mi sobriedad. Observo las cosas positivas y negativas y disfruto con ellas: una gota de lluvia deslizándose por una hoja, el gorgoteo de mi bebé, las patas de mi gato estirándose de repente mientras duerme, el olor de la gardenia. Éstos son los hilos del tapiz que tejo todos los días». Dorothy W. afirma: «Ya no necesito grandes cosas. Las cosas pequeñas me bastan».

Dedica unos momentos a hacer tu lista de pequeños placeres, cosas que das por hechas, pero que si las dejas te das cuenta de que son lo que realmente dan sentido a tu vida. Haz un esfuerzo —y date permiso— para apreciar, disfrutar o dedicarte al menos a una de esas actividades cada día.

Hallar plenitud ayudando a los demás

Entre las diez formas principales de buscar placer, los mentores citan ayudar a los demás. Dada la filosofía de AA de transmitir su

---

Libros recomendados sobre cómo vivir bien y hallar equilibrio en tu vida

Energy, Peace and Purpose, G. Ken Goodrick, Nueva York, Berkley, 1999.

Positive Addiction, William Glasser, Nueva York, HarperCollins, 1985.

Cambie de ritmo, Stephan Rechtschaffen, Barcelona, Grijalbo, 1997.

mensaje, no es de extrañar que los mentores que se han rehabilitado a través de vías tradicionales sean más proclives a creer en la importancia de llegar a las otras personas que tienen problemas con el alcohol. Pero el tema general de ayudar a los demás también parece ser importante para una serie de mentores no tradicionales; muchos hicieron hincapié en la importancia de un trabajo voluntario, de prestar servicio a la comunidad o pertenecer a asociaciones cívicas. Trevor B. busca satisfacción en colaborar con una asociación de rehabilitación y desintoxicación, así como en ser voluntario en un servicio de urgencias médicas; Evan J. disfruta ayudando a las personas que quieren dejar de beber, principalmente a través del grupo de correo electrónico de SOS.

Nolan H. dice que uno de sus placeres es dedicar su tiempo libre al voluntariado relacionado con los deportes que practican sus hijos. «Es bonito tener una afición que te da satisfacción personal y que a la vez sirve para hacer un bien a la comunidad y a los niños.» Rick N., de SMART Recovery, dice que dedica «una significativa cantidad de tiempo a las causas e ideas que van más allá de mí mismo, es decir, a temas medioambientales, políticos y sociales».

Algunos mentores creen que su vida tiene más sentido ahora que han cambiado su trabajo por otro en el que pueden ayudar a los demás. Dorothy W., durante su sobriedad, dejó de ser abogada para dedicarse a la asistencia social clínica y a ser asesora pastoral. Su trabajo es una de las mayores satisfacciones de su vida, como lo es su labor de voluntaria en programas de rehabilitación y con otros abogados que tienen problemas con el alcohol.

Hallar la satisfacción profesional

Cuando pregunté a los mentores si cuando dejaron de beber se había producido algún cambio en su carrera o trabajo, dos tercios me explicaron que su situación laboral había mejorado y que habían ampliado su formación. El punto cinco de la lista sobre cómo encuentran satisfacción los mentores en sus vidas es «a través del empleo».

■ Lilith V. dice: «Yo había dejado el instituto, había sido bailarina de *topless* y trabajadora con salario mínimo, y pasé a ser una respetada profesional con carrera que este año ha ganado 80.000 dólares ¡legalmente!».

■ Tras dejar de beber a los 46 años, Roxi V. volvió a la universidad, obtuvo un máster y llegó a ser subdirectora de un instituto.

■ Paul V. ha cuadruplicado sus ingresos desde que dejó de beber hace nueve años.

No todos han definido la mejora profesional como ascender eslabones en su vida profesional y ganar más dinero. Marisa S. dice: «Solía definirme en términos de mi éxito en el trabajo, y me parecía bueno y virtuoso dedicarme por completo al mismo. Ahora mi trabajo es algo que hago básicamente para apoyar otros aspectos más importantes de mi vida. Todavía sigue siendo muy importante para mí hacer mi trabajo lo mejor que sé, pero ya no estoy dispuesta a dejarme consumir por él».

Asimismo, Herbert Z., un abogado, afirma: «Me he relajado más en mi trabajo. Esto tiene su parte buena y su parte mala. Como alcohólico tenía una personalidad compulsiva y me sentía impulsado a mantener las apariencias y a ser tremendamente organizado; ahora que ya no bebo y que he recuperado parte de mi autoestima, ya no siento la necesidad de ser un *superman*. Esto ha hecho de mí una persona más tratable. Pero puesto que mi despacho ya no está tan arreglado como solía, alguna vez no he cumplido con alguna fecha, lo cual nunca me había pasado antes, ni por asomo».

Disfrutar de las relaciones y ensalzarlas

Sin duda, la respuesta más común a la pregunta de cómo podemos encontrar satisfacción en la sobriedad es a través de las relaciones con la familia, los seres queridos y los amigos. Más de la mitad de los mentores tradicionales y atípicos citaron el disfrutar de la familia y de las amistades como una de las tres formas principales de encontrar placer, con comentarios como «estar con mi familia», «pasar tiempo con mis amistades y familiares», «amar a mi esposo, amistades y familia», «pasar tiempo con mis hijos mayores».

Cuando pregunté a los mentores cómo habían cambiado sus relaciones desde que dejaron de beber, más de nueve de cada diez afirmaron que las relaciones con los demás habían cambiado para mejor. Muchos indicaron que sus relaciones eran más abiertas, sinceras, profundas y de confianza. Aquí tenemos algunas respuestas específicas respecto a estos cambios:

■ «Soy muy abierto y sincero con todo el mundo. Mi hija de 19 años y yo mantenemos una buena comunicación. Mi esposa y yo también nos comunicamos y disfrutamos estando juntos. Doy más oportunidades a las personas.» Richard D.

■ «Mi relación con mis padres ha mejorado, nos amamos y respetamos mucho mutuamente y nos lo pasamos muy bien juntos.» Rosa L.

■ «Ya no dejo que mis relaciones "sucedan" sin más. Participo activamente en construir mis amistades y mi relación con mi esposo e hijos.» Carolyn J.

■ «Cuando bebía me alejé de mi familia. Cuando recobré la sobriedad, restablecí todos los vínculos, especialmente con mi padre, que falleció el año pasado. Él fue mi mayor apoyo, nunca dejó de mencionar lo orgulloso que se sentía de mi rehabilitación y me re-

317

cordaba la fecha en que dejé de beber tanto como lo hago yo.» Ralph C.

Renovar la vida en la alcoba

Aunque algunos mentores dijeron que habían tenido problemas con sus relaciones sexuales al dejar de beber, hubo muchos más que nos comentaron que sus vidas sexuales habían mejorado. Algunos dijeron que están más presentes y conscientes en la relación sexual, mientras que otros se han vuelto más creativos. Además, unos cuantos también confesaron que ya no eran promiscuos.

■ «El sexo en la sobriedad es mucho más puro, es algo más real.» Marisa S.

■ «¡Es más fácil llegar al orgasmo!» Lev W.

■ «Mi vida sexual es estupenda, pero al principio el sexo sin alcohol supuso tener que volver a adaptarme a esa situación.» Camille G.

■ «Desde que dejé de beber, ya no me siento cortada para incitar a mi esposo y decirle libremente lo que me gusta.» Doris O.

■ «Mi vida sexual es mucho mejor. ¡También me acuerdo por la mañana!» Perry C.

■ «Mi experiencia sexual a los 70 años es la mejor que he tenido en mi vida.» Lester H.

Arreglar las relaciones familiares

Marisa S. dice que una de las mayores dificultades para ella en su primera etapa de sobriedad fue «arreglar los problemas con mi esposo. Los problemas eran principalmente de confianza —ésta estaba muy debilitada debido a mis continuas recaídas—. Cada vez que volvía a beber, él se cerraba. Durante una considerable cantidad de tiempo mi esposo vivió con el miedo a recibir una llamada de la policía, lo cual sucedió algunas veces, o de que apareciera muerta en algún sitio».

Puesto que las parejas y las familias a menudo carecen de la capacidad para hacer frente a estos problemas, es frecuente que los matrimonios y las familias se rompan en el primer o segundo año del proceso de rehabilitación; incluso aunque las relaciones sean buenas, el comienzo de la sobriedad puede provocar tensión en una familia o pareja. Marisa dice: «Desgraciadamente, no pude hacer nada para solucionar nuestras desavenencias en mis primeros tiempos de abstinencia. Fuimos a un par de sesiones de psicoterapia para parejas, pero básicamente fue una cuestión de tiempo».

A continuación veremos algunas de las formas en que los mentores han mejorado sus relaciones familiares:

■ El matrimonio de Heide M. terminó cuando ella dejó de beber y se quedó sola con cuatro hijos. Ahora, gracias a la terapia familiar y a las clases de comunicación ella y sus hijos pueden afrontar cualquier contratiempo. «Somos una familia muy unida y siempre nos apoyamos.»

■ Thomas V., que está casado con la mentora Roxi V., dice: «Roxi y yo solíamos pelearnos dos o tres veces a la semana e incluso llegábamos a las manos un par de veces al mes cuando los dos estábamos bebidos. Desde que dejamos de beber, ya no nos hemos peleado y hemos tenido pocas discusiones. Mi relación con Roxi ha evolucionado a medida que nosotros también lo hemos hecho. Nos comunicamos más y compartimos nuestros esfuerzos por no beber». (Los dos fueron juntos a las reuniones de AA y de SOS.)

■ Richard D. fue a seminarios de mejora personal que le llevaron a intentar corregir los errores del pasado con su ex esposa y su hija. Nos dijo: «Escribí a mi ex mujer una carta de agradecimiento por todo lo que había hecho por mí y por nuestra hija; le pedí perdón por todo lo que yo no pude hacer por ella y por todo el daño que le causé durante nuestro matrimonio. También me disculpé con mi hija por mi alcoholismo, por no estar a su lado y por no haber sido para ella lo mejor que podía ser». Hoy en día tiene una excelente relación con su hija.

Por último, es importante estar preparado para el hecho de que las relaciones no siempre mejoran con la sobriedad. Jessica C. explica: «Lo más difícil al principio fue mi relación con mi marido. Él quería que dejara de beber, pero que no cambiara en otros aspectos. Sin embargo, para seguir sin beber, tenía que preocuparme más de mí misma, ser más asertiva y no aguantar sus críticas acerca de mí y sus intentos de sabotear mi decisión de no beber. Me negué a aceptar toda la culpa y la responsabilidad sobre nuestro matrimonio y al cabo de un año insistí en que siguiésemos terapia de pareja. Al final se convirtió en asesoramiento para el divorcio, porque él no estaba interesado en cambiar nada de sí mismo».

Para Carolyn J. fue importante poner fin a una relación destructiva con su padre. «Seguir manteniéndola no compensaba el precio emocional que pagaba por ella. Dos acontecimientos —dejar de beber y terminar la relación con mi padre— fueron dos experiencias liberadoras. No hubiera podido hacer la una sin la otra.» Sin embargo, sí consiguió mejorar su relación con su esposo y su hija.

Apreciar la sobriedad

Cuando le pregunté a Randall N. cómo busca ahora la satisfacción, me respondió: «Generalmente, siento que la sobriedad ya es bastante recompensa para mí. De hecho, es más que una recompensa: es un valioso tesoro». Tammie A. añade: «Cuando bebía, siempre ocultaba un oscuro y profundo secreto y me sentía avergonzada. Ahora obtengo un tremendo placer sintiéndome orgullosa de quién soy y de cómo vivo mi vida. Soy tan feliz estando sobria que me siento motivada para evolucionar». *Tal como atestiguan estos mentores, es como si la sobriedad se hubiera convertido en una finalidad; es evidente que aprecian sentirse libres de las garras del alcohol.*

Phil Q. alardea: «La semana pasada, cuando un médico al que no había visto en mucho tiempo me preguntó cuánto tiempo hacía que no probaba el alcohol, me encantó poder responderle: "Bueno, hace aproximadamente catorce años". Eso es maravilloso». Según Kerry G., «vivir sin beber es un regalo y hoy en día soy una persona feliz. Tendría que estar loco para echar todo esto por la borda y volver al infierno y la desesperación de la borrachera. Voy a ser sincero: me gusta tener 36 años y que haga quince que no bebo. Me siento orgulloso de ello y no voy a echarlo a perder. Cuando bebía no tenía vida: me sentaba en la barra de un bar y hablaba de todo lo que iba a hacer algún día. Ahora lo hago. Al dejar la bebida me he encontrado a mí mismo».

Como Randall N., Marisa S. dice: «Aprecio mucho mi sobriedad. Cada día recuerdo que he elegido no beber y por qué lo he hecho. Me siento agradecida por mi sobriedad porque me da oportunidades, me da vida, me da la oportunidad de ser feliz, de disfrutar de la gente, de tener esposo, familia y amigos. Sin todo ello, no hay nada que me importe. Realmente creo que cuando se está sobrio, todo es posible. Puedo ser quien quiero ser, vivir como quiero vivir y hacer todo lo que es importante para mí». *Con tantas razones para estar sobrio, ¿quién puede querer volver atrás?*

Apéndice:
Guía de opciones para la rehabilitación

La inclusión en este libro de cualquier tipo de referencia no necesariamente supone su aprobación. Asimismo, la exclusión tampoco implica la falta de la misma respecto a cualquier opción de rehabilitación. La siguiente lista no es en modo alguno exhaustiva.

Dejar de beber por uno mismo

Las personas que quieran intentar resolver sus problemas con el alcohol por su cuenta —sin someterse a ningún tratamiento, buscar ayuda en la psicoterapia o asistir a un grupo de ayuda— puede que estén interesadas en los siguientes libros. Las páginas web citadas al final de este apéndice también pueden ser una gran ayuda para los solitarios, al igual que los materiales que ofrecen los grupos de rehabilitación.

Changing for Good, James O. Prochaska, John C. Norcross y Carlo C. DiClemente, Nueva York, William Morrow, 1994.
Coming Clean: Overcoming Addiction Without Treatment, Robert Granfield y William Cloud, Nueva York, New York University Press, 1999. Básicamente para profesionales, pero incluye un apéndice para profanos.

Managing your Drug or Alcohol Problem: Client Workbook, Dennis C. Daley y G. Alan Marlatt, San Antonio, Texas, Psichological Corporation, 1997.

Problem Drinkers: Guided Self-Change Treatment, Mark y Linda Sobell, Nueva York, Guilford Press, 1996. Diseñado para profesionales que trabajan con personas que quieren dejar de beber con una intervención mínima, pero también lo pueden utilizar los no profesionales.

Sex, Drugs, Gambling & Chocolate: A Workbook for Overcoming Addictions, A. Thomas Horvath, San Luis Obispo, California, Impact, 1998.

Take Control, Now! Marc Kern, Los Ángeles, Addiction Alternatives, 1994. (Se puede conseguir a través de esta Web site: <http://www.AddictionAlternatives.com>.)

The Truth About Addiction and Recovery: The Life Process Program for Outgrowing Destructive Habits, Stanton Peele y Archie Brodsky, Nueva York, Fireside Books, 1991.

When AA Doesn't Work for You: Rational Steps to Quitting Alcohol, Albert Ellis y Emmett Velten, Nueva York, Barricade Books, 1992.

Dejar de beber con terapia individual

Qué es lo que se debe buscar en un profesional de la salud mental

Si decides hacerle frente al problema del alcohol a través de la terapia individual, es importante empezar por pedir las credenciales. Según A. Thomas McClellan, director del Treatment Research Institute de la Universidad de Pensilvania: «Casi todo el mundo se puede anunciar como un terapeuta para las adicciones. La terapia individual para los problemas con el alcohol no está estudiada ni regulada». También hay que tener en cuenta que algunas personas que se especializan en terapias y tratamientos para las adicciones se llaman a sí mismas «adiccionologistas» o «adiccionistas», pero estas etiquetas no reflejan ninguna credencial reconocida o regulada.

Hay que asegurarse de que la persona sea psicóloga, asistente social o psiquiatra titulado. Cada Estado tiene sus propias leyes que regulan la práctica de los psicólogos y los asistentes sociales. En algunos Estados hay leyes estrictas respecto a quién puede llamarse consejero o terapeuta; en otros apenas existen o no existe ninguna. Es una buena idea buscar a alguien que tenga algún título de una organización profesional reconocida desde hace mucho tiempo que cumpla los requisitos necesarios establecidos y controlados por una junta estatal. (Para información sobre terapeutas especializados en dependencias químicas, véase la sección sobre programas de rehabilitación, que empieza en la página 349.)

Aunque esto no es una lista exhaustiva, se ha de buscar un asesor o terapeuta que tenga un doctorado, que esté licenciado en medicina, en psiquiatría o en trabajo social; cualquiera de estos títulos ha de ser otorgado por una institución acreditada de enseñanza superior. La siguiente cuestión es si dicho terapeuta tiene una formación especial o experiencia en problemas con el alcohol. (Algunas organizaciones profesionales ofrecen certificados de especialización en adicciones, tal como indico a continuación.) Antes de que vayas a ver a un terapeuta privado, asegúrate de revisar tu seguro médico para averiguar si te cubre el tratamiento.

¿Qué hay de la idea popular de que las personas que nunca han tenido un problema con la bebida no tienen las «credenciales» necesarias para hacer terapia a los que sí lo padecen? Los estudios demuestran que los asesores que se han rehabilitado no son ni mejores ni peores a la hora de ayudar a los bebedores. En general, en las investigaciones se ha descubierto que los terapeutas más eficaces en el tratamiento de los problemas con el alcohol son los que muestran empatía y respeto por el cliente. Esto va en contra del método de enfrentamiento, que es bastante agresivo y que ahora se utiliza mucho menos que en el pasado para «romper la negación» forzando a la persona a enfrentarse con el hecho de que es una «alcohólica» e insistiéndole en la necesidad de dejar de beber (en lugar de dejar que la persona llegue a sus propias conclusiones). Las investigaciones sobre este tipo de visión no han conseguido que ningún estudio demuestre un resultado positivo para los bebedores problemáticos.

Sin duda, el terapeuta que se elija ha de ser alguien con el que uno se sienta cómodo, aunque no siempre, pues muchas de las cosas a las que tienes que enfrentarte no son agradables. Por eso es importante que exista cierta química, confianza y entendimiento entre ambos. Que no conectes con la primera persona a la que acudas no te debe disuadir de probar con otro terapeuta.

Recursos para hallar a un profesional de la salud mental

El boca a boca es una de las mejores formas de hallar un terapeuta. Aunque un problema con la bebida sin duda es un asunto personal que no siempre resulta fácil contar a los demás, puedes conseguir ideas de otras personas que también han hecho terapia. (De nuevo, no olvides revisar las credenciales del terapeuta.)

Association for Advancement of Behavior Therapy (AABT): es una organización de profesionales de la salud mental (básicamente psicólogos) que están especializados en terapias cognitivas y conductistas. AABT ofrece un directorio clínico y un servicio de referencias, que es una lista de miembros (de Estados Unidos, Canadá, Inglaterra, Brasil y Suiza) suscritos al directorio y que han cumplido ciertos criterios establecidos por la organización. (Sin embargo, hay que mencionar que no todo el que tiene experiencia en esta área pertenece a AABT y que no todos los miembros de AABT se suscriben a este directorio.) Puedes encontrar el listado a través de la Web site de AABT (http://www.aabt.org), que te permitirá buscar a los facultativos según su especialidad (incluido el alcoholismo) y su zona.

The American Psychological Association (APA): ofrece una línea de información educativa pública para referencias sobre las asociaciones psicológicas estatales, que proporciona los nombres y los números de colegiados de sus psicólogos afiliados. (Sin embargo, hay que tener en cuenta que no todos los psicólogos licenciados pertenecen a la APA o a las asociaciones correspondientes a sus Estados, de modo que no hay que descartar a los otros psicólogos.) Puedes pedir una referencia de un psicólogo que tenga experiencia en problemas con el alcohol y si es posible que esté especializado en la terapia cognitiva o conductista, o que tenga algún tipo de formación respecto al tema que nos ocupa. Pero es posible que sólo te den los nombres de las clínicas, en cuyo caso tendrás que llamar personalmente a cada una y preguntar si tienen facultativos especializados en dichos temas.

La APA también expide certificados a los psicólogos que tienen experiencia en tratamientos para el alcoholismo y las drogas y que han aprobado un examen sobre dicha materia. Puedes preguntar a los psicólogos si tienen dicha certificación, que se denomina Certificate of Proficiency in the Treatment of Alcohol and Other Psychoactive Substance Abuse Disorders (APA-CPP Substance Use Disorders). Puesto que éste es un programa bastante reciente, no todos los psicólogos que tienen experiencia en esta área tendrán dicho certificado (y no todos los psicólogos cualificados necesariamente tienen que haber hecho este examen). Para saber si algún psicólogo de tu localidad tiene este certificado o si algún psicólogo que se anuncie como tal está licenciado, puedes contactar por correo electrónico (apacollege@apa.org).

SMART Recovery tiene una Web site que enumera Estado por Estado todos los correos electrónicos y números de teléfono para sus asesores: <http://www.smartrecovery.org>; cliquea en su lista nacional. Estos asesores llevan las iniciales PA al lado de sus nombres, que significan «Asesores profesionales» de SMART Recovery. La mayoría de los PA están licenciados en psicología conductista; algunos tienen consultas privadas y puedes intentar pedir hora de visita.

Psiquiatras con titulación suplementaria de especialidad en adicciones: son médicos que están licenciados en psiquiatría y que además cuentan con una titulación suplementaria de especialidad en adicciones, otorgada por la American Board of Psychiatry and Neurology (miembro de la American Board of Medical Specialties). Para saber si un psiquiatra tiene sus credenciales, se puede visitar la Web site de la American Board of Medical Specialties (<http://www.certifieddoctor.org>). Para encontrar a un psiquiatra con esta titulación se puede recurrir al *Official ABMS Directory of Board Certified Medical Specialists,* que se puede encontrar en alguna gran universidad y en las bibliotecas médicas. (No todos los psiquiatras que están cualificados para tratar las adicciones tienen esta titulación.)

The American Psychiatric Association: puede ayudarte a encontrar a un psiquiatra a través de su número gratuito. Cuando llames, se te dará el número de teléfono de una sucursal de tu zona, que a su vez te dará los nombres de los colegiados que hay en ella dedicados a los casos de alcoholismo.

The National Association of Social Workers (NASW): es la mayor organización de licenciados en trabajo social. Ofrece credenciales profesionales en las siguientes áreas: ACSW (Academy of Certified Social Workers, la licenciatura general) [Academia de asistentes sociales titulados], QCSW (Qualified Clinical Social Worker, con especialización clínica básica) [Asistente social titulado]; DCSW (Diplomate in Clinical Social Work, credencial clínica avanzada) [Diplomado en asistencia social clínica]. La asociación también ofrece certificados en especializaciones, uno de los cuales es un certificado en práctica clínica avanzada sobre adicciones: alcohol, tabaco y el Other Drugs Certification (ATODC). El NASW Register of Clinical Social Workers (Registro de asistentes sociales) tiene los nombres de los QCSW y DCSW con especialidad clínica de todo el país y se pueden ordenar por distritos postales, especialidad, idioma, grupo de clientes y práctica. Las especializaciones médicas incluyen las adicciones y el abuso de sustancias. Se puede acceder al registro a través de la Web site de NASW (<http://www.socialworkers.org>).

The American Society of Addiction Medicine (ASAM): es una sociedad nacional de médicos y estudiantes de medicina que se dedican a mejorar el tratamiento de los problemas relacionados con el alcohol y otras adicciones. Más de tres mil asociados han participado en su programa de formación. Para estar titulado en medicina adictiva, un médico ha de tener al menos un año de experiencia en el campo y seguir en continua formación sobre el tratamiento del alcoholismo y la drogodependencia. Casi el 30 % de los miembros titulados por la ASAM son psiquiatras, pero también pueden conseguir esta titulación licenciados en medicina de cualquier otra especialidad. ASAM no cuenta con un servicio de recomendación de profesionales, pero en su Web site hay un listado de todos sus socios: <www.asam.org>. Para verificar la titulación de alguno de ellos, se pueden visitar las páginas de titulaciones del sitio web (la dirección de correo electrónico de ASAM es: Email@asam.org).

Encuentros de grupos de ayuda: el qué, dónde y cuándo

Alcohólicos Anónimos (AA)

RESPECTO A LAS REUNIONES DE AA

Procedimientos. Las reuniones se clasifican en diferentes categorías: para principiantes, abiertas y cerradas. Las reuniones para principiantes están abiertas a toda persona que crea que tiene un problema con la bebida y suelen tener lugar antes que las reuniones más numerosas de AA. En algunos lugares estas reuniones ofrecen a los recién llegados información sobre el tratamiento del «alcoholismo» y AA; otras reuniones para principiantes se basan en sesiones de preguntas y respuestas. Tal como indica su nombre, las reuniones abiertas son para todo el mundo, tanto si los asistentes tienen problemas con el alcohol como si no. En la mayoría de las reuniones abiertas, el presidente de la reunión hace una introducción de AA. Luego uno o más miembros de AA actúan como oradores y cuentan sus historias personales, denominadas a veces «alcoholirrelatos»; en ellos hablan de su pasado con la bebida y de cómo interpretan AA. Las reuniones cerradas están limitadas a las personas que tienen un problema con la bebida y siguen una serie de formatos diferentes. Algunas de ellas son «reuniones de oradores» seguidas de un debate, mientras que otras son básicamente un debate entre los miembros. Las reuniones-debate pueden tratar sobre los pasos, en las que se habla de alguno de los doce pasos; los miembros se sientan alrededor de una mesa, hacen comentarios o comparten su historia por turnos. (Normalmente, los miembros hacen una autopresentación diciendo primero su nombre y luego «Yo soy un alcohólico». No es necesario decir esto y se puede pasar al debate si se desea.) Según una encuesta de afiliación a AA, realizada en 1998, el 85 % de los miembros pertenecen a un grupo local al que asisten regularmente, lo cual permite a sus miembros mantener una estrecha relación. Las personas encuestadas asistían a un promedio de dos reuniones a la semana.

Puede que a un recién llegado le resulte extraño que los participantes a menudo se ciñan a la costumbre de iniciar un «monólogo» en las reuniones. Es decir, que no se hacen comentarios ni se interrumpe el monólogo de otra persona con preguntas o consejos. Normalmente, las reuniones incluyen un tiempo de anuncios para sus miembros, a la vez que se otorgan las medallas para conmemorar los cumpleaños de los participantes (meses o años) que marcan el inicio del día en que dejaron la bebida. (Si alguien tiene un descuido o una recaída y luego deja de beber, entonces esa persona vuelve a empezar con una nueva fecha de cumpleaños y empieza la cuenta otra vez.)

Las reuniones de AA suelen abrirse con un grupo de oración o recitado y suelen terminar con todos los participantes de pie cogidos de las manos rezando el Padrenuestro. AA no cobra ninguna cuota a sus miembros. Los grupos locales cubren los gastos del alquiler del local, los refrescos y los libros pidiendo donaciones al final de las reuniones.

Frecuencia de las reuniones, lugar de celebración y dirección. Las reuniones de AA suelen realizarse en lugares públicos como iglesias, universidades, hospitales y correccionales. Los miembros de cualquier grupo de AA deciden la frecuencia de sus reuniones —en general, una o dos veces a la semana durante una hora o una hora y media— y cómo las dirigirán. Los miembros suelen elegir a un presidente, secretario y otros asistentes. A los miembros que dirigen grupos no se les exigen credenciales o formación.

Confidencialidad. Se potencia el anonimato utilizando sólo los nombres de pila durante las reuniones, sin revelar la asistencia a las reuniones de otros miembros y sin hablar a los medios de comunicación de tu afiliación, aunque algunas personas optan por descubrir públicamente su pertenencia. Además algunos grupos concluyen sus reuniones con el recordatorio de no hacer mención fuera de la reunión de lo que se ha hablado ni de sus participantes.

CÓMO ENCONTRAR UN GRUPO DE AA

Una de las ventajas de AA es que se puede encontrar una reunión en casi cualquier momento y lugar, en todo el mundo. Según el AA World Services, Inc., hay aproximadamente unos 51.000 grupos de AA, con casi 1,2 millones de miembros sólo en Estados Unidos. En Canadá hay más de 5.000 grupos y fuera de Estados Unidos y Canadá hay cerca de 40.000 grupos. En todo el mundo hay casi dos millones de personas en más de 98.000 grupos que pertenecen a AA. El número de grupos en los correccionales de Estados Unidos y Canadá se eleva casi a 2.500. En estos países se puede encontrar Alcohólicos Anónimos en cualquier listín telefónico o páginas amarillas. Algunas comunidades también tienen «intergrupos» regionales o clubes que hacen reuniones y que pueden proporcionar información. También se pueden consultar las listas de actos públicos en la prensa local, que suelen anunciar los lugares y las fechas en que tienen lugar las reuniones de AA o ponerse en contacto con las oficinas centrales (véase más abajo).

331

A veces los grupos con intereses especiales forman sus propias reuniones, por ejemplo para mujeres, lesbianas, gays o gente joven. También hay grupos de AA para profesionales «afectados», como médicos, enfermeras y abogados. En algunas áreas hay reuniones para los ateos y agnósticos. Puede que las oficinas locales de AA tengan información sobre cómo localizar algunos de estos grupos especiales.

Acceso a Internet

Hay reuniones sobre los doce pasos en Internet y salones chat. La mentora Camille G., que asiste a las reuniones de Internet para mujeres, explica: «Cada mes alguien elige un tema, que se envía al grupo. La gente responde y también discute los problemas. Los cumpleaños también se celebran». De este modo, Internet puede ser un gran recurso para las personas que no pueden salir, como es el caso de los padres jóvenes que tienen hijos pequeños, y las personas mayores o discapacitadas.

Publicaciones de AA

AA ofrece muchas publicaciones que se pueden obtener a través de su central y con frecuencia también en las reuniones locales. AA suele suministrar dos libros a los recién llegados: *Doce pasos y doce tradiciones* y *Alcoholics Anonymous*, al que normalmente se hace referencia como el «Gran Libro». (Algunos grupos los regalan, otros los cobran.) *Doce pasos y doce tradiciones* ofrece una amplia descripción sobre los doce pasos y las doce tradiciones de AA. *Alcoholics Anonymous* presenta las historias personales de miembros de todas clases y procedencias. La última versión publicada data de 1976, pero se está hablando de una posible nueva edición del «Gran libro». AA también publica mensualmente una revista: *AA Grapevine*.

AA World Services, Inc.
P.O. Box 459
Grand Central Station
Nueva York, NY 10163
Tel: 212-870-3400
Web site: www.alcoholics-
anonymous.org

España
Avda. Alemania, 9, 3° izqda.
Asturias, 33400 Avilés, España
Tel: 98-5566345
Fax: 98-5566543
E-mail: aa-
espana@alcoholicos-
anonimos.com

Argentina
Av. Córdoba, 966, piso II,
departamento J
Buenos Aires, Argentina
1054 S.A.
Tel/Fax: 541-143251813
E-mail:
aa_osg@sinectis.com.ar
http://www.sinectis.com.ar/u/a
a_osg

Bolivia
Junta de Servicios Generales
de Alcohólicos Anónimos
Casilla 4775, Santa Cruz

Bolivia
Tel-Fax: 591-333-29720

Chile
Bellavista 0330, Providencia
Santiago de Chile
Tel: 56-2-7771010
Fax: 56-2-7779013
E-mail: aasantiago@tie.cl

Colombia
Calle 50, 46-36,
oficinas 310
Medellín, Colombia
Tel: 57-4-2517887
Fax: 57-4-2316458
E-mail:
corporacionaa@epm.net.co
http://cnaa.org.co

Costa Rica
Avenida 7, calle 2 de la Fischel
200 metros al norte
Altos de la Dist. Obtica
San José, Costa Rica
Tel: 506-2-225224
Fax: 506-2-2212770

Ecuador
Lorenzo Garaicoa, 821
y Víctor Manuel Rendón
2° piso, oficina 208

Guayaquil, Ecuador
Tel: 593 4-2309023

El Salvador
Calle Poniente, 27
y 5 Av. Norte, 329
Barrio san Miguelito
San Salvador, El Salvador
Tel: 503 225-9526
Fax: 503 225-1430
E-mail:
juntadeserviciogenerala.a@sal
net.net

Guatemala
11 Ave. A, 7-62, zona 2,
Ciudad Nueva
Guatemala, 01002 Guatemala
Tel: 502-2-530065
E-mail: osgaa@intelnet.net.gt
http://www.aa.com.gt

Honduras
Bo Lempira 8 Ave.
Calles 13 y 14 - Casa n° 1329
Comayaguela, Honduras
Tel: 504-237-7068
Email: osgdeaa@interdata.hn

México
Huatabampo, 18
Colonia Roma Sur
06760 - México DF

Tel: 52-55-5264-2588
Fax: 5255 5264-2166
E-mail:
directorionacional@alcoholico
s-anonimos.org.mx
http://alcoholicos-
anonimos.org.mx

Panamá
Avenida Perú
Edificio Las Camelias
Oficina 502 - piso 5
Panamá

Paraguay
Avenida Ucaros, 2180
Barrio san Pablo
Asunción, Paraguay
Fax/Tel: 595-21-507-597

Perú
José Pardo de Zela, 524 -
oficina 301
Lima, Perú 14
Tel: 51-1-2651847
Fax: 51-1-247-5800
E-mail:
osgaalima@hotmail.com

República Dominicana
Calle Interior A, 5, esquina
Calle C
Cubículo 4, primera planta

Sector La Feria - Matahambre
Santo Domingo, República
Dominicana
Tel: 809-274-6201

Uruguay
Avda. Gral. Rondeau, 1509
Casilla de Correo 6791
Montevideo, Uruguay
Tel/Fax: 5982-922-822
E-mail: aauy@chasque.apc.org

Venezuela
Avenida Universidad
Esq. Coliseo Corazón de Jesús
Edificio J. A., planta 3 -
oficina 34
Caracas, Venezuela
Tel: 58-212-543-2286
58-212-541-8894
Fax: 58-2-620-954
E-mail:
osgaa@infoline.wtfe.com

LOS DOCE PASOS CON UNA ORIENTACIÓN RELIGIOSA

Las personas interesadas en una orientación cristiana en el programa de los doce pasos puede que prefieran visitar los siguientes sitios:

—Alcoholics for Christ: http://www.alcoholicsforchrist.com
—Alcoholics Victorious: http://www.av.iugm.org
—Overcomers Outreach: http://www.overcomersoutreach.org

Para explorar más recursos sobre la adicción al alcohol y la droga para judíos, se puede contactar con un grupo conocido como JACS (Jewish Alcoholics Chemically Dependent Persons and Significant Others). Visitar la Web site: <http://www.jacsweb.org>.

Women for Sobriety (WFS)

SOBRE LAS REUNIONES DE WFS

Procedimientos. En lugar de presentarse como «alcohólicas», las participantes abren las reuniones de WFS diciendo algo parecido a

335

esto: «Soy Sue y soy una mujer competente». Tras las presentaciones y un breve programa de revisión, el debate suele centrarse en un tema en particular respecto a los problemas con la bebida o algún otro tema seleccionado de la literatura de WFS. WFS recomienda que los grupos no sean de más de seis o diez mujeres, a fin de que todas las mujeres puedan participar en los debates, que son como conversaciones por turnos. (Las participantes pueden pasar si lo desean.) Se fomentan las intervenciones (el diálogo entre las asistentes). Al final de la reunión las participantes se toman de las manos y recitan el lema de WFS. En algunos grupos se cuenta el tiempo que llevan sin beber, pero las prácticas varían según los grupos y las mujeres. En WFS no se tiene tan en cuenta el pasado como en AA, sino que se pone el énfasis en seguir adelante. Sin embargo, se anima a sus miembros a que mantengan el contacto con el grupo a fin de tener un lugar al que regresar si les resulta difícil mantenerse sin beber. A las recién llegadas a WFS se les suele recomendar que lleguen antes de que comience la reunión (o que se queden un rato una vez finalizada la misma) para que la moderadora pueda hablar con ellas y explicarles lo que pueden esperar del grupo. La asistencia es gratuita. En las reuniones se suelen recoger donaciones.

Frecuencia de las reuniones, lugar de celebración y dirección. Las reuniones de WFS se suelen realizar en lugares públicos como hospitales, iglesias y centros de salud para mujeres, tienen una frecuencia de una vez a la semana y duran una hora y media. Están dirigidas por moderadoras: miembros que hace al menos un año que no beben, que conocen el programa, la filosofía y la literatura de WFS (y las utilizan en su abstinencia) y que han leído el libro de Jean Kirkpatrick, *Turnabout*. (Las mujeres que afirman reunir estas condiciones rellenan una solicitud de varias páginas; no hay una formación oficial.)

Confidencialidad. En las reuniones, las asistentes acostumbran a usar sólo sus nombres de pila. WFS pide a sus miembros que mantengan la confidencialidad de las identidades de las asistentes a las reuniones, así como de los lugares donde se celebran.

Cómo encontrar un grupo de WFS

Existen más de cien grupos de WFS en todo el mundo, la mayoría de ellos, sorprendentemente, en las áreas rurales de Estados Unidos. (WFS también cuenta con quince grupos en Canadá y tiene grupos en Australia, Nueva Zelanda, Inglaterra e Irlanda del Norte.) WFS no tiene ninguna lista de los lugares donde se encuentran sus grupos, ni de sus números de teléfono en su Web site, de modo que la mejor forma de averiguar dónde hay uno es enviar un correo electrónico o llamar por teléfono. Hay algunos grupos de WFS que aparecen en las guías de teléfono. WFS también cuenta con un programa por correo, ya sea tradicional o electrónico, a través del cual las moderadoras y los miembros pueden estar en contacto, especialmente con las recién llegadas. La central de WFS conoce un pequeño número de centros terapéuticos donde se han formado grupos de WFS y en algunos de ellos se reparten libros de WFS y se dan referencias a los clientes. (Desde la década de los ochenta, la organización ha ofrecido literatura para grupos de Men for Sobriety [MFS], basada en el programa de WFS, pero en la actualidad sólo existen dos grupos de MFS, ambos en Canadá.) Para más información sobre alguna de estas opciones, ponte en contacto con la central de WFS o visita su Web site. Si tú o alguna conocida deseáis iniciar un grupo, contactad con las oficinas centrales para obtener información sobre cómo hacer la solicitud.

Acceso a Internet

WFS cuenta con su propio salón de chats y un tablón de anuncios.

Publicaciones de WFS

WFS ofrece una serie de publicaciones, incluidos libros, folletos, libros de ejercicios y cintas de audio. Se aconseja a todos los miembros que consigan «The Program Booklet», una publicación de bolsillo de Jean Kirkpatrick que expone las trece «Afirmaciones del programa para la "Nueva Vida"», que tiene un coste de 3 dólares. WFS también recomienda a sus miembros que lean *Turnabout: New Help for the Woman Alcoholic*, la historia de la doctora Kirkpatrick, su viaje desde bebedora problemática hasta fundadora de WFS. Además, WFS fomenta que sus miembros se inscriban en el boletín informativo mensual, *Sobering Thoughts*.

PARA MÁS INFORMACIÓN SOBRE WFS

Women for Sobriety, Inc.
E-mail: NewLife@nni.com
Web site: www.womenforsobriety.org

SMART Recovery

SOBRE LAS REUNIONES DE SMART RECOVERY

Procedimientos. Las personas que asisten a las reuniones de SMART Recovery empiezan con presentaciones a su aire (los asistentes no se califican de «alcohólicos») y dan a las personas la oportunidad de compartir cómo les fue el fin de semana. Lo normal es que haya de cuatro a doce personas por reunión. Puesto que SMART Recovery es un programa relativamente nuevo, todavía está experimentando diferentes formatos. En general, las reuniones las abre el coordinador u otro miembro haciendo una breve afirmación que describe el programa de SMART Recovery, subrayando la confidencialidad y revisando la agenda de la reunión. A continuación el que dirige la reunión pregunta si algún participante quiere compartir lo que ha hecho o aprendido de SMART Recovery durante la última semana. Luego se prepara la agenda para la reunión; en este tiempo, el coordinador pregunta a todas las personas si han pasado una semana especialmente mala y si necesitan más tiempo.

(Los asistentes pueden no responder si lo desean.) Después viene lo más importante de la reunión, durante la cual los miembros comparten y hablan de la estrategia de SMART Recovery el «4-Point Program» (véase la página 165). Durante esta parte de la reunión no se fomentan los «alcoholirrelatos», sino el compartir y el debate abierto (o las interrupciones y comentarios). Al concluir, el grupo suele hacer un proyecto de tarea para realizar en casa, como identificar una forma específica de enfrentarse a los impulsos de beber durante la semana siguiente. Al final, se dedican diez minutos a compartir impresiones.

SMART Recovery anima a sus miembros a asistir a los grupos mientras obtengan algún beneficio, lo que para la mayoría de las personas supone meses o años, en lugar de hacerlo de por vida. En estas reuniones no es tan probable encontrar personas que cuentan los días que hace que dejaron de beber, como sucede en AA. Cuando se produce una recaída, se recuerda a los miembros que la recuperación sigue siendo posible y que lo que realmente cuenta es la perseverancia. Las reuniones están abiertas a los recién llegados, aunque no se les exige que participen en las mismas. Algunos grupos programan reuniones sólo para personas nuevas o invitan a los nuevos a que se reúnan con el coordinador antes de la reunión. Al final, se pide una donación, aunque nadie está obligado a hacerla.

Frecuencia de las reuniones, duración y dirección. Las reuniones de SMART Recovery suelen tener lugar una vez a la semana en hospitales, iglesias, bibliotecas, consultorios médicos y también en muchos correccionales. La mayoría de los grupos de SMART Recovery se encuentran semanalmente y sus sesiones duran noventa minutos. Las reuniones las dirigen «coordinadores» voluntarios que han dejado de beber por diversos medios y que creen en los principios de SMART Recovery; también pueden ser personas que nunca han tenido ningún problema con la bebida. (La mayoría de los coordinadores son gente corriente, aunque hay muchos que son profesionales de la salud mental.) A los coordinadores se les asigna un «asesor profesional» (PA), un voluntario que acostumbra a ser un profesional de la salud mental con formación en conducta adictiva. El PA está a disposición del coordinador para cualquier problema que pueda surgir en el grupo. No existe una formación formal para los coordinadores, pero SMART Recovery ofrece sesiones de formación anuales a las que se anima a asistir a los coordinadores.

Confidencialidad. La mayoría de los miembros de SMART Recovery no utilizan sus apellidos. Una de las reglas básicas es que todos los participantes guarden la confidencialidad sobre todo lo que se ha dicho y hecho en las reuniones. No está permitido contarle a nadie de fuera del grupo quién ha asistido al mismo o qué se ha dicho, a fin de que no se pueda identificar a ninguna persona. La violación de la confidencialidad es motivo de expulsión del programa.

CÓMO ENCONTRAR UN GRUPO DE SMART RECOVERY

Actualmente hay más de 325 grupos de SMART Recovery en Estados Unidos (SMART Recovery también cuenta con un reducido número de grupos en Canadá, Australia, Escocia y Suecia). Para localizar el grupo más próximo se ha de contactar con la oficina central de SMART Recovery o visitar su Web site. En algunas áreas metropolitanas más grandes, es posible encontrarlos en las guías telefónicas. Las oficinas centrales enviarán a las personas que no tengan acceso a un grupo en su zona información sobre cómo organizar uno, incluidos consejos para encontrar un local, hacer publicidad y reclutar a un PA. Hay un reducido número de programas de tratamiento para el alcoholismo que están afiliados a SMART Recovery, lo que significa que el programa empleará un enfoque cognitivo-conductista y que «mantiene» los principios del programa SMART Recovery. (Llame a las oficinas centrales o visite la Web site de SMART Recovery para conseguir un listado.)

340

SMART Recovery ha reunido una lista de lecturas recomendadas que incluyen ocho libros básicos. Entre ellos se incluye el *SMART Recovery Member's Manual*, así como *The Small Book*, la guía básica original de Rational Recovery escrita por Jack Trimpey. SMART Recovery también recomienda otros seis libros que considera útiles para sus miembros, así como un boletín informativo trimestral titulado *News and Views*. Todas las publicaciones de SMART Recovery, además de los libros recomendados y básicos, se pueden pedir a través de la oficina central.

ACCESO A INTERNET

SMART Recovery ofrece ahora unas cuantas reuniones diarias on-line. También tiene un salón de chats; en la Web site se puede encontrar información al respecto. El grupo tiene un servicio que denomina SMARTREC para las personas que quieran compartir diariamente correos electrónicos con ideas coherentes, conversaciones con otras personas de la lista y su solidaridad. Para suscribirse, enviar el mensaje siguiente a <listserv@maelstrom.stjohns.edu>:
subscribe SMARTREC nombre apellido

PARA MÁS INFORMACIÓN SOBRE SMART RECOVERY

SMART Recovery
E-mail: SRMail1@aol.com
Web site: www.smartrecovery.org

Secular Organizations for Sobriety (SOS)

SOBRE LAS REUNIONES SOS

Procedimientos. SOS aconseja a sus grupos que conduzcan sus reuniones como les plazca, siempre y cuando el grupo esté estructurado en torno a los fundamentos SOS: secularidad, sobriedad y autoayuda. A las reuniones suelen asistir unas doce personas. Éstas comienzan con una afirmación sobre los fundamentos de SOS y con un recordatorio de que todo lo que se diga en la reunión es confidencial. A continuación, en muchas reuniones se dedica un tiempo para que los recién llegados se presenten del modo que les plazca y para que las personas anuncien acontecimientos especiales como nacimientos o que tienen un trabajo nuevo. Aunque las «Directrices sugeridas para estar sobrio» del grupo aconsejan a sus miembros que reconozcan que son «alcohólicos» o adictos, no tienen que presentarse de una forma especial en las reuniones. La reunión gira en torno a un debate sobre un tema en particular, que puede ser introducido por un presidente, cuya función es la de proponer un tema y posiblemente dirigir la reunión. (El cargo de presidente de la reunión es rotativo cada semana.) Otras reuniones son más libres y permiten un debate más abierto. La duración del debate permitida varía según el grupo. En muchas reuniones se dedican casi tres cuartas partes del tiempo a compartir las experiencias personales y el resto a comentarios y a dar consejos. SOS también anima a sus miembros a compartir «sobriorrelatos», durante los cuales se centran más en su abstinencia presente que en su alcoholismo del pasado.

Algunos miembros pueden elegir contar el tiempo que llevan sin beber y celebran sus fechas de cumpleaños de sobriedad en las reuniones SOS. Si alguien sufre una recaída, SOS no defiende la idea de iniciar la cuenta de la abstinencia desde cada patinazo. Tal como dice el fundador del grupo, James Christopher: «En SOS nos ceñimos a los hechos. Si alguien lleva cinco años sin beber, luego recae

342

y vuelve a dejar de beber, entonces son cinco años sobrio y una recaída. Todo el tiempo que se ha estado alejado del alcohol constituye una "buena temporada"».

La mayoría de las reuniones terminan sin ceremonia, aunque en algunos grupos los miembros se desean mutuamente que no beban durante la semana siguiente o se aplauden entre sí por pasar otra semana sin beber. Algunos grupos salen a tomar algún refresco después de la reunión, práctica diseñada para fomentar la comunicación entre sus miembros.

Se anima a los miembros a asistir a las reuniones mientras se sientan cómodos. Por consiguiente, algunos optan por no acudir eternamente y su abstinencia se considera tan válida como la de cualquier otro. Los grupos SOS no cobran nada a sus afiliados, aunque la mayoría pasan una cesta para donaciones voluntarias. Cada reunión se autofinancia y el tesorero del grupo suele enviar una parte de los ingresos de la reunión a International SOS Clearinghouse para apoyar sus actividades.

Frecuencia de las reuniones, lugar de encuentro y dirección. Las reuniones de SOS se suelen realizar en lugares comunitarios como bibliotecas y centros de recreo, así como en salas de la Iglesia Unitaria. Según Christopher, también se ofrecen programas en las prisiones, especialmente en el Estado de Texas. En general, las reuniones tienen lugar semanalmente y duran entre una hora y una hora y cuarto. Los amigos y familiares de los miembros también son bien recibidos en las reuniones. La mayoría de los grupos SOS cuentan al menos con dos dirigentes en las reuniones, cargos que se van turnando entre los miembros: secretarias (a las que a veces se llama «convocadoras»), que se encargan de todos los preparativos (el lugar de encuentro, moderar el debate, etc.); los tesoreros, que se encargan de las cuestiones financieras (pagar los alquileres de la sala, etc.). La mayoría de los miembros que actúan de dirigentes hace al menos seis meses que no beben y los elige el grupo por consenso, aunque estas directrices no están escritas en ninguna parte. No hay formación para los dirigentes.

Confidencialidad. En SOS, se supone que los participantes prefieren el anonimato, a menos que se diga lo contrario. Aunque en algunos grupos se utilizan hojas de asistencia con el nombre y el número de teléfono pará llevar un control sobre la asistencia y utilizarlas como listas de teléfonos para contactar con las personas, la mayoría de los asistentes utilizan sólo sus nombres de pila y la inicial de su segundo apellido, como es el caso de los debates.

Cómo encontrar un grupo SOS

No hay un número oficial de grupos SOS. Además de los grupos en Estados Unidos, SOS cuenta con un reducido número de grupos en Canadá, Inglaterra, Bélgica, Francia y Venezuela (en el momento en que se escribió este libro se preveían nuevos grupos en Irlanda y España). Para localizar un grupo por tu zona, has de ponerte en contacto con las oficinas centrales. A veces, sin embargo, también se pueden encontrar los grupos SOS en las guías telefónicas. SOS tiene grupos especiales para mujeres y para gays.

Acceso a Internet

Se puede acceder a los salones de chat y los tablones de anuncios de SOS a través de sus páginas web.

Publicaciones SOS

El fundador de SOS, James Christopher ha escrito tres libros en los que describe detenidamente las filosofías y obras de SOS; se puede acceder a todas ellas a través de SOS International Clearinghouse: *How to Stay Sober: Recovery Without Religion; SOS Sobriety: The Problem Alternative to 12-Step Programs*; y *Unhooked: Staying Sober and Drug-Free*. SOS también ofrece un folleto para dirigentes de grupos. Además, Christopher edita la *SOS International Newsletter*, una publicación trimestral. Para suscribirse debe ponerse en contacto con SOS Clearinghouse. SOS también ofrece otros libros, incluidos folletos, panfletos, cintas de vídeo y de audio.

PARA MÁS INFORMACIÓN SOBRE SOS

SOS International Clearinghouse
E-mail: SOS@CFIWest.org
Web site: <http://www.secularsobriety.org> o <www.cfiwest.org/sos>.
SOS también cuenta con una Web site europea: <http://www.so-seurope.org>.

Lifering Secular Recovery

Para mas información sobre LSR, el nombre que han adoptado algunos grupos de SOS más antiguos, así como para localizar grupos de LSR nacional e internacionalmente:

E-mail: service@lifering.org
Web site: http://www.unhooked.com

Grupos, programas y recursos para beber con moderación

Moderation Management

Moderation Management (MM) es un grupo no lucrativo de auto-ayuda de Estados Unidos fundado por Audrey Kishline, una mujer con problemas con el alcohol que hizo un tratamiento tradicional y descubrió que podía beber con moderación sin problemas. Inició MM en 1993, tras haber investigado a fondo las visiones cognitivo-conductistas respecto a este tema y los métodos científicos para controlar la adicción a la bebida y evitar la recaída. Preocupada por las

345

muchas personas a las que se les diagnosticaba erróneamente «alcoholismo» o que jamás se someterían a un tratamiento tradicional basado en la abstinencia, Kishline se preguntó: «¿Cuántas personas se sentirían motivadas a hacer algo respecto a su problema con la bebida si hubiera un programa que no se basara en la abstinencia total, en un enfoque religioso o espiritual, o que no las etiquetara de "alcohólicas"?». De modo que diseñó un programa de apoyo que en el mes de octubre de 2000 contaba con diez grupos en ocho Estados. (Los lugares donde se encuentran estos grupos se pueden localizar a través de la Web site de MM o llamando por teléfono.)

En la primavera de 2000, Kishline abandonó la dirección de MM (véanse las páginas 228-229), pero MM sigue siendo una organización activa con una junta de directores compuesta por tres respetables psicólogos y cuatro miembros no profesionales que actúan como supervisores.

MM está pensado para aquellas personas que deseen dejar de beber o beber menos antes de padecer consecuencias más graves. No está diseñado para personas con una dependencia grave del alcohol, es decir, las que sufren los síntomas del síndrome de abstinencia cuando dejan de beber, ni para las que tienen problemas con las drogas o con la comida. Las directrices del grupo sugieren empezar con un mes de abstinencia, para luego beber con moderación bajo condiciones específicas y con el apoyo de un grupo si es necesario. (En general, los grupos se reúnen una vez a la semana y son conducidos por alguien que lleva ya algún tiempo en MM.)

El programa MM ofrece nueve pasos para ayudar a las personas a llevar vidas más saludables y equilibradas. Según un miembro de la junta de MM, Marc Kern, las últimas investigaciones parecen indicar que casi el 30 % de los miembros de MM eligen beber con moderación y consiguen estabilizarse; otro 30 % lo deja y se supone que vuelve a la bebida, y otro 30 % se pasa a un programa basado en la abstinencia. A esto añade: «Sin embargo, algunos miembros de MM eligen la abstinencia, aunque siguen con MM porque tiene una atmósfera abierta, racional e imparcial».

Los grupos guardan el anonimato y son gratuitos. Las personas que no tengan un grupo de MM en su zona pueden acceder al programa a través de su Web site, que enumera los grupos on-line y tiene un salón para chats. Para más información contactar con:

Moderation Management Network, Inc.
E-mail: moderation@moderation.org
Web site: http://www.moderation.org

DrinkWise

Al igual que Moderation Management, DrinkWise es un programa diseñado para personas con problemas con el alcohol moderados o leves que deseen dejar de beber o beber menos. Desarrollado en Canadá por una psicóloga llamada Martha Sánchez-Craig, Drink-Wise se basa en más de veinte años de investigaciones con éxito en el antiguo Addiction Research Foundation en Toronto, Ontario. La mayoría de los miembros de DrinkWise eligen beber con moderación, aunque también los hay que prefieren la abstinencia.

A diferencia del formato de autoayuda de MM, DrinkWise está dirigido con la ayuda de consejeros titulados con un Master Degree, con una formación especializada para este programa y que implica el uso de un manual con deberes semanales. (También se puede comprar el libro del fundador de DrinkWise para usarlo sin ayuda, véase más abajo.) DrinkWise incorpora estrategias de autocontrol conductistas y se ofrece en una serie de formatos diferentes: un programa de grupo, un programa individual, un programa con asistencia telefónica y un programa con videoteléfono. Los costes oscilan entre 395 y 700 dólares, según el formato; hay una tarifa de primera consulta, que se incluye como parte del coste total si se decide hacer todo el programa. (Por desgracia, según DrinkWise, los seguros médicos no cubren estos gastos.) También hay dos sesiones de seguimiento, para las cuales no hay ningún cargo adicional.

Para más información, contactar con DrinkWise:

E-mail: DrinkWiseemail@ecu.edu
Website: www.med.ecu/pharm/frwise.htm

Libros sobre beber con moderación

DrinkWise: How to Quit Drinking or Cut Down, de Martha Sán-
chez-Craig, editado por la Addiction Research Foundation, en 1995.
How to Control Your Drinking, de W. R. Miller y R. F. Muñoz
(Nueva York, Prentice-Hall, 1976); ahora disponible en una edición
revisada del doctor Miller. Enviar un correo electrónico para solici-
tarlo a <dyao@unm.edu>.
*Moderate Drinking: The Moderation Management Guide for
People Who Want to Reduce their Drinking*, de Audrey Kishline
(Nueva York, Crown, 1994).

Recursos en Internet sobre beber con moderación

El respetado psicólogo e investigador sobre el alcohol Reid Hester, tiene una Web site (<http://www.behaviortherapy.com>) en la
que proporciona una lista de psicólogos norteamericanos que ofrecen formación sobre beber con moderación. Además, el doctor
Hester ofrece un software para beber con moderación que ha demostrado dar resultados positivos en una investigación. El título es
«Behavioral Self-Control for Windows» [Autocontrol conductista
para Windows] y se puede encargar en la Web site <http://www.be-
haviortherapy.com/software.htm>.

Programas formales de tratamiento para el alcoholismo

En busca de un programa de rehabilitación

Si estás deseando encontrar un tratamiento desesperadamente para hacer algo con tu problema con la bebida, puede que te resulte difícil la búsqueda. No obstante, vale la pena hacer preguntas y comparar programas. (Puede que tengas algún amigo o pariente que te ayude.) Lo primero que debes considerar es si quieres alejarte de tu casa o prefieres quedarte cerca. Una de las desventajas de elegir un programa en tu zona es la posible pérdida del anonimato. (Sin embargo, algunas personas arguyen que esto puede sellar tu compromiso de permanecer sobrio.) Una de las ventajas de estar cerca de casa es que resulta más fácil hacer un seguimiento, lo cual es especialmente importante si no se tiene pensado asistir a un grupo de ayuda o no hay ninguno de nuestro agrado en nuestra zona. Aunque hay personas que no requieren mucho seguimiento, otras necesitan mucha ayuda para conseguir que sus vidas vuelvan a recomponerse cuando ya no beben. De hecho, en un estudio donde las personas que habían estado ingresadas para recibir tratamiento fueron asignadas al azar a grupos sin seguimiento exterior voluntario u obligatorio (doce semanas), se comprobó que las que sí hicieron y completaron un programa de seguimiento tuvieron muchas menos recaídas que las que no lo hicieron. De modo que si asistes a un programa en un centro lejos de casa, sería conveniente preguntar al responsable sanitario dónde puedes seguir un programa de seguimiento —es decir, cómo contactar con un grupo de ayuda o un terapeuta en tu zona— antes de abandonar el tratamiento formal.

Quizá la forma más sencilla de averiguar dónde se ofrecen programas de tratamiento para el alcoholismo en un lugar en particular de Estados Unidos sea dirigirse al Substance Abuse and Mental Health Services Administration (SAMHSA). Puedes localizar centros de tratamiento en tu zona llamando a dicha organización o accediendo al Substance Abuse Treatment Facility Locator (véase

SAMHSA, en las páginas 358-359). También puedes llamar a los departamentos oficiales que se encargan de las drogadicciones para solicitar información sobre programas de tratamientos subvencionados o de pago. Muchos programas de tratamiento tienen páginas web, así que puedes navegar por Internet y visitar algunas de ellas. También puedes buscar en la guía telefónica, llamar a algunos profesionales de tu zona y centros que ofrezcan programas de este tipo. (Mira en las páginas amarillas en el apartado de «Alcoholismo: tratamientos».)

Igualmente, puedes conseguir algunas ideas sobre programas visitando los hospitales, grupos de ayuda, iglesias y personas que se hayan rehabilitado. Al igual que con las consultas privadas, consulta antes con tu seguro médico para comprobar las coberturas de tu póliza respecto a este tema. Puede que tu seguro médico tenga algún acuerdo con algún programa de esta clase, lo cual limitará tus opciones.

Una vez hayas reducido tu gama de opciones, ponte en contacto con los programas para ver si son compatibles con tus necesidades. Si prefieres un programa que no se base en los doce pasos, tendrás menos opciones. (Si eso es lo que prefieres, asegúrate de hacer preguntas detalladas y de transmitir lo que quieres; un psicólogo al que entrevisté recientemente me contó que tenía una cliente que fue a un centro terapéutico donde le dijeron que su programa no se basaba en los doce pasos, pero que una vez estuvo dentro descubrió que no era así.)

A continuación hay algunas preguntas que quizá quieras hacer para saber si un programa en concreto, ya sea como paciente interno o externo, se adapta a tus necesidades, deseos y filosofía:

—Orientación y filosofía: ¿se basa el programa en los doce pasos? Si es así, ¿qué pasa si alguien no desea este tipo de orientación? ¿Se ofrecen otras opciones? ¿Tiene algún tipo de orientación religiosa? ¿Ofrece alguna visión cognitivo-conductista? ¿Utiliza algún método de enfrentamiento? ¿Trabajan los consejeros con un modelo patológico o bien conductista?

—¿Cómo se evaluará tu problema con el alcohol cuando entres y qué conllevará inmediatamente el tratamiento? Por ejemplo, ¿tendrás que ingresar en una unidad de desintoxicación? ¿De qué modo la información recopilada se traduce en opciones de tratamiento?

—¿Hasta qué punto puedes implicarte en planificar tu propio programa para resolver tu problema con la bebida?

—¿Qué tipo de asesoramiento ofrece el programa: individual, de grupo, familiar, conyugal? ¿Cuánto tiempo se pasa en cada una de estas áreas? (Es conveniente averiguar hasta qué punto es un programa individualizado.)

—¿Qué titulaciones tienen los asesores? ¿Cuánto tiempo pasarás en manos de profesionales de la salud mental? ¿Hay un alto número de rehabilitados entre el personal?

—¿Qué tipo de pacientes acuden a recibir este tratamiento? Si tienes preferencias, averigua si te pueden poner con el tipo de personas con las que te sientas mejor, trabajadoras o profesionales, estar con los de tu propio sexo, con personas que sólo tengan problemas con el alcohol (no otras adicciones).

—¿Cómo es un día típico? Pregunta si puedes ver una agenda del día. ¿Cómo varía el programa de una semana a otra?

—¿Cómo es el programa de seguimiento cuando te marchas? ¿Con qué asiduidad podrás o deberás hacerlo? ¿Con quién lo harás? ¿Será un programa de grupo o individual? ¿Podrás ver a un consejero con asiduidad? ¿Durante cuánto tiempo?

—¿Tiene previsto el programa el factor de la posible recaída? ¿Qué pasa si sufres alguna? ¿Hay algún programa para las personas que necesitan una ayuda tras una recaída o se ha de empezar de nuevo desde cero?

—¿Cuál es el porcentaje de éxito del programa? ¿Cómo define el éxito el programa? ¿Cuántos de los participantes son reincidentes?

—¿Puedes hablar con algunas de las personas que ya han hecho el programa?

—¿Se recetan medicamentos como la naltrexona o el disulfiram (véanse las páginas 128-131) si es necesario? (Algunos centros puede que prohíban los fármacos psiquiátricos, lo cual no es en el mejor interés de todos. Sin embargo, no querrás ir a un sitio donde a todas las personas se les prescribe la misma medicación.)

Antes de ingresar en un centro, has de saber de cuánta libertad dispones para entrar y salir y con qué facilidad puedes abandonar el centro si te das cuenta de que no es para ti. Puede que también quieras investigar si ese tratamiento va a formar siempre parte de tu historial médico.

¿Qué es un consejero especializado en dependencias químicas?

Una serie de mentores me comentaron que habían trabajado con consejeros especializados en dependencias químicas en su proceso de rehabilitación. Normalmente encontrarás a uno de estos consejeros en los programas como paciente interno y externo. Según A. Thomas McClellan, director del Treatment Research Institute de la Universidad de Pensilvania, «los consejeros especializados en dependencias químicas son simplemente terapeutas con una especialidad en adicciones. En general, son licenciados en trabajo social o tienen diplomaturas o licenciaturas en otros temas, y tienen algo de experiencia con las adicciones, ya sea en el ámbito personal o profesional».

Puesto que no hay una definición aceptada por consenso sobre lo que es un consejero de este tipo y las directrices para ejercer pueden variar de un Estado a otro, sería conveniente investigar la formación de la persona que estés pensando ver. Un informe de 1998 del Center for Substance Abuse Treatment (CSAT) de Estados Unidos indica que a menudo los consejeros especializados en dependencias químicas han sido formados en programas que, en muchos

352

casos, han sido desarrollados en centros de tratamiento, en lugar de haberse creado en instituciones académicas. Como tal, su formación varía mucho. Algunos de ellos son antiguos pacientes, pero que carecen de una buena formación académica. (Hasta no hace mucho, en el Estado donde yo vivo casi todo el mundo se autodenominaba consejero en dependencias químicas; ahora las cosas se han reglamentado, pero todavía hay muchas excepciones. Por ejemplo, los consejeros de los hospitales, así como los de los centros de tratamiento federales, estatales y locales, no están obligados a someterse a dichas reglamentaciones.)

En 1998, el CSAT publicó un extenso documento que indicaba por primera vez quién estaba cualificado para tratar a las personas con adicciones. El documento identifica las competencias que han de incluir los programas de tratamiento y esos futuros consejeros en adicciones tendrán que demostrar que las tienen. Por ejemplo, un consejero de este tipo ha de demostrar que está familiarizado con diferentes visiones para resolver los problemas de abuso de sustancias. Una serie de Estados (entre ellos Virginia, California, Wisconsin, Oregón, Nueva York, Texas y Delaware) han modificado los requisitos de sus titulaciones para utilizar estas competencias, y algunas escuelas universitarias y universidades están utilizando este documento para desarrollar y revisar su currículum para la formación de consejeros especializados en dependencias químicas.

Si quieres ser un consumidor inteligente, pregunta a los consejeros que estés pensando visitar qué formación tienen. ¿Ha realizado algunos cursos sobre tratamientos para el alcoholismo en una escuela universitaria? ¿Qué tipo de formación de capacitación en el trabajo tiene? ¿Ha estado bajo la supervisión de un experto durante la misma? ¿Ha obtenido una titulación en tu Estado?, y ¿qué valor legal tiene? ¿Tiene algún título de una organización profesional, como International Certification & Reciprocity Consortium, Alcohol & Other Drug Abuse, Inc. o la National Association of Alcohol and Drug Abuse Counselors (NAADAC)? Si es así, ¿qué nivel tiene en esa formación? Creo que se puede decir con cierta seguridad que es bastante común que los consejeros apoyen los programas que se basan en los doce pasos, lo cual está bien si eso es lo que buscas. Charles Bufe, en su experiencia como coautor de *Resisting 12-Step Coercion*, dice: «Tener credenciales como consejero en dependencias químicas es casi un indicativo seguro de que eres una persona partidaria de los doce pasos. Yo le preguntaría a un consejero especializado en dependencias químicas si está familiarizado con otras alternativas a AA y también si AA es eficaz. Una respuesta buena y sincera sería algo parecido a "AA funciona para algunas personas"».

Recursos en Internet

Una búsqueda en la red para encontrar opciones de tratamientos puede resultar inconcebible, pero en realidad es una de las mejores formas de abordar las diferentes opciones para dejar de beber, tanto si quieres hacerlo por tu cuenta o con ayuda. Las siguientes páginas web son una muestra de ello con su útil información.*

<http://www.cts.com/crash/habtsmrt>: HabitSmart es una Web site creada y conservada por el psicólogo Robert Westermeyer. Su página ofrece una gran cantidad de información útil respecto a las adicciones y la rehabilitación, incluida información sobre visiones cognitivas, reducción del daño y beber con moderación. La Web site proporciona muchos otros enlaces con otras páginas que también pueden ser de utilidad.

<http://www2.potsdam.edu/alcohol-info>: Fácil de usar, llena de colorido y divertida, esta fascinante Web site, llamada «Alcohol:

---

* No puedo responder de la validez de la información de las páginas web mencionadas en este libro o de las otras páginas web con las que están vinculadas. Puesto que las páginas web suelen desaparecer o trasladarse sin dejar una dirección, puede que algunas de las direcciones de este libro ya no estén disponibles. Recuerda que en Internet tu anonimato quizá no esté asegurado. También has de ser selectivo respecto a la información que recibas de los grupos on-line, puesto que en muchos casos no hay modo de saber si la información recibida te será útil o perjudicial.

Problems and Solutions», fue diseñada por David J. Hanson, un profesor de sociología de la Universidad Estatal de Nueva York, en Postdam. La página ofrece información general sobre el consumo y el abuso del alcohol, abarca el alcohol en las noticias, el alcohol y la juventud (con frecuencia desafiando los puntos de vista convencionales), publica entrevistas con otros expertos y cuenta con una extensa lista de páginas adicionales sobre el alcoholismo, el hábito de la bebida y la rehabilitación.

<http://www.niaaa.nih.gov>: Ésta es la Web site del National Institute of Alcohol Abuse and Alcoholism de Estados Unidos, una división del National Institute of Health [Instituto Nacional de Sanidad]. Contiene información sobre la organización, sus publicaciones, bases de datos, informes de prensa, programas de investigación y más. (La base de datos ETOH, actualizada mensualmente, es la base de datos bibliográficos más extensa on-line, contiene más de 100.000 registros sobre el abuso del alcohol y el alcoholismo.)

<http://www.drugnet.net>: El doctor Joseph Volpicelli, en su libro *Recovery Options* se refiere a la página de enlace de esta Web site del Drug and Alcohol Treatment and Prevention Global Network como «la madre de todas las páginas de enlaces para las adicciones [...] una buena página para guardar en favoritos y acceder a todas las demás». (Él observa que entre los múltiples enlaces con organizaciones también hay algunas que carecen de buena reputación.) Hay enlaces para alumnos universitarios, educadores, familiares y amigos, gays, profesionales de la salud y otros.

<http://www.peele.net>: Ésta es la Web site del psicólogo, abogado y escritor Stanton Peele, que ha dedicado su carrera a las adicciones y a los métodos de resolución no convencionales. En su extensa página, expresa su opinión respecto a temas controvertidos relacionados con el alcohol, responde a preguntas personales, ofrece una bibliografía de muchas de sus publicaciones y de otros libros recomendados, aborda temas legales y forenses y cuenta con muchos enlaces con otros recursos en Internet.

355

<http://www.addictionsearch.com>: La Addiction Search Web ha sido creada recientemente por Emil Chiauzzi, un psicólogo clínico con experiencia en adicciones. El doctor Chiauzzi creó su página como una «puerta hacia la información sobre las adicciones basada en la investigación: cubre información básica sobre las drogas y el alcohol, la prevención, la reducción del daño, temas sociales, resultados de tratamientos, hallazgos estadísticos y enlaces con organizaciones». Una de las principales metas de esta página es ofrecer enlaces con la información más reciente de fuentes respetables y de confianza. Está orientada hacia la investigación, especialmente del tipo que ofrece una visión general sobre un área esencial, lo cual te permite revisar información con eficacia.

<http://www.darnweb.com>: Esta Web site de Drug & Alcohol Recovery Network (DARN) tiene un motor de búsqueda para localizar centros de tratamiento y cuenta con más de 12.000 centros en su base de datos. DARN también se considera como una guía nacional de Internet sobre centros de tratamiento para el alcoholismo y las drogas, instituciones y profesionales de la salud.

<http://www.well.com/user/woa>: Esta Web site, denominada Web of Addictions, se describe a sí misma como «dedicada a proporcionar información exacta sobre el alcoholismo y otras drogadicciones». Ofrece enlaces con otros recursos en Internet relacionados con las adicciones, información para contactar con distintos grupos, hojas de datos sobre adicciones (organizadas por droga) e información sobre reuniones y conferencias sobre adicciones.

<http://www.med.upenn.edu/recovery>: Ésta es la Web site del Internet Alcohol Recovery Centre del Treatment Research Centre de la Universidad de Pensilvania. Contiene información sobre consumidores y profesionales; esta página ofrece información útil sobre la rehabilitación del alcoholismo, salones de chat, enlaces con otras páginas interesantes y mucha información sobre la naltrexona. También se describe el programa de tratamiento para la adicción de este centro (en Filadelfia).

<http://www.mentalhelp.net/selfhelp>: Ésta es la Web site de la American Self-Help Sourcebook On-Line de la American Self-Help Clearinghouse. Es una base de datos para búsquedas y contiene cientos de grupos de ayuda. Lo único que ha de hacer el usuario es introducir las palabras clave para cualquier tipo de problema, como «abuso del alcohol» o «depresión». Bajo abuso del alcohol, entre sus extensos listados, tiene descripciones de varios grupos que siguen los doce pasos y enlaces con los mismos, incluidos grupos especializados (para farmacéuticos, dentistas, etc.); redes de apoyo para académicos, psicólogos y agentes inmobiliarios que tienen o han tenido problemas con el alcohol; grupos de ayuda no convencionales y varios grupos de ayuda religiosos. Este listado incluye grupos que no constan en ninguna otra parte. Esta página también ofrece ideas para iniciar grupos.

<http://www.cmhc.com>: CMHC Systems se considera el líder en Estados Unidos en proporcionar sistemas de información para la gestión de la salud mental y del abuso de sustancias (entre otros temas). En su Web site, bajo el apartado «Servicios», hay un enlace con su Mental Health Net, que es una guía que enumera muchos de los recursos on-line para la salud mental, la psicología y la psiquiatría, incluidos algunos relacionados con la rehabilitación del alcoholismo.

<http://www.crosswinds.net/~empower16/steps.htm>: Ésta es la página de «The 16 Steps of Personal Empowerment», que se autodefine como «un apoyo positivo, flexible y holístico alternativo». Aunque el autor ya no esté personalmente involucrado con esta página los «16 pasos» proceden del libro de la doctora Charlotte Kasl, *Many Roads, One Journey: Moving Beyond the Twelve Steps*. La Web site, citando dicho libro, dice que los pasos animan a las personas a «celebrar nuestros puntos fuertes personales, expresar nuestro amor mutuo y vernos como parte de toda una comunidad, no sólo de la comunidad de rehabilitados». La Web site incluye los «16 pasos del poder», formas de localizar un grupo de los 16 pasos cerca de tu localidad (aunque el que ha diseñado la página considera que no hay muchos grupos activos), un enlace para participar en un «círculo de correos electrónicos» (un grupo de ayuda mutua on-line que se basa en los 16 pasos) e información sobre cómo iniciar un grupo de los 16 pasos y cómo hacer pedidos del material de la doctora Kasl. Esta Web site también cuenta con muchos enlaces para hallar otras soluciones de deshabituación y grupos de ayuda mutua en la red.

<http://www.christians-in-recovery.com>: Ésta es la página de Christians in Recovery, Inc., que ofrece información y recursos para personas con distintas adicciones. Esta Web site contiene un directorio de centros de tratamiento cristianos, grupos de ayuda y consejeros, así como enlaces con otras páginas web cristianas.

Otros recursos

Substance Abuse and Mental Health Services Administration (SAMHSA)

La SAMHSA es la agencia federal encargada de mejorar la calidad y disponibilidad de los servicios a fin de reducir los problemas relacionados con el abuso de sustancias y las enfermedades mentales. Cuenta con una serie de centros, incluidos el Center for Substance Abuse Treatment y el Center for Substance Abuse Prevention. Los servicios de la SAMHSA incluyen su Substance Abuse Treatment Facility Locator y una guía de la salud mental. El National Clearinghouse for alcohol and Drug Information (NCADI) de la SAMHSA se define a sí misma como «el recurso nacional integrado para la mayoría de la información detallada actual sobre la prevención del abuso de sustancias». La mejor forma de explorar la extensa gama de programas y recursos de SAMHSA es visitar su Web site. Para acceder a sus directorios de proveedores de servicios y líneas de ayuda, ir a <http://www.samhsa.gov/look3.htm>.

358

Web site de SAMHSA: http://www.samhsa.gov
Web site de NCADI: http://www.health.org

Recovery Options Corporation

Esta organización, fundada por dos hombres que vieron la necesidad de crearla, ofrece un servicio nacional gratuito de referencias para las personas que están buscando opciones de rehabilitación para cualquier tipo de adicción. Según su descripción, puedes llamar y obtener información confidencial con uno de los consejeros de la organización para momentos de crisis, que dedicará el tiempo necesario para ayudarte —o a los familiares de alguien que padece un problema de abuso de sustancias— a encontrar una solución que se adapte a ti. Independientemente de tu situación económica, Recovery Options te ayudará a encontrar un terapeuta, un grupo de doce pasos, un grupo que no siga los doce pasos o un programa de tratamiento. Según el director de Recovery Options, Kirby Dean: «Ayudamos a las personas a encontrar lo que quiera que estén buscando».

National Council on Alcohol and Drug Dependence, Inc. (NCADD)

Fundado por la primera mujer que dejó de beber en AA, NCADD proporciona educación sobre el alcoholismo y las drogadicciones. Es una organización de voluntarios con una red nacional de afiliados que ofrecen información y referencias a las personas que necesitan ayuda y tratamiento, así como programas educativos. NCADD tiene una relación informal con AA y una visión tradicional orientada a la enfermedad respecto a los problemas con el alcohol y la rehabilitación. Su Web site cuenta con una amplia lista de enlaces y otros recursos y organizaciones.

Web site: http://www.ncadd.org

Libros recomendados por los mentores

Los libros siguientes fueron citados por varios mentores dada su utilidad para resolver los problemas con la bebida. Algunos pueden estar disponibles en otras ediciones. El hecho de incluirlos en esta lista no implica nuestra aprobación; el lector deberá valorar qué libros se adaptan a sus circunstancias:

Alcoholics Anonymous, 3ª ed., Nueva York, Alcoholics Anonymous World Services, 1976.

Alcoholics Anonymous World Services, *Living Sober*, Nueva York, Alcoholics Anonymous World Services, 1975 (trad. cast.: *Viviendo sobrio*, Alcoholics Anonymous World Services, 1985).

—, *Twelve Steps and Twelve Traditions*, Nueva York, Alcoholics Anonymous Publishing, 1996 (trad. cast.: *Doce pasos y doce tradiciones*, Avilés, Servicio General de Alcohólicos Anónimos, 1991).

Bufe, Charles, *Alcoholics Anonymous: Cult or Cure?*, 2ª ed., Tucson, See Sharp Press, 1998.

Casey, Karen, *Each Day a New Beginning: Daily Meditations for Women*, Center City, Minn., Hazelden, 1996.

Dorsman, Jerry, *How to Quit Drinking Without AA*, ed. rev., Rocklin, Calif., Prima, 1977.

Ellis, Albert y Emmett Velten, *When AA Doesn't Work for You: Rational Steps to Quitting Alcohol*, Nueva York, Barricade, 1992.

Fanning, Patrick y John T. O'Neil, *The Addiction Workbook*, Oakland, New Harbinger, 1996.

Fingarette, Herbert, *Heavy Drinking: The Myth of Alcoholism as a Disease*, Berkeley, University of California Press, 1989.

Fox, Vince, *Addiction, Change and Choice: The New View of Alcoholism*, Tucson, See Sharp Press, 1993.

Hamill, Pete, *A Drinking Life: A Memoir*, Nueva York, Little, Brown, 1995.

Kasl, Charlotte Davis, *Many Roads, One Journey: Moving Beyond the 12 Steps*, Nueva York, HarperPerennial, 1992.

Kishline, Audrey, *Moderate Drinking: The Moderation Management Guide for People Who Want to Reduce Their Drinking*, Nueva York, Crown, 1994.

Knapp, Caroline, *Drinking: A Love Story*, Nueva York, Delta, 1997 (trad. cast.: *Alcoholismo: una historia de amor*, Barcelona, Ediciones B, 1997).

McGovern, George, *Terry: My Daughter's Life-and-Death Struggle with Alcoholism*, Nueva York, Plume, 1997.

Peck, M. Scott, *The Road Less Traveled*, Nueva York, Simon and Schuster, 1998.

Peele, Stanton, *Diseasing of America*, San Francisco, Jossey-Bass, 1995.

Peele, Stanton y Archie Brodsky, *The Truth About Addiction and Recovery*, Nueva York, Fireside, 1991.

Pluymen, Bert, *The Thinking Person's Guide to Sobriety*, Nueva York, St. Martin's, 1999.

Ragge, Ken, *The Real AA: Behind the Myth of 12-Step Recovery*, Tucson, See Sharp Press, 1998.

Tate, Philip, *Alcohol: How to Give It Up and Be Glad You Did.* Tucson, See Sharp Press, 1997.

Trimpey, Jack, *The Small Book: A Revolutionary Alternative for Overcoming Alcohol and Drug Dependence*, Nueva York, Dell, 1996.

Wegscheider-Cruse, Sharon, *Another Chance: Hope and Health for the Alcoholic Family*, Palo Alto, Calif., Science and Behavior Books, 1989.

Woititz, Janet Geringer, *Adult Children of Alcoholics*, Deerfield, Fla., Health Communications, 1990.

Libros descatalogados

Los siguientes libros agotados pueden estar disponibles en varias ediciones ya sea en bibliotecas, a través de vendedores de libros raros y usados o en Internet:

Benchley, Peter, *Rummies*, Nueva York, Random House, 1989.

Dardis, Tom, *The Thirsty Muse: Alcohol and the American Writer*, Nueva York, Ticknor and Fields, 1989.

Maxwell, Ruth, *The Booze Battle*, Nueva York, Praeger, 1976.

McGoldrick, Edward J., *The Conquest of Alcohol: A Handbook of Self-Therapy*, Nueva York, Delacorte, 1966.

Morris, Kokin y Ian Walker, *Women Married to Alcoholics*, Nueva York, William Morrow, 1989.

Rachel, V., A *Woman Like You: Life Stories of Women Recovering from Alcoholism and Addiction*, Nueva York, Harper and Row, 1985.

Recursos recomendados para profesionales

Los mentores mencionaron algunos de estos libros como obras útiles también para ellos:

Daley, Dennis C. y G. Alan Marlatt, *Managing Your Drug or Alcohol Problem: Client Workbook*, San Antonio, Tex., Psychological Corporation, 1997.

—, *Managing Your Drug or Alcohol Problem: Therapist Guide*, San Antonio, Tex., Psychological Corporation, 1997.

Hays, Kate F., *Working It Out: Using Exercise in Psychotherapy*, Washington, D. C., American Psychological Association, 1999.

Hester, Reid K. y William R. Miller, *Handbook of Alcoholism Treatment Approaches*, Boston, Allyn and Bacon, 1995.

Horvath, A. Thomas, *Sex, Drugs, Gambling, and Chocolate: A Workbook for Overcoming Addictions*, San Luis Obispo, Calif., Impact, 1998.

Institute of Medicine, *Broadening the Base of Treatment for Alcohol Problems*, Washington, D. C., National Academy Press, 1990.

Johnson, N. Peter (comp.), *Dictionary of Street Alcohol and Drug Terms*, Columbia, S. C., School of Medicine, University of South Carolina, 1993.

Kurtz, Ernest, *Not-God: A History of Alcoholics Anonymous*, Center City, Minn., Hazelden Educational Materials, 1979.

Marlatt, G. Alan (comp.), *Harm Reduction: Pragmatic Strategies for Managing High-Risk Behaviors*, Nueva York, Guilford, 1998.

Marlatt, G. Alan y Judith R. Gordon (comps.), *Relapse Prevention*, Nueva York, Guilford, 1985.

McGrady, Barbara S. y William R. Miller, *Research on Alcoholics Anonymous: Opportunities and Alternatives*, New Brunswick, N. J., Rutgers Center of Alcohol Studies, 1993.

Miller, William R. (comp.), *Integrating Spirituality into Treatment*, Washington, D. C., American Psychological Association, 1999.

Miller, William R. y Nick Heather (comps.), *Treating Addictive Behaviors*, 2ª ed., Nueva York, Plenum, 1998.

Miller, William R. y Stephen Rollnick, *Motivational Interviewing: Preparing People to Change Addictive Behavior*, Nueva York, Guilford, 1991 (trad. cast.: *La entrevista motivacional: preparar para el cambio de conductas adictivas*, Barcelona, Paidós, 1999).

Peele, Stanton, *Diseasing of America*, San Francisco, Jossey-Bass, 1995.

Peele, Stanton y Charles Bufe, con Archie Brodsky, *Resisting 12-Step Coercion*, Tucson, See Sharp Press, 2000.

Schuckit, Marc Alan, *Educating Yourself About Alcohol and Drugs*, Nueva York, Plenum, 1998.

Tucker, Jalie A., Dennis M. Donovan y G. Alan Marlatt (comps.), *Changing Addictive Behavior*, Nueva York, Guilford, 1999.

Vaillant, George E., *The Natural History of Alcoholism Revisited*, Cambridge, Mass., Harvard University Press, 1995.

Volpicelli, Joseph y Maia Szalavitz, *Recovery Options: The Complete Guide*, Nueva York, John Wiley and Sons, 2000.

Bibliografía seleccionada

Alcoholics Anonymous, 3ª ed., Nueva York, Alcoholics Anonymous World Services, 1976.

Alcoholics Anonymous Comes of Age: A Brief History of AA, Nueva York, Alcoholics Anonymous World Services, 1985 (trad. cast.: *Alcohólicos Anónimos llega a su mayor edad*, Avilés, Servicio General de Alcohólicos Anónimos, 1988).

Alcoholics Anonymous 1998 Membership Survey, Nueva York, Alcoholics Anonymous World Services, 1999.

Alcoholics Anonymous World Services, *Living Sober*, Nueva York, Alcoholics Anonymous World Services, 1975.

—, *Twelve Steps and Twelve Traditions*, Nueva York, Alcoholics Anonymous World Services, 1953 (trad. cast.: *Doce pasos y doce tradiciones*, Avilés, Servicio General de Alcohólicos Anónimos, 1991).

—, *Came to Believe*, Nueva York, Alcoholics Anonymous World Services, 1973 (trad. cast.: *Llegamos a crecer*, Avilés, Servicio General de Alcohólicos Anónimos, 1993).

American Psychiatric Association, *Diagnostic and Statistical Manual of Mental Disorders*, 4ª ed., Washington, D. C., American Psychiatric Press, 1994 (trad. cast.: *DSM-IV, manual diagnóstico y estadístico de los trastornos mentales*, Barcelona, Masson, 1996).

American Psychological Association, división 50, «Special Issue: Spirituality in Addiction and Recovery», *Addictions Newsletter*, vol. 6, nº 1, 1998.

Babor, Thomas F., «The Classification of Alcoholics», *Alcohol Health and Research World*, vol. 20, nº 1, 1996, págs. 6-14.

Baumeister, Roy F., «Crystallization of Discontent in the Process of Major Life Change», en Todd F. Heatherton y Joel L. Weinberger (comps.), *Can Personality Change?*, Washington, D. C., American Psychological Association, 1994.

Bradley, Katharine A., «The Primary Care Practitioner's Role in the Prevention and Management of Alcohol Problems», *Alcohol Health and Research World*, vol. 18, nº 2, 1994, págs. 97-104.

Bufe, Charles, *Alcoholics Anonymous: Cult or Cure?*, 2ª ed., Tucson, See Sharp Press, 1998.

Burman, Sondra, «The Challenge of Sobriety: Natural Recovery Without Treatment and Self-Help Groups», *Journal of Substance Abuse*, nº 9, 1997, págs. 41-61.

Carbutt, James C., Suzanne L. West, Timothy S. Carey, Kathleen N. Lohr y Fulton T. Crews, «Pharmacological Treatment of Alcohol Dependence: A Review of the Evidence», *Journal of the American Medical Association*, vol. 281, nº 14, 1999, págs. 1.318-1.325.

Cunningham, John A., Linda C. Sobell, Mark B. Sobell y Janet Gaskin, «Alcohol and Drug Abusers' Reasons for Seeking Treatment», *Addictive Behaviors*, vol. 19, nº 6, 1994, págs. 691-696.

Cunningham, John A., Linda C. Sobell, Mark B. Sobell y Geeta Kapur, «Resolution from Alcohol Problems With and Without Treatment: Reasons for Change», *Journal of Substance Abuse*, nº 7, 1995, págs. 365-372.

Daley, Dennis C. y G. Alan Marlatt, *Managing Your Drug or Alcohol Problem: Therapist Guide*, San Antonio, Tex., Psychological Corporation, 1997.

Dawson, Deborah A., «Correlates of Past-Year Status Among Treated and Untreated Persons with Former Alcohol Dependence: United States, 1992», *Alcoholism: Clinical and Experimental Research*, vol. 20, nº 4, 1996, págs. 771-779.

—, «Symptoms and Characteristics of Individuals with Different Types of Recovery from DSM-IV Alcohol Dependence», *Journal of Substance Abuse*, vol. 10, nº 2, 1998, págs. 127-142.

Donovan, Dennis M. y G. Alan Marlatt (comps.), *Assessment of Addictive Behaviors*, Nueva York, Guilford, 1988.

Dorsman, Jerry, *How to Quit Drinking Without AA*, Rocklin, California, Prima, 1994.

Fanning, Patrick y John T. O'Neil, *The Addiction Workbook*, Oakland, California, New Harbinger, 1996.

Fingarette, Herbert, *Heavy Drinking: The Myth of Alcoholism as a Disease*, Berkeley, University of California Press, 1988.

Fox, Vince, *Addiction, Change and Choice: The New View of Alcoholism*, Tucson, See Sharp Press, 1993.

Gordis, Enoch, «The National Institute on Alcohol Abuse and Alcoholism», *Alcohol Health and Research World*, vol. 19, n° 1, 1995, págs. 5-16.

Graham, Allan W. y Terry K. Schultz (comps.), *Principles of Addiction Medicine*, 2ª ed., Chevy Chase, Md., American Society of Addiction Medicine, 1998.

Granfield, Robert y William Cloud, «The Elephant that No One Sees: Natural Recovery Among Middle-Class Addicts», *Journal of Drug Issues*, vol. 26, n° 1, 1996, págs. 45-61.

Grant, Bridget F., Thomas C. Harford, Deborah A. Dawson, Patricia Chou, Mary Dufour y Roger Pickering, «Prevalence of DSM-IV Alcohol Abuse and Dependence», *NIAAA's Epidemiologic Bulletin*, n° 35, 1994, págs. 243-248.

Hall, Sharon M., Barbara E. Havassy y David A. Wasserman, «Commitment to Abstinence and Acute Stress in Relapse to Alcohol, Opiates, and Nicotine», *Journal of Consulting and Clinical Psychology*, vol. 58, n° 2, 1990, págs. 175-181.

Hamilton, B., *Getting Started in AA*, Center City, Minn., Hazelden, 1995.

«Hard Proof About Cooking with Alcohol», *Tufts University Diet and Nutrition Letter*, vol. 8, n° 4, 1990, pág. 1.

Hays, Kate F., *Working It Out: Using Exercise in Psychotherapy*, Washington, D. C., American Psychological Association, 1999.

Heather, N., W. R. Miller y J. Greeley, *Self-Control and the Addictive Behaviors*, Nueva York, Maxwell Macmillan, 1991.

Hester, Reid K. y William R. Miller, *Handbook of Alcoholism Treatment Approaches*, Boston, Allyn and Bacon, 1995.

Horvath, A. Thomas, *Sex, Drugs, Gambling, and Chocolate: A Workbook for Overcoming Addictions*, San Luis Obispo, Calif., Impact, 1998.

Horvath, Arthur T., «Alternative Support Groups», en Joyce H. Lowinson, Pedro Ruiz, Robert B. Millman y John G. Langrod (comps.), *Substance Abuse: A Comprehensive Textbook*, Baltimore, Williams and Wilkins, 1997.

Humphreys, Keith, Rudolf H. Moos y John W. Finney, «Two Pathways Out of Drinking Problems Without Professional Treatment», *Addictive Behaviors*, vol. 20, n° 4, 1995, págs. 427-441.

Institute of Medicine, *Broadening the Base of Treatment for Alcohol Problems*, Washington, D. C., National Academy Press, 1990.

Irvin, Jennifer E., Clint A. Bowers, Michael E. Dunn y Morgan C. Wang, «Efficacy of Relapse Prevention: A Meta-Analytic Review», *Journal of Consulting and Clinical Psychology*, vol. 67, n° 4, 1999, págs. 563-570.

367

Johnson, Bankole A. y Nassima Ait-Daoud, «Medications to Treat Alcoholism», *Alcohol Research and Health*, vol. 23, n° 2, 1999, págs. 99-106.

Johnson, N. Peter (comp.), *Dictionary of Street Alcohol and Drug Terms*, Columbia, S. C., University of South Carolina School of Medicine, 1993.

Kadden, Ronald M., «Cognitive-Behavioral Approaches to Alcoholism Treatment», *Alcohol Health and Research World*, vol. 18, n° 4, 1994, págs. 279-286.

Kaskutas, Lee Ann, «What Do Women Get Out of Self-Help? Their Reasons for Attending Women for Sobriety and Alcoholics Anonymous», *Journal of Substance Abuse Treatment*, vol. 11, n° 3, 1994, págs. 185-195.

Kasi, Charlotte Davis, *Many Roads, One Journey: Moving Beyond the 12 Steps*, Nueva York, HarperPerennial, 1992.

Khantzian, E. J. y John E. Mack, «How AA Works and Why It's Important for Clinicians to Understand», *Journal of Substance Abuse Treatment*, vol. 11, n° 2, 1994, págs. 77-92.

King, Michele Pukish y Jalie Tucker, «Behavior Change Patterns and Strategies Distinguishing Moderation Drinking and Abstinence During the Natural Resolution of Alcohol Problems Without Treatment», *Psychology of Addictive Behavior*, vol. 14, n° 1, 2000, págs. 48-55.

Kinney, Jean y Gwen Leaton, *Loosening the Grip: A Handbook of Alcohol Information*, 5ª ed., St. Louis, Mosby, 1995.

Kremer, David, Marjorie J. Malkin y John J. Benshoff, «Physical Activity Programs Offered in Substance Abuse Treatment Facilities», *Journal of Substance Abuse Treatment*, vol. 12, n° 5, 1995, págs. 327-333.

Kurtz, Ernest, *Not-God: A History of Alcoholics Anonymous*, Center City, Minn., Hazelden Educational Materials, 1979.

Kurtz, Linda Farris, «Research on Alcohol Abuse and Recovery: From Natural Helping to Formal Treatment to Mutual Aid», en E. M. Freeman (comp.), *The Addiction Process: Effective Social Work Approaches*, Nueva York, Longman, 1992.

Lieber, Charles S., *Medical and Nutritional Complications of Alcoholism*, Nueva York, Plenum, 1992.

Litten, Raye Z. y John P. Allen, «Medications for Alcohol, Illicit Drug, and Tobacco Dependence», *Journal of Substance Abuse Treatment*, vol. 16, n° 2, 1999, págs. 105-112.

Ludwig, Arnold, *Understanding the Alcoholic's Mind*, Nueva York, Oxford University Press, 1988.

Margolis, Robert D. y Joan E. Zweben, *Treating Patients with Alcohol and Other Drug Problems: An Integrated Approach*, Washington, D. C., American Psychological Association, 1998.

Marlatt, G. Alan (comp.), *Harm Reduction: Pragmatic Strategies for Managing High-Risk Behaviors*, Nueva York, Guilford, 1998.

Marlatt, G. Alan y Judith R. Gordon (comps.), *Relapse Prevention*, Nueva York, Guilford, 1985.

Marsano, Luis, «Alcohol and Malnutrition», *Alcohol Health and Research*, vol. 17, n° 4, 1993, págs. 284-291.

McCaul, Mary E. y Janice Furst, «Alcoholism Treatment in the United States», *Alcohol Health and Research World*, vol. 18, n° 4, 1994, págs. 253-260.

McGrady, Barbara S. y William R. Miller, *Research on Alcoholics Anonymous: Opportunities and Alternatives*, New Brunswick, N. J., Publications Division, Rutgers Center of Alcohol Studies, 1993.

Miller, William R., «What Really Drives Change?», *Addiction*, n° 88, 1993, págs. 1.479-1.480.

—, «Researching the Spiritual Dimensions of Alcohol and Other Drug Problems», *Addiction*, vol. 93, n° 7, 1998, págs. 979-990.

— (comp.), *Integrating Spirituality into Treatment*, Washington, D. C., American Psychological Association, 1999.

Miller, William R. y Nick Heather (comps.), *Treating Addictive Behaviors*, 2ª ed., Nueva York, Plenum, 1998.

Miller, William R., Robert J. Meyers y J. Scott Tonigan, «Engaging the Unmotivated in Treatment for Alcohol Problems: A Comparison of Three Strategies for Intervention Through Family Members», *Journal of Consulting and Clinical Psychology*, vol. 67, n° 5, 1999, págs. 688-697.

Miller, William R. y Stephen Rollnick, *Motivational Interviewing: Preparing People to Change Addictive Behavior*, Nueva York, Guilford, 1991 (trad. cast.: *La entrevista motivacional: preparar para el cambio de conductas adictivas*, Barcelona, Paidós, 1999).

Moos, Rudolf H., «Treated or Untreated, an Addiction Is Not an Island unto Itself», *Addiction*, n° 89, 1994, págs. 507-509.

Murphy, Timothy J., Robert R. Pagano y G. Alan Marlatt, «Lifestyle Modification with Heavy Alcohol Drinkers: Effects of Aerobic Exercise and Meditation», *Addictive Behaviors*, n° 11, 1986, págs. 175-186.

National Institute on Alcohol Abuse and Alcoholism, *National Treatment Center Study: Summary Report*, Washington, D. C., U. S. Public Health Service, 1997.

—, *National Treatment Center Study: Summary Report (No. 3)*, Washington, D. C., U. S. Public Health Service, 1998.

—, *National Treatment Center Study: Summary Report (No. 4)*, Washington, D. C., U. S. Public Health Service, 1999.

O'Farrell, Timothy J. y W. Fals-Stewart, «Family-Involved Alcoholism Treatment: An Update», en M. Galanter (comp.), *Recent Developments in Alcoholism*, vol. 15, *Alcoholism Services Research in the Managed Care
Era*, Nueva York, Plenum, 2001.

O'Malley, Stephanie S., Adam J. Jaffe, Grace Chang, Richard S. Schotten-
feld, Roger E. Meyer y Bruce Rounsaville, «Naltrexone and Coping Skills
Therapy for Alcohol Dependence», *Archives of General Psychiatry*, n° 49,
1992, págs. 881-887.

Orford, Jim, Edna Oppenheimer y Griffith Edwards, «Abstinence or Control:
The Outcome for Excessive Drinkers Two Years after Consultation», *Behavior Research and Therapy*, n° 14, 1976, págs. 409-418.

Peele, Stanton, *Diseasing of America*, San Francisco, Jossey-Bass, 1995.

Peele, Stanton y Archie Brodsky, *The Truth about Addiction and Recovery*,
Nueva York, Fireside, 1991.

Peele, Stanton y Charles Bufe, con Archie Brodsky, *Resisting 12-Step Coercion*, Tucson, See Sharp Press, 2000.

«Perspectives on Precipitants of Relapse», *Addiction*, suplemento al n° 91,
1996.

Project MATCH Research Group, «Matching Alcoholism Treatments to
Client Heterogeneity: Project MATCH Posttreatment Drinking Outco-
mes», *Journal of Studies on Alcohol*, n° 58, 1997, págs. 7-29.

Schuckit, Marc Alan, *Educating Yourself about Alcohol and Drugs*, Nueva
York, Plenum, 1998.

Shute, Nancy, «The Drinking Dilemma», *U. S. News and World Report*, 8 de
septiembre de 1997, págs. 55-65.

Sobell, Linda C., John A. Cunningham y Mark B. Sobell, «Recovery from Alcohol Problems with and without Treatment: Prevalence in Two Popula-
tion Surveys», *American Journal of Public Health*, vol. 86, n° 7, 1996,
págs. 966–972.

Sobell, Linda C., John A. Cunningham, Mark B. Sobell, Sageeta Agrawal,
Douglas R. Gavin, Gloria I. Leo y Karen N. Singh, «Fostering Self-Change Among Problem Drinkers: A Proactive Community Intervention», *Addictive Behaviors*, vol. 21, n° 6, 1996, págs. 817-833.

Sobell, Linda C., Mark B. Sobell, Tony Toneatto y Gloria I. Leo, «What Trig-
gers the Resolution of Alcohol Problems Without Treatment?», *Alcoholism: Clinical and Experimental Research*, vol. 17, n° 2, 1993, págs. 217-
224.

Sobell, Linda C., Tony Toneatto y Mark B. Sobell, «Behavioral Assessment and
Treatment Planning for Alcohol, Tobacco, and Other Drug Problems: Cu-

rrent Status with and Emphasis on Clinical Applications», *Behavior Therapy*, n° 25, 1994, págs. 533-580.

Swift, Robert M., «Drug Therapy for Alcohol Dependence», *New England Journal of Medicine*, vol. 340, n° 19, 1999, págs. 1.482-1.490.

—, «Medications and Alcohol Craving», *Alcohol Research and Health*, vol. 23, n° 3, 1999, págs. 207-213.

Tate, Philip, *Alcohol: How to Give It Up and Be Glad You Did,* Tucson, See Sharp Press, 1997.

Trimpey, Jack, *The Small Book: A Revolutionary Alternative for Overcoming Alcohol and Drug Dependence*, Nueva York, Delacorte, 1989.

Tuchfeld, Barry S. «Spontaneous Remission in Alcoholics», *Journal of Studies on Alcohol*, vol. 42, n° 7, 1981, págs. 626-641.

Tucker, Jalie A., Dennis M. Donovan y G. Alan Marlatt (comps.), *Changing Addictive Behavior*, Nueva York, Guilford, 1999.

Tucker, Jalie A., Rudy E. Vuchinich y Julie Akiko Gladsjo, «Environmental Events Surrounding Natural Recovery from Alcohol-Related Problems», *Journal of Studies on Alcohol*, 1994, págs. 401-411.

Tucker, Jalie A., Rudy E. Vuchinich y Michele M. Pukish, «Molar Environmental Contexts Surrounding Recovery from Alcohol Problems by Treated and Untreated Problem Drinkers», *Experimental and Clinical Psychopharmacology*, vol. 3, n° 2, 1995, págs. 195-204.

U. S. Department of Health and Human Services, Public Health Service, National Institutes of Health y National Institute on Alcohol Abuse and Alcoholism, *Alcohol and Tobacco: From Basic Science to Clinical Practice*, publicación del NIH n° 95-3931, Washington, D. C., Government Printing Office, 1995.

—, *Ninth Special Report to the U. S. Congress on Alcohol and Health*, publicación del NIH n° 97-4017, Washington, D. C., Government Printing Office, 1997.

—, *The Physicians' Guide to Helping Patients with Alcohol Problems*, publicación del NIH n° 95-3769, Washington, D. C., Government Printing Office, 1995.

Vaillant, George E., «A Long-term Follow-up of Male Alcohol Abuse», *Archives of General Psychiatry*, n° 53, 1996, págs. 243-249.

—, *The Natural History of Alcoholism Revisited*, Cambridge, Mass., Harvard University Press, 1995.

Vaillant, George E. y Susanne Hiller-Sturmhöfel, «The Natural History of Alcoholism», *Alcohol Health and Research World*, vol. 20, n° 3, 1996, págs. 152-161.

Watson, Amy L. y Kenneth J. Sher, «Resolution of Alcohol Problems Without Treatment: Methodological Issues and Future Directions of Natural Recovery Research», *Clinical Psychology: Science and Practice*, vol. 5, nº 1, 1998, págs. 1-18.

Wells-Parker, Elisabeth, «Mandated Treatment: Lessons from Research with Drinking and Driving Offenders», *Alcohol Health and Research World*, vol. 18, nº 4, 1994, págs. 302-306.

Westermeyer, Robert, «The Codependency Idea: When Caring Becomes a Disease», 1996, accesible en <http://www.habitsmart. com/cdpnt.htm>.

Wolfe, Brenda L. y Robert J. Meyers, «Cost-effective Alcohol Treatment: Community Reinforcement Approach», *Cognitive and Behavioral Practice*, nº 6, 1999, págs. 105-109.